新时代〈职场〉新技能

28 tips for official document writing

公文写作精进

笔杆子的28个锦囊

薛贵辉——著

清华大学出版社
北京

内 容 简 介

本书著者是公众号"一纸文章为时著"创办人薛贵辉，这是继《笔杆子修炼36堂课：公文写作精进之道》《公文写作32讲：从思维构思到笔法语言》后，他的又一力作。作者集20年机关公文写作经验，以灵动的思维、生动的语言、独特的方法，丝丝入扣、娓娓道来，有趣、有料、有味。

全书共4篇28个专题，汇聚了200多个经典案例：第一篇讲道理，分7个专题；第二篇讲思维，分8个专题；第三篇讲方法，分6个专题；第四篇讲实战，分7个专题。

本书既讲写作之"道"，也讲写作之"法"，特点是：讲通道理，以基本规律破解成长之困；疏通思维，以底层逻辑破解思考之困；融通方法，以核心技法破解落笔之困；接通实践，以跨界创新破解实战之困。

本书虽是公文写作书，却不限于公文写作，更不限于党政机关公文写作，凡从事文字工作的朋友都可阅读参考。

图书在版编目（CIP）数据

公文写作精进：笔杆子的28个锦囊 / 薛贵辉著 . —北京：清华大学出版社，2023.10
(2024.3重印)
（新时代·职场新技能）
ISBN 978-7-302-64632-7

Ⅰ.①公… Ⅱ.①薛… Ⅲ.①公文—写作 Ⅳ.① H152.3

中国国家版本馆 CIP 数据核字 (2023) 第 169258 号

责任编辑：刘　洋
封面设计：徐　超
版式设计：方加青
责任校对：宋玉莲
责任印制：杨　艳

出版发行：清华大学出版社
　　　　网　　　址：https://www.tup.com.cn，https://www.wqxuetang.com
　　　　地　　　址：北京清华大学学研大厦 A 座　　　　邮　　编：100084
　　　　社 总 机：010-83470000　　　　邮　　购：010-62786544
　　　　投稿与读者服务：010-62776969，c-service@tup.tsinghua.edu.cn
　　　　质 量 反 馈：010-62772015，zhiliang@tup.tsinghua.edu.cn
印 装 者：大厂回族自治县彩虹印刷有限公司
经　　销：全国新华书店
开　　本：170mm×240mm　　　印　　张：19.25　　　字　　数：312千字
版　　次：2023 年 10 月第 1 版　　　印　　次：2024 年 3 月第 2 次印刷
定　　价：99.00 元

产品编号：100473-01

自　序
——说给读者的心里话

亲爱的读者：

　　谢谢你此刻翻开这本书，这是我继《笔杆子修炼 36 堂课：公文写作精进之道》《公文写作 32 讲：从思维构思到笔法语言》后写给你的第三本书了。

　　一次次把书送到你面前，既深感欣慰，也忐忑不安。

　　我忐忑于你读后的感受是脑洞大开呢，还是一头雾水？你会不会因为我没给你拿来就能用的模板而大失所望？我忐忑于你是否把它们仅仅当成公文书和工具书来读？我还忐忑于你是否看完便将它束之高阁而不顾了……基于这些忐忑，我特别想跟你好好聊聊。聊啥呢？就聊读书的方法。

　　什么是这三本书正确的"打开方式"呢？我有 7 句话送给你。

　　1. 别把它们仅仅当成公文书来读，因为书里有很多是工作和生活的体验。 我向来认为，写作不是简单的文字工作，它是一个研究工作的过程，也是训练思维、磨炼意志、领悟人生的过程。因此，我在这三本书里嵌入了自己在机关工作的体验，许多写作方法实际上就是咱们文字工作者观察世界、看待问题的思维方式，它们既是公文写作的方法，也是工作生活的智慧，因为万物都有联系，都有相通的逻辑，写作也是人生的一场修行，我们为什么不跳出公文来看公文呢？

　　2. 别把它们仅仅当成工具书来用，因为我写的不仅仅是"形而下"的东西。 写作中，我坚持了一个标准：避免传播"野路子"，立志探索写作的本质、价值和规律。所以，我重点想帮助你树立正确的"写作观"，找到科学的"方法论"，从思维方法上给你启发。所以，它不仅仅是传授"写作之术"的工具书，还是探索"写作之道"的理论书，是"形而上"层面的。在书中，我尽量避免"蛮不讲理"地强塞给你一些个人经验、技巧，而是回归事物本源，把问题掰开了、揉碎了，娓娓地告诉你为什么这样，为啥还可以那样。不说令人生厌的"硬话"，而是把有趣的知识包装成一颗颗方便服用的"思想胶囊"，用柔软的语言为水，助你下咽、消化、吸收。

3. **别想着一次性把它们读完，也不要真的把它们读"完"，你不妨放慢节奏，一篇一篇慢慢来。** 我在想，当你打开这三本书的时候，也许正焦虑于写作能力提高不快，材料老写不好，巴不得把书里的东西一下全装进脑子里。我理解这样的心情，也为这样的精神点赞，但同时还要劝你慢一点。因为精进写作最怕心急，一口吃成胖子是不可能的，"久久为功使寸劲，绵绵发力得寸进"是成长的规律。因此，最好的"打开方式"是分阶段、分专题读，一段时间对哪个专题感兴趣就专门研究哪个专题，其他的暂时甭管，搞通一个再去研读另一个，直到把所有专题读完。当然了，我这里说的读"完"是加了引号的，不希望你真把它们读完，因为这几本书是可以常读常新的，完全可以置于案头，不厌其烦地读，说不定什么时候它又能给你开一个脑洞出来呢。

4. **不一定从头到尾顺着读，你完全可以随心所欲地翻，想读哪里读哪里。** 我的书每个专题都是独立成篇的，你完全可以不拘一格，读得随性一点。不要纠结到底要把它摆在哪里，遇到自己喜欢的书，可以放诸案头，或置于沙发、床头，甚至放在厕所里都可以，只要顺手能抓到就行。也不要纠结阅读的顺序，不一定从第一篇开始顺着读，只要你愿意，翻到哪里读哪里，就像你一边说话一边嗑瓜子一样，随手抓过来，不计较哪颗大哪颗小、哪颗先哪颗后，你甚至可以"任性"一点，倒着读，先读后记，再读其他的。我的感受是，在放松状态下读书，人的思维更放松。

5. **一定不要错过"导读"，因为里面有我构思的"密码"。** 我在每一次阅读中都特别期望搞清作者是怎么构思的，尤其读到经典文章时，这种想法愈加强烈，因为文章的构思过程里面藏着作者写作的密码。正是基于这种感受，我在每个专题前都把我的思维"解剖"给你看，每篇文章前都有一段导读，告诉你写作灵感从哪里来、经历了哪些过程、从哪几方面展开、借用了什么概念、采用了什么思维等，目的是把整个过程毫无保留地复盘给你看，送你一把思维的"密钥"。每篇文章的导读实际上就是我为你请的导游，能带你顺利游览每个"思想景区",不至于走冤枉路,一定不要错过哦!

6.希望我的书为你点燃一把火,而非注满一桶水。读者年龄不同、经历不同,必然有不同的阅读体验。写作老手很容易洞见本书的价值,进而与我产生共鸣。但若你是刚刚入行的"新手",难免会觉得书里的"现成模板"太少了,不是很"实用",进而感到失望。我要说的是,我向来追求"授人以渔",不做文字的"搬运工"。正如爱尔兰诗人叶芝说的"教育不是注满一桶水,而是点燃一把火",我写这几本书同样也是希望给你"点燃一把火",而非"注满一桶水"。尽管"模板"很实用,但它就是"一桶水",用完就完了,唯有思维的火焰才能持久燃烧、不断蔓延。我还是那句话,出发前先看方向,先悟写作之"道",再求写作之"法",把原理悟透了,才能触类旁通、行稳致远。

7.希望你把三本书合起来读,因为它们是一个系列,各有千秋。三本书各有侧重,"36堂课"重修炼之"道","32讲"重修炼之"法",本书则"道""法"兼顾。它们浓缩了我20年来对公文写作的理解,代表了我的基本思想、观点和主张。本书共四篇:第一篇讲精进规律,第二篇讲系统思维,第三篇讲核心技法,第四篇解决实战问题。为了让你更直观地理解,我在书中引用了200多个经典案例,帮你打通从理论到实践的"最后一公里"。本书特点是:讲通道理,以基本规律破解成长之困;疏通思维,以底层逻辑破解思考之困;融通方法,以核心技法破解落笔之困;接通实践,以跨界创新破解实战之困。正如这个"通"字所表达的,本书虽是公文写作书,却不限于公文写作,更不限于党政机关公文写作,所有文字工作者皆可"通识""通用"。

6年前,朋友建议我写点东西,以便能给在文字路上艰难跋涉的朋友一些帮助,我答应了。尽管深感对公文写作的理解还很肤浅,很多观点也还值得商榷,但我鼓起勇气尝试了这件事,因为我深知这样做的意义,正如伏尔泰说的:"我所做的一切,是何等微不足道,但我去做这一切,却是何等重要!"

希望你在写作之路上行稳致远,我愿与你同行!

薛贵辉

2023 年 6 月于昆明

目　录

第二篇　疏通思维
以底层逻辑破解思考之困

第三篇　融通方法
以核心技法破解落笔之困

第四篇　接通实践

以跨界创新破解实战之困

第一篇

讲通道理

以基本规律破解成长之困

公文写作是一场身心的修炼，其过程充满艰辛。

那么，在这条路上，我们该持什么样的心态？养成什么样的习惯？涵养什么样的精神？按什么样的节奏精进？这些问题很重要，因为它直接决定着一个人在写作之路上能否走下去，能否走得远。

古人说，知为行之始，行为知之成。

在上路之前，必须思考清楚自己要去哪里、怎么走，否则就难以顺利抵达。如果一个笔杆子没有正确的写作观，没有对写作的深刻理解和认知，那是很难行稳致远的。所以，写作前你得先审视一下，你真的把握笔杆子的成长规律了吗？如果没有，请打开下面这 7 个锦囊：

- ◆ 笔杆子的"4 个段位"
- ◆ 笔杆子的"扪心 10 问"
- ◆ 笔杆子的研究意识
- ◆ 笔杆子的 7 种素养
- ◆ 笔杆子的精神世界
- ◆ 笔杆子如何治愈精神内耗？
- ◆ 笔杆子的思考无处不在

循序渐进，久久为功

—— 笔杆子的"4个段位"

导读

　　有一次，一位读者给我发信息："我是乡党政办的一名工作人员，工作三年多了，去年底借调到县委办公室工作。我们服务的'大领导'以前是市里的大笔杆子，对文稿要求非常高。刚开始，我以为科长和办公室副主任就很厉害了，但他们都入不了领导'法眼'，像我这种水平只能算是'小白'，怎能跟上领导步伐啊！一想这事，心理压力就大。领导说笔杆子是有段位的，我还在起步阶段，提升空间很大。您在县区工作过，我很想知道您是怎么过来的？公文写作到底要经历哪些阶段？如何才能快速成为领导那样的'大咖'呢？"这个读者的问题很有代表性，因为只有把成长规律搞清楚了，才能把握节奏，循序渐进。因此，我提出了笔杆子精进的"4个段位"：第1段（1.0版），写得"像"；第2段（2.0版），写得"顺"；第3段（3.0版），写得"是"；第4段（4.0版），写得"通"。你不妨对照检查一下，自己到了哪个阶段？

　　如何快速成长？这是笔杆子都关心的问题。

　　事实上，人人都想快速成长，问题是，写作没有捷径，只能循序渐进，因为写作能力的精进是有规律的，急不得。

　　有位朋友曾说，有段时间他因为材料老写不好，在焦虑中产生了幻想，巴不得自己像金庸笔下的杨过、张无忌、段誉、虚竹、袁承志一样，忽然遇到一位绝世高手，把几十年功力都传给他，凭着一部"武功秘籍"，一夜之间成为"大侠"。然而，幻想终归是幻想，梦也终归要醒来。现实中哪有什么神秘山洞、琅嬛福地，哪有什么绝世高人，也遇不到独孤求败、无崖子、金蛇郎君，更不会有人给你"独孤九剑""九阳真经""乾坤大挪移""凌波微步""金蛇秘籍"，一切都那么现实，一切"成长的剧情"都按部就班，无非就是从简单的"马步"

开始，在日复一日的写作中缓慢"进化"。

这就是成长的基本规律，其中的阶段、过程不能被跨越，也不能被省略，只能踏着合适的节拍一步一个脚印，慢步前行。

事实上，万物都是逐渐演化的，正如马特·里德利在《自下而上：万物进化简史》里讲的，不仅生物是自下而上演化的，道德、经济、文化、语言、科技、城市、企业、教育、历史、法律、政府、宗教、金钱和社会都遵循从简单到复杂、从低阶向高阶演化的规律。笔杆子的成长也遵循渐进演化的规律，有不同"段位"和"版本"，正如人类经历了南方古猿、能人、直立人和智人 4 个阶段，工业发展经历了机械化、电气化、自动化、智能化 4 个版本一样，笔杆子的成长也需经过写得"像"（1.0 版）、写得"顺"（2.0 版）、写得"是"（3.0 版）、写得"通"（4.0 版）4 个前后迭代的"段位"。

第 1 段（1.0 版）：写得"像"

俗话说，像不像，三分样。

公文形制规范，如果把文体比作职业，公文就是穿制服的那种，"衣服"的款式、颜色、标识都是统一的，不能擅自改变。

这一点同小说、诗歌、散文差异很大，因为文学作品相对自由，写作者可以不拘一格地创作，写出自己的特点来。就拿散文来说，杨朔的特点是先写生活，写人，最后拔高升华；朱自清的特点，一种是"荷塘月色"式，美词丽句浓得化不开，一种是"背影"式，写爹娘亲情，放"催泪瓦斯"；秦牧的特点是写知识小品，抄书；余秋雨的特点则是文化散文，游记加掉书袋。不仅如此，文学作品的体例还可以混搭，比如小说可以借鉴散文的写法，于是有了散文化的小说；借鉴诗歌的写法，于是有了诗化的小说。诗歌与散文融合，就成了散文诗。如贾平凹的《商州初录》，最初是被《钟山》杂志当作小说发表的；史铁生的《我与地坛》在《上海文学》发表后，又被《小说选刊》选编。

然而在公文里，这些都是不允许的，不能用批复的口吻去写请示，也不能把对上的汇报材料写成对下的讲话稿，因为在上级领导面前大讲道理，大谈"要怎么样""必须怎么样"是不合适的。

在公文里，每个文种都有特定的"style"，不能随意"混搭"。

因而，写得"像"是公文入门的最低要求。现实中，看一个人公文是否入门，先不看别的，就看他写的东西像不像。如果连样子都不像，那他一定是外行，连"1.0 版"都算不上，最多只能叫"0.9 版"。

拿红头文件来说，当一份文件摆在你面前，先不看内容，只看文种选择，主标题和各级标题的字体、字号、粗细设置，看正文行间距、页边距的设置，基本就知道起草者是否专业了。专业的人，这些细节都会按国家标准《党政机关公文格式》（GB/T 9704—2012）来设置，文面整洁、规范、美观。不专业的人，到处都是问题，有的本该用"请示"，却用"报告"；有的甚至连文种都没有，如"关于某某问题的情况反馈"，要知道，公文里没有"反馈"这个文种。有的主标题用宋体，一级标题也用宋体，二级标题的序号用阿拉伯数字，凡此种种。

有时我觉得，评价公文写作者是否入门，与评判窗口服务人员是否专业是一样的道理。对于执法部门的工作人员，人们首先看他的着装和仪表；如果整齐划一、干净整洁，就觉得他是专业的；如果着装随意、衣冠不整，就是另外一种感受了。所以，初学者应该先学公文的"样子"，再学公文的"里子"。

具体建议有以下两条。

（1）看标准

把国家标准《党政机关公文格式》（GB/T 9704—2012）找来认真研读，把其中的写作要求记熟了。这个标准是公文写作者的"行业守则"，应该有一本纸质的标准文件摆在案头，时刻对照学习。

（2）看范文

所谓规范，有"规"就有"范"。在看标准的同时，也要看范文。哪里的文件最规范呢？毫无疑问，上级党政办公厅（室）的文件最权威、最规范，尤其是中办、国办的文件。有时候，上级办公厅（室）会评选年度优秀公文，这些评选出来的文件也是非常值得参考的，不妨找几份放在案头，时不时看看，可以不看别的，就看人家的文件"长什么样子"。

我刚工作时，有幸从前辈口中获得这个"秘诀"，受益匪浅，在写作中省了不少事儿。记得那时的标准还是 1999 版的《国家行政机关公文格式》，托了几个人才找到。拿到手后，我认真研读，把关键要求写到笔记本上，一段时间后就烂熟于胸了。值得一提的是，2012 年以前，党委系统和政府系统的公文格式是有区别的，比如纸张大小就不一样，前者用 16 开，后者用 A4，2012 年后才合为《党政机关公文格式》一个规范。这对公文写作者来说倒是好事，因为再也不怕搞混了。那几年，我除了看标准，也看上级文件，尤其是区委、区政府的文件。我当时是在党工委办公室工作，可谓近水楼台先得月，但凡不涉密的文件，我都会分文种存起来，写时拿出来从头到脚"研究"一番，然后依葫芦画瓢，所以来得快，也规范。领导表扬我"有天赋"，其实哪有什么天赋，都是参考范文的结果。

实事求是地说，把公文写像一点儿都不难，一个刚从学校毕业的大学生，只要肯学，刻意练习半年就能掌握，再慢，一年也能学懂。我 2003 年 8 月参加工作，从头开始，一年后基本就没问题了。说真的，写公文不怕规矩多，因为有了规矩，事情的边界就清晰了，要求就明确了，写起来也就好把握了。读到这里，有人可能会说，老师，你说"写得像"不难，可为什么实际工作中老是有人写不像呢？让我说啊，那就是态度问题，大概率就是人家压根儿不想去看标准、看范文，习惯于凭经验和感觉写作，你能拿他怎么办呢？所以，如果你想进入公文写作这道大门并快速精进，首先得具备"1.0 版"写得"像"这个"内核"，然后再去考虑"系统"的迭代升级。

第 2 段（2.0 版）：写得"顺"

格式上写"像"以后，就可以考虑写"顺"的问题了。

什么是"顺"？我的理解有三点，即语句通顺、语气顺畅、语义和顺。汉语词典里有个成语叫"文从字顺"，我觉得大致就是这个意思。

为什么要写"顺"呢？理由很简单，因为写作就是表达，就是人与人的沟通，倘若你写得不通顺，别人就难以获取到你的意思，不知道你想表达什么，自然难以同你产生共鸣，又怎么会接受你的观点呢？不接受你的观点，你的表达就是失败的。

至于如何写"顺"，我的体会有以下 4 点。

（1）夯实语法基础

所谓语法，即文字语言的应用方法。通常，咱们赞美一个人语法基础好，会说他"文字功底"好。语法知识是写作者的基本功，一个经常写文章的人，如果连基本语法、句法、修辞都不懂，很难想象他会把文字写顺，就更不用说写活了。这好比一个刀客，连劈、砍、刺、崩、点、斩等基本刀法都不掌握，又怎能打好一个完整的"套路"呢？更遑论在搏斗中克敌制胜了。实践证明，如果写作中不熟练掌握基本语法，就会语病连篇，要么搭配不当、用词不准，要么句式杂糅、过度生硬，不一而足。

（2）熟悉话语体系

公文有一套独特的话语体系，不仅有特定的词语、固定的搭配（如涉及政治和政策方面的特定称谓、规范性表述），有时还有特定的句式，比如饱受诟病的"把字句""要字句"。问题是，公文恰恰需要这样的话语体系，所以初学者特别需要注意的一点就是，熟练运用公文语言，摒弃学生写作文的那种语言、句式和腔调。

以前听人讲过一个案例，说一位中文系毕业的大学生刚分到企业担任秘书，在写工厂全年总结时，开头这样写："'嘀嗒'、'嘀嗒'，时间如白驹过隙，一年时间转瞬间消失了。这一年中，在党的改革、开放方针的指引下……"正文里还写道："我厂面向辽阔奔腾的渤海，背靠日夜火车如梭的京津铁路大动脉，紧把着首都、天津的大门，地理位置十分重要……"我不知这是不是真的，但可以肯定的是，这种表达方式是典型的"学生腔"，"嘀嗒""白驹过隙""如梭"是文学语言，不是公文语言，这已经不是"顺"与"不顺"的问题了。

（3）熟稔写作技巧

刘勰在《文心雕龙·总术》里综合论证了写作方法的重要性，他说："文场笔苑，有术有门。务先大体，鉴必穷源。乘一总万，举要治繁。思无定契，理有恒存。"翻译成白话就是，写作领域里的方法很多，首先得注意总体，认清基本写作原理，然后根据基本原理来掌握各种技巧，抓住要点来驾驭一切。文思虽没有一定规则，却有基本原理。

从实践经验来看，写作的确有方法、有技巧。比如用什么结构，如何开头、结尾、过渡，如何总结成绩、分析问题、提出措施，如何谋篇布局、运用素材，如何用数据说话等，都是"有术有门"的。如果不掌握这些技巧，写作时就会东拉西扯，东拼西凑，尽管写"像"了，语言却不"顺"。

写文章的方法很多，关于开头，有概述式、引据式、原因式、结果式、目的式、说明式等；关于结尾，也有总结式、号召式、强调式、表态式、展望式等；关于衔接，我总结了因果衔接、正反衔接、角度衔接、先后衔接、主次衔接、总分衔接、大小衔接、虚实衔接等 10 种；关于使用素材，我总结了 5 种；关于谋篇布局，我总结了 5 个步骤；关于使用数据，我总结了 6 种。这些在《笔杆子

修炼 36 堂课：公文写作精进之道》和《公文写作 32 讲：从思维构思到笔法语言》
两本书里都有，如果你感兴趣，可以看看。我列举这么多技法的目的，就是想说：
写作的每个要素和环节都有方法，只有掌握了方法，才能写得文从字顺。

（4）掌握逻辑规则

顺与不顺，归根结底是逻辑的问题。什么是逻辑？简单说就是文字内容的
表达顺序。如果把文章当成人体来看，逻辑就是经络、血脉，经络通，则气血活。
有逻辑素养的写作者懂得先说什么、后说什么，环环相扣，有条不紊地表达。当然，
这里的逻辑并非完全逻辑学意义上的逻辑，而是指一切事物的顺序，比如时间
的先后顺序、事物的发展过程、办事的基本流程等。

这阶段需要学通 3 个方面的内容。

（1）学语法

语法之于写作者，好比马步之于练武者。练武之人如果不扎马步，下盘必
然不稳，招式必是飘的，一出手就漏洞百出。同样，一个语言不通的人，也是"下
盘"不稳的，写出来的文字也是乱的。所以我建议，写作者一定要练好文字功夫，
有较强的文字驾驭能力，这也算是个人成长的经验吧。我在基层工作那几年，
首先就是从语法开始学的。说实话，高中以后，很多语法知识都"还"给老师了，
所以我不得不把压在箱底多年的《现代汉语》翻了出来，从名词、动词、形容
词、数词、量词、代词，从主语、谓语、宾语、定语、状语、补语，从陈述句、
疑问句、祈使句，从比喻、排比、对仗等开始，把汉语语法知识重温了一遍，
原因就是以前的语法"马步"扎得不够扎实，必须"回炉锻造"一番。顺便说说，
王力先生的《中国现代语法》，黄伯荣、廖序东先生的《现代汉语》，陈望道
先生的《修辞学发凡》是不错的书，值得一读。

（2）学文法

干任何事情都有方法，比如写字有书法，画画有画法，写文章自然也有"写
法"。想成为高阶笔杆子，必须研究写作方法。通常，可以从 4 个方向来研究：
①文体：分请示、报告、通知、计划、总结、简报等文体，分种类研究。②要
素：不讲某类文种怎么写，而是从文稿的主题、结构、语言、材料、修辞等要
素，分板块研究。③过程：不研究文种，也不研究要素，而是研究写作过程，
比如如何领会意图，如何构思、调研、列提纲、统稿、校对、报审等。④经验：
从实战经验的角度，针对有关问题谈感受、传经验，或提供参考范文。4 个方

面大家都应研究一下。这 20 年来，为了学习我买了上百本写作书置于案头，从不同方向来学，获益良多。

（3）**学逻辑**

逻辑是写顺的关键，所以系统地学一学逻辑学知识是很有必要的。但也要注意，毕竟我们不是理论派，没必要做太多的理论研究，需要跳出"逻辑"学逻辑，回到写作实战上来。换言之，我们不能严格用形式逻辑的知识来定框架，而是要变通一下，把实践当中的那些"特定顺序"当成逻辑来看，因为写作的目的就是有序地把事物说清楚、讲明白，只要是便于理解的表达顺序，都是写作应该遵循的"逻辑"。从这个意义上讲，公文里常用的"逻辑"，有时间逻辑、空间逻辑、事理逻辑、递进逻辑、因果逻辑、矛盾逻辑、演绎逻辑、总分逻辑等。比如"过去、现在、将来"体现的是时间逻辑，"规划、建设、管理"和"计划、执行、检查、纠偏"体现的是事理逻辑，写作时只有遵循这样的"逻辑"，表达才会顺。

第 3 段（3.0 版）：写得"是"

语言上写顺以后，就可进入 3.0 版本的修炼了，即把工作写"是"。

这里的"是"，即实事求是的"是"。这个词最先在《汉书·河间献王传》中出现，说班固赞扬汉景帝刘启的儿子刘德"修学好古，实事求是"。

什么是实事求是？

毛泽东在《改造我们的学习》一文中说得很清楚，"'实事'就是客观存在着的一切事物，'是'就是客观事物的内部联系，即规律性，'求'就是我们去研究。"实事求是是一种哲学精神、哲学态度，也是写作的基本要求，因为公文写作本身就是一个研究问题、解决问题的过程，只有这个过程客观了、科学了，抓住事物本质了，问题才能得到解决，否则格式再像、语言再顺，都没意义。

1938 年 10 月 14 日，毛泽东在中共六届六中全会的报告中讲："共产党员应是实事求是的模范，又是具有远见卓识的模范。因为只有实事求是，才能完成确定的任务；只有远见卓识，才能不失前进的方向。"我想，写作也是一样，只有实事求是，才能完成确定的任务，写出有用的稿子。古人主张：文章合为时而著，歌诗合为事而作（白居易《与元九书》），这也是我所推崇的观点。

我将微信公众号取名为"一纸文章为时著"，正是基于实事求是的考量。试问，文学创作尚且如此，公文作为"经世济民"之手段，难道不该回归"研究问题、解决问题"的本源吗？答案当然是肯定的。

所以，写得"像"、写得"顺"后，还要写得"是"，致力于研究和探求工作的本质和规律，并正确对待和处理之。按我的理解，3.0 版的笔杆子，不仅要懂文字，更要懂工作；不仅是写作专家，还是工作行家；不仅是工作的"百事通"，还是领导的"好参谋"。

达到这个"段位"不容易，需做到 6 个字：全面、准确、深刻。

（1）全面：通盘掌握

就拿县委办公室的同志来说，他们得对各乡、镇、街道，各部、委、办、局的情况，对全县发展历程、发展现状、发展战略、发展目标和发展方向，对领导的工作安排、工作动态，对重点项目、重点工程和重要事件了然于胸，像"百事通"一样，上上下下、前前后后、各方各面都了如指掌。

（2）准确：客观判断

仅知道得多还不够，掌握的情况还得准，符合客观实际，并能得出正确结论，否则就不是实事求"是"，而是求"非"。如果一个县的笔杆子在写作时不加调查研究，罔顾事实，自以为是妄下结论，这样的写作不是"以文辅政"，而是"以文乱政"，不仅贻笑大方，还贻害无穷。

（3）深刻：深入研究

若想探求事物发展的规律，为领导提出可行的对策建议，对工作的研究还要有一定深度，体现科学性、规律性。如果只知其一，不知其二，知其然，不知其所以然，写得再天花乱坠、妙语生花都没用。若是得出错误结论，还会造成工作上的损失。所以，写作者一定要带一点研究气质，涵养研究精神，掌握研究方法，学会当"研究者""探索者"。这是由写作的"研究"本质所决定的。你得遵循它，否则只能停留在"文字功夫"层面，成不了"大手笔"。

对于在办公室工作的同志来说，具有全面、准确、深入掌握工作情况的"比较优势"，因此，这里有 4 点建议。

（1）多听

利用一切机会旁听领导开会。一般说来，只要主要领导开会，各单位、各部门都会汇报工作，领导也会提出要求，只要会议允许，尽量参加。以我的经验，服务领导的人参会，领导非但不会反对，还会鼓励，因为这样你更容易理解他的想法，跟上他的节奏，只要不涉密，他为什么要反对呢？

（2）**多看**

这里的"看"是指看文件资料。在这方面，尤其在办公室工作的同志有得天独厚的条件，他们可以接触所有单位上报的材料，只要你不偷懒，便可以先睹为快，只要你不违规，做个有心人，备份一下也是做得到的。相信只要坚持一段时间，你掌握的情况就会越来越全面，越来越及时。

（3）**多跑**

所谓跑，就是调研，即走出办公室，到一线去了解情况。办公室有些科室可以独立安排调研，但有些做不到。比如服务领导的科室，只要领导在，很难有独立的时间出去调研。但他们也有其他科室比不了的优势，就是"跟"领导的机会多，这其实也是调研的好机会。

（4）**多记**

作为一个笔杆子，没有自己的"弹药库"不行，而"弹药库"重在管理，所以，那些听来的、看来的、跑来的资料，一定要整理好，否则很容易乱。我的经验是，按单位建立文件夹，分门别类地管理。不仅如此，还要对信息、资料、数据作分析研究再加工，得出自己的分析和判断，从现象中发现规律性的东西，这样用的时候才好用，否则面对一堆"死"材料，关键时刻很难用"活"。

第4段（4.0版）：写得"通"

如果说1.0修炼的是格式，2.0修炼的是语言，3.0修炼的是工作，那4.0修炼的就是思维和格局，并且是战略思维和大格局。

司马迁在《报任安书》中说自己写《史记》的目的是"究天人之际，通古今之变，成一家之言"。我感觉，把天、地、人、事、物、古、今都搞"通"，是写作的最高境界，也是写作的终极目标。

按我的理解，这里的"通"有5个层面的内涵。

（1）**人情通达**

红楼迷都知道，在《红楼梦》第五回里，宁府上房有副对联：世事洞明皆学问，人情练达即文章。我觉得，这话道出了人情、世事与文章的关系，最高阶的文章就是人情练达的文章。事实上，任何工作，干到底，都是拼人性的修养，谁有敏锐的人性洞察力、共情力、同理心，谁就能获得别人的认同，获得成长进步的"红利"。一个高阶的写作者一定是通达人性的。我常讲，写作要有用户思维，要能体会用户需求，主动为用户着想，这个过程就是通达人情的心理过程。不管你在哪个单位写材料，只有人情通达了，思维才能跟受众在一个"频道"上，也才能写到点子上。

（2）事理通透

所谓事理，即事物发展的规律。高手都有独到的洞察力，比如达尔文通过观察发现了生物演化的规律，马克思通过调查研究发现了人类社会演化的规律。1883 年 3 月 17 日，恩格斯的《在马克思墓前的讲话》提到："正像达尔文发现有机界的发展规律一样，马克思发现了人类历史的发展规律""不仅如此，马克思还发现了现代资本主义生产方式和它所产生的资产阶级社会的特殊的运动规律。"高阶的笔杆子不能满足于看见事物的表象，还要善于从现象中洞悉事物发展大势，把握事物发展规律。

（3）思维通变

"通变"，即通晓变化之义。《周易·系辞上》说："阖户谓之坤，辟户谓之乾，一阖一辟谓之变，往来不穷谓之通""化而裁之谓之变，推而行之谓之通。"写作者既要师法，又要通变，刘勰在《文心雕龙》中专列"通变"一篇，清代魏禧在《陆悬圃文序》中讲"变者，法之至者也。此文之法也"，将变通创新看成写作的顶级法则。写作本质上是思维的运动，写作写的就是思维。因此，高阶的写作者都是一流的思维者。他们有战略思维、系统思维、辩证思维、历史思维、跨界思维，最重要的是通权达变，不钻牛角尖，有成熟的心智模式，具备"成长型思维"和"空杯心态"，能在不断学习中迭代升级。

（4）眼界通观

古人说：不畏浮云遮望眼，只缘身在最高层。高阶笔杆子有宽阔的眼界，有"上帝视角"，不局限于自己所处的时空边界，能跳出界限，以更大的"时空尺度"思考问题。就像以色列作家尤瓦尔·赫拉利在《人类简史》中，对人类几百万年的历史洞若观火，可以说是"笼天地于形内，挫万物于笔端""观古今于须臾，抚四海于一瞬"（陆机《文赋》）。

（5）知识通贯

高阶笔杆子都是知识跨界融通的高手，能打通不同学科、事物间的壁垒，在相互间掘出一条相通的"思想隧道"，进而找到相同的底层逻辑。这就是司马迁所说的"究天人之际，通古今之变"。古希腊哲学家亚里士多德认为："每个系统中存在一个最基本的命题，它不能被违背或删除。"这个最基本的命题就是"第一性原理"。跨界融通就是为了探寻"第一性原理"。马克思在他所研究的每一个领域，甚至在数学领域都有独到的发现，这样的领域是很多的，而且任何一个领域他都不是浅尝辄止。他曾经密切注视电学方面的各种发现和研究进展，甚至还密切注视马赛尔·德普勒的发现。从古到今的"大手笔"都有大格局，他们博古通今、跨界融通，他们身上有浓浓的理论气质、思想气质。他们的厉害之处就在于把人情搞通了，把事理搞通了，把思维变通了，把眼界打通了，把知识融通了。

曾国藩说：古之成大事者，规模远大与综理密微，二者缺一不可。所谓"规模远大"，就是格局大。对公文写作而言，"规模远大与综理密微"同样是缺一不可。格局决定人思考问题的时空限度、脑中能兼顾多少事情、笔下能写出多少内容。所谓"思接千载，视通万里"（刘勰《文心雕龙》），所谓"精骛八极，心游万仞"，就是大格局的体现。大家知道，三国历史上有刘备"三顾茅庐"的故事。读这个故事。可能绝大部分人的关注点都在刘备身上，认为他求贤若渴、礼贤下士。然而，我从笔杆子的角度思考，却觉得诸葛亮更值得品读，也许诸葛亮就是 4.0 版的大笔杆子。你想想，一个躬耕于南阳、隐居于草庐之中二十多岁的年轻人，凭什么能与刘备这样的"大领导"相坐而论，并让刘备由衷佩服呢？是诸葛亮口才好吗？也许吧，但不是根本。是诸葛亮《关于当前国内形势的分析报告》——《隆中对》写得好吗？也许吧，至少报告是战略级的。我觉得，还是因为诸葛亮有大格局，他把材料写通了。他能跳出荆州谈荆州，立足全局，综观天下大势，作出合理判断，为刘备提出"三分天下"的决策参考。他绝对是"写作大咖"（《出师表》就是见证）。

说格局可能有些抽象，说战略思维更容易理解些。什么是战略思维？战略思维就是从全局视角和长远眼光把握事物发展总体趋势和方向，客观辩证地思考和处理问题的思维。怎么修炼这种思维？我觉得应该做好以下三个方面：一是善于从全局视角谋划问题，胸怀大局、把握大势、着眼大事，找准工作切入点和着力点，因势而谋、应势而动、顺势而为。二是善于从长远眼光思考问题，深谋远虑，有远见卓识。三是善于从整体思路上把握问题，有系统观念，善于拿出问题的"整体解决方案"。

讲到这里，我们再回过头来看，读者在问题里说他的科长和办公室副主任已经很厉害了，仍入不了"大领导"的"法眼"，问题出在哪里？我的理解，就是他的"大领导"段位高，而他们的段位低，他们跟领导不在一个水平线上。所以，他们接下来要做的，就是对照 4 个阶段（版本）特征，找准自己的"段位"，苦心修炼，尽快向高阶"段位"迭代，这样才能入得了领导的"法眼"。

以上是我对笔杆子精进之路的一些体悟。需要补充的是，4 个阶段（版本）要循序而进，并非说修炼低阶"段位"时可以不进行高阶"段位"的修炼。事实上，4 个阶段应搭接着进行，比如修炼 1.0 时适当兼顾 2.0 和 3.0，修炼 2.0 时兼顾 3.0 和 4.0，这样才能适应工作需要，也才是符合实际的"进阶"方法。

《大学》开篇有这样几句话：

大学之道，在明明德，在亲民，在止于至善。知止而后有定；定而后能静；静而后能安；安而后能虑；虑而后能得。物有本末，事有终始。知所先后，则近道矣。

意思就是说，大学的宗旨在于弘扬光明正大的品德，在于使人弃旧图新，在于使人达到最完善的境界。知道应达到的境界才能够志向坚定；志向坚定才能够镇静不躁；镇静不躁才能够心安理得；心安理得才能够思虑周详；思虑周详才能够有所收获。每样东西都有根本有枝末，每件事情都有开始有终结。明白了这本末始终的道理，就接近事物发展的规律了。

那么，懂得了事物发展的规律，精进写作也就有希望了！

02　调适心理，轻装前行
——笔杆子的"扪心10问"

导读

在实际工作中，很多公文写作者都会有这样那样的"困惑"，对写作总提不起兴趣来，习惯性地找理由来推托。殊不知，绝大部分困惑都是要加引号的，因为这些困惑实际并不存在，究其原因是心理不通、心气不顺、心态不调，进而产生了错误认知，得出了错误结论，这就是心理学家利昂·费斯汀格所谓"认知失调"。人的认知一旦失调，心态就会变，就会失去奋斗的动力，进而产生困惑。所以，我觉得，作为笔杆子，甩掉心理上的"包袱"是上路前的必修课，否则很难在这条路上轻装前行、行稳致远。那么，笔杆子该如何避免认知失调呢？我的建议是回归本源扪心自问。我在这里列出了10个问题，希望每个笔杆子都时不时问问自己，看看你的答案是什么。通过扪心自问调平心态、排除杂念、丢掉包袱，心无旁骛向前进。

淡定的人都是相似的，浮躁的人各有各的浮躁。

不错，这句话改自列夫·托尔斯泰《安娜·卡列尼娜》的开头，这里用来说明人在心理上的差异。从写作的角度来思考，这话也有一定道理。我感觉，现实中真正的笔杆子，他们的心态都是相似的——从不抱怨，嘴上没"零碎"，只是默默把写作当成使命，而不愿写的人却各有各的烦恼，有说自己没天赋的，有说自己年纪大的，有说自己专业不对口的，还有说自己不喜欢甚至性格不合适的，不一而足。这些说法之中，有"强人所难"的无奈，有"时不我予"的苦恼，有"怀才不遇"的叹息，也有"学无所成"的绝望。

冷静思考，你会发现这些烦恼实际上是心态失调的结果。在心理学家费斯汀格看来，当人的认知（想法、态度、信念、意见）与事实不一致时，就会陷入认知失调状态。认知一旦失调，人就会感到不舒服、不愉快，而"人这种生物，一生都在努力使自己确信自身的存在不是一种荒谬"。（阿尔伯特·加缪）在失调的情况下，人的心理防御机制会"诱使"其对自己的观念作出调整，以让认知同行为匹配，最终实现逻辑自洽，以减少内心的不适感。譬如，当你遇到挫折时，正常情况下你会感到沮丧，精神萎靡不振，这时心理机制会站出来大声告诉你"失败是成功之母""胜败乃兵家常事""你虽然输了比赛，却赢得了尊重"这样的话，你听后，会觉得失败是件很正常的事，心里的郁闷就会减轻。对此，美国社会心理学家艾略特·阿伦森在《社会性动物》一书里分析了考试作弊的心态。据他分析，一个人在考试作弊之后，其心里"我是个诚实正直的人"的观念与"考试作弊了"的行为发生了冲突，于是导致了认知失调。为减轻内心失调产生的"罪恶感"，他的心理机制就会告诉他："就一次，没什么大不了的，上学时谁没作过弊呢？"于是，他的价值观就这样被改变了。

　　从这个视角审视，所谓写作的那些"困惑"，实际上都是心理机制"撒的谎"，根源是写作者对公文写作本质、价值、规律的认识偏差。如果不纠正认知偏差，不甩掉心理包袱，我们在公文写作路上很难轻装前行。所以，建议你围绕下面10 个问题扪心自问一番，直到发现问题并纠正它。

第 1 问：你真的去适应工作了吗？

　　找到自己喜欢又适合的工作，无疑是人生最美妙的事，这种体验不亚于找到两情相悦的人生伴侣。可人生"不如意事常八九，可与语人无二三。"（宋·方岳《别子才司令》）倘若找不到，咋办？只能学会去适应。

　　话说，一个军官看见一个士兵戴的帽子很大，大得都快把眼睛给遮住了。军官问士兵："你的帽子怎么这么大呀？"

　　士兵大声回答："不是我的帽子太大了，而是我的头太小了。"

　　军官感到莫名其妙，追问道："头太小不就是帽子太大了吗？"

　　士兵铿锵有力地答道："一个人如果遇上点什么事，应该首先从自己身上找问题，而不是从别的什么方面找问题。"

　　这个士兵的回答让军官大吃一惊。几十年后，这个士兵成了美国有名的统帅，他就是艾森豪威尔。

　　在文字工作领域，有些人明明是自己不愿适应工作，却偏要说工作不适合自己。艾森豪威尔的回答告诉我们：人遇到事情，首先要从自己身上找问题、查原因。古人说："行有不得者，皆反求诸己，其身正而天下归之。"（《孟子·离娄上》）也就是说，破解问题的关键，不在别处，就在自己身上。为啥？因为在现实的职场里，根本没有哪种职业绝对适合哪一种人，又绝对不适合另一种人。很多时候，人和职业的结合都是"偶然相遇"的结果，然后"凑合"着过日子。这个过程就好比两个人在一起生活，谁要是太较真、太理想化，那日子肯定是没法过下去的。只要一方想去适应另一方，就会有数不清的方法能够"相亲相爱"。

当代作家余华在《我只知道人是什么》一书里谈到自己的创作经验时，讲了他写作初期遇到的各种"障碍"。由于他从小学一年级直到高中正遇上"文革"，学业基础不好，刚开始根本不知道怎么写，甚至都不知道分行怎么分，标点符号怎么点，坐在书桌前，脑子里什么都没有，只是逼着自己写下来，往下写。可见，他当时是多么"不适合"写作啊。可是他没有等着适合他的职业来找他，而是强迫自己坐下来写，边写边学，越过一道道"障碍"，让自己变得适合写作。他写道："总是有人问我怎样才能成为作家，我说首先要让你的屁股和椅子建立起友谊来，你要坐下来，能够长时间坐在那里。"正是有了这样的自我改变，他最终写出了《活着》《许三观卖血记》等知名文学作品。

2022年"五四"青年节前夕，有人在作家莫言公众号里留言，问："如果人生中遇到艰难时刻，该怎么办？"莫言写了一封题为《不被大风吹倒》的信，在信里，他分享了两个小故事，一个是他读《新华字典》的故事。莫言说，他一生中遇到的第一个艰难时刻是童年辍学。当时同龄的孩子都在学校里，他们在一起学习玩耍，而自己只能一个人放牛割草，十分孤独，幸好这个时候他得到了一本《新华字典》。他说："我认识的大部分汉字实际上都不是在学校里学的，而是在辍学之后通过阅读这本《新华字典》学的。在当年那种孤独穷困的环境里，这本工具书陪着我度过了艰难时刻，而且也为我以后能拿起笔来写小说奠定了基础。"

因此，请你扪心自问：在处理你自己与职业的关系时，是否放平了心态、摆正了位置，去主动适应了工作？如果你是个珍惜工作的人，就学艾森豪威尔，不抱怨"帽子"太大或太小，只做一件事情：改变你自己。学余华，学莫言，不管条件有多差，只要肯钻研，就可以改变自己。

第 2 问：你真的让心静下来了吗？

"聪明人把他的生活变得单调，以便使最小的事故都富有伟大的意义。"

这是葡萄牙作家费尔南多·佩索阿在《惶然录》里的一句话。心理专家认为，多数人的烦恼是自己寻来的，都是因为想得太多。我们很多人沉不下心来写，就是因为想得太多、太复杂，成天热衷于高谈阔论，痴迷于人际交往，受不了写作的冷清和寂寥，静不下心来学习、思考、研究。

事实上，人只有内心清静安宁了，才能抗拒诱惑，坚守本心，获得"采菊东篱下，悠然见南山"的平和安逸、"明月松间照，清泉石上流"的清静自在，以及"闲看庭前花开花落，漫随天外云卷云舒"的舒坦闲适。因为静得下来，作家路遥独自居住窑洞数年，在寂寞中耕耘着精神家园，最终创作出《平凡的世界》。因为静得下来，画家凡·高能忍耐一辈子的孤寂，忘情地投入到艺术创作中，最终锻铸成令人仰止的伟大艺术家。因为静得下来，美国作家梭罗能提起一把斧子，跑进瓦尔登湖畔的森林中自耕自食，过起简朴的隐居生活，安心写作，从而为世界奉献了《瓦尔登湖》这样的经典。

著名历史学家黄仁宇半路出家，他早年从军，后来才转行当学者。他之所以能在历史学界后来居上，跟他静得下心来通读《明实录》直接相关。大家知道《明实录》的篇幅吗？2911 卷，1600 多万字。通读，一般人想都不敢想，而黄仁宇做到了。他用了五年多时间，每天读 50 页，全部读完，成为历史学界唯一通读过《明实录》的人。想想，别人研究明史只能算是在池塘里泡过水，可他是在大海里游过泳啊！正是有了这样的积淀，人家才能写出《万历十五年》这样的经典著作。

我体会，写材料如同做学问，是"慢活儿""细活儿"，倘若静不下心来，断然提升不了，也坚持不住。作家王蒙在一次讲座上讲，从古人到今人，写文章的心态正在起变化，但我们这些写作人还是应该保持一颗平静的心。这叫"非淡泊无以明志，非宁静无以致远。"（诸葛亮《诫子书》）在自己的"事业之井"里，你应该静下心来深挖，哪怕每日往下掘一厘米，就已赢过了 99% 的人，因为当你往下掘进之时，绝大部分人已经逃离了。

你不妨扪心自问：对于文字工作，你是否坦然静心了？当别人潜心学习时，你是否在寻求热闹与刺激？当需要熬夜加班时，你是否学会与孤独相处了？如果还没做到,请补上这一课吧!让心静下来,认真研究每一篇文稿、思考每一个问题,就像路遥和梭罗一样,像凡·高一样。相信,你的文思迟早会有泉涌之日。

第3问:你真的理解写作本质了吗?

有些人认为写材料就是"玩文字游戏",这是极其片面和肤浅的。

我要说的是,写材料不是简单的文字工作,更不是文字游戏,它的本质是研究问题、分析问题、解决问题。

具体可以从三方面来理解。

(1)写作就是研究工作的过程

哲学家维特根斯坦在《逻辑哲学论》写道:"我的语言的界限,意味着我的世界的界限。"语言文字就是写作者探索世界的工具,正是依靠这些工具,写作者才不断扩大知识半径,扩大认知边界。从这个意义上讲,写作者哪里是在"写"文字,分明是在调查研究、出谋划策!写作的过程就是思想世界里的哥伦布大航海、阿姆斯特朗登月、麦哲伦环球航行,就是不断向陌生地带进发。写作里的每一次推敲琢磨、寻章摘句、调查取证、对比分析,就像福尔摩斯探案,能从案发现场的脚印推断凶手的身高和衣着,从来客袖口的磨损程度判断他的职业,凭对方裤脚上的红土指认他到过某处,由一个线索推演出另一个线索……

但凡写作的高手,都是探索研究的高手。毛泽东就是这方面的典范。他在繁重的革命和建设工作中开展了大量调查研究,撰写了《寻乌调查》《兴国调查》等多篇调查报告。为写好《寻乌调查》,他在寻乌进行了20多天社会调查,大到各类人群的政治态度,小到各商铺经营品种、农民收入与口粮等具体问题,都详细了解。可以说,真正的笔杆子都是"探索者""研究者",真正的写作高手都是工作的行家里手。

(2)写作是思维的较量

在写作中,从谋篇布局到内容铺排,再到观点提炼,是系统思维、辩证思维、战略思维、历史思维等思维方式的综合运用。哪些问题该讲,哪些不该讲;哪些先讲,哪些后讲,讲到什么程度,都是思维的结果,需要写作者跳出文稿来审视掂量。所以,写作怎么会是简单的文字工作呢?

(3)写作就是以文辅政

"盖文章,经国之大业,不朽之盛事。"(曹丕《典论·论文》)公文是一种行政管理工具，重要会议、重大决策、重大政策无不是通过文字来传达和宣扬的。有实战经验的同志都知道，党政机关要开好一次会议，关键就在文稿上，文稿写不出来，会就没法开，而且文稿的质量直接决定了会议的质量。笔杆子在写作中客观上起到了"军师""参谋"的作用，手下的文字摇身一变，就能成为影响经济社会发展的政策。

建议还认为写作无用的朋友扪心自问：你真以为写作就是简单的文字工作吗？你真的洞见了写作的本质和价值了吗？如果还没有，好好看看那些伟大的政治家、思想家，哪个不是写作高手，哪个不是文字大家？

第 4 问：你真的热心对待写作了吗？

有些朋友总问：我老是写不好材料，原因是自己压根儿不喜欢写，怎么办？

事实上，我能有什么好办法呢？唯一的办法就是强迫自己喜欢，直到真的喜欢为止。这个似乎有点蛮不讲理，有些人就是这么回答的。

有人问《高效能人士的七个习惯》的作者史蒂芬·柯维（Steohen Covey）："如果我不爱我的老婆了，我该怎么办？"

"那就去爱她吧。"柯维回答。

问的人很疑惑，以为柯维听错了，补充说："老师，你没听明白，我问的是我不爱我的老婆了，该怎么办？"

柯维说："不是我没听明白，而是你没听明白。我是说，如果你不爱她了，你就去爱她吧。"

罗振宇在《阅读的方法》一书前言里讲了这个故事。其实，类似的问题还有很多，比如，有人问自己的领导，怎么才能开会不迟到，领导说，"就是你坚持不迟到啊"。还有人问，怎么才能以诚待人。一部叫《冬之旅》的话剧给出了一个经典的答案："没有任何道路通往真诚，真诚本身就是道路。"

直接去做，这就是最好的办法。

2005 年，在斯坦福大学的毕业典礼上，苹果前首席执行官乔布斯的演讲轰动一时。他说："有些时候，生活会搬起一块砖头砸向你的脑袋。但是，不要失去信心，我很清楚唯一让我可以一路走下去的，就是我做的事情令我无比热爱。"这让很多学生对毕业后的选择有了更清晰的认识。很多事情，一旦你去热爱了，你就会热爱它。这不是文字游戏，在心理学上这叫"主观验证"，就是说如果一个人想相信一件事，总能搜集到各种各样支持这件事的证据，即便是毫不相干的事情，也可以找到一个逻辑让它符合自己的设想。当你觉得自己"不喜欢写材料"时，就会找很多的理由来说服你。

倘若你现在还"身在曹营心在汉"，心理上排斥当下的工作，建议扪心自问：你是否真的讨厌你的工作？如果真讨厌，原因是什么？合适吗？又或者你喜欢什么工作？你适合吗？有机会得到吗？如果有机会，你干得了吗？如果答案是否定的，那么请你赶紧行动起来，劝说你自己去喜欢它，除此，别无他法。

第 5 问：你真的尽到工作本分了吗？

什么是本分？这个问题虽不难，却不见得每个人都能第一时间答上来。

如果让我回答，我会说：本分就是把自己该干的事情干好。对机关文字工作者而言，本分就是老老实实把材料写好。有些同志偏偏不明白，他们见别人写得"乐此不疲""有声有色"时，总会不解地问："你这样做，一定很喜欢写作吧，不像我，总是提不起兴趣来，能勉强完成任务就不错了，根本没有心思去研究写作规律和方法。"

这个问题，画家尤勇回答得特别好。有一次，有人也如此问他，他说："倒不是喜欢不喜欢的问题，而是我每天都意识到自己画得不够好，有很多在技法上要解决的问题。这才是我一直画下去的原因。"这个说法我很赞同，不管干什么，你坚守的理由，不能是个人喜好，而应该是尽到自己的本分，把自己该解决的问题解决掉。

帕乌斯托夫斯基是苏联著名作家，他在《金蔷薇》第一篇《珍贵的尘土》里讲了一个故事：巴黎有一个叫让·夏米的清扫工，虽一贫如洗，却爱上了一位姑娘。于是，他决定每天收集从首饰作坊里清扫出来的尘土，从中筛出一点点金粉。日积月累，他终于铸成了一小块金锭，并将其雕刻成一朵金蔷薇花，准备送给心爱的姑娘，但最终没能实现愿望。一位文学家将这朵金蔷薇花买下，从中悟到了写作的真谛：

"每一分钟，每一个在无意中说出来的字眼，每一个无心的流盼，每一个深刻的或者戏谑的想法，人的心脏的每一次觉察不到的搏动，一如杨树的飞絮或者夜间映在水洼中的星光——无不都是一粒粒金粉。"

"我们，文学家们，以数十年的时间筛取着数以百万计的这种微尘，不知不觉地把它们聚集拢来，熔成合金，然后将其锻造成我们的'金蔷薇'——中篇小说、长篇小说或者长诗。"

"夏米的金蔷薇！我认为这朵蔷薇在某种程度上是我们创作活动的榜样。奇怪的是没有一个人花过力气去探究怎样会从这些珍贵的微尘中产生出生气勃勃的文字的洪流。"

多么深刻的领悟啊！写作，既要有艰难而漫长的搜寻和筛选，又要有别具匠心的雕刻和呈现。建议还在讲"不会写"的朋友扪心自问：你是否坚守了自己的本分，真的像画家尤勇那样去练习了吗？真的像让·夏米那样去收集"写作金粉"，并精心雕刻了吗？如果没有，赶紧行动起来，不要说什么喜不喜欢，做点自己该做的事情，把自己该解决的问题解决掉吧！

第 6 问：你真的不是写材料的料吗？

有些人总说自己不是写材料的料，可谁又天生就是这块料呢？

事实上，很多能力都是后天逼出来的。很多单位的笔杆子，通常不是那些科班出身、先天聪颖、善于表达的人，而恰恰是那些半路出家、性情内向，甚至略显笨拙的人。

这话似乎不太合乎逻辑，事实却很合乎逻辑。正因为他们一开始天赋不高，没太多"资源"，所以没有太多想法，只有对岗位的珍惜，只有一股吃苦耐劳的劲头，所以他们耐得住寂寞，守得住清贫，坐得住冷板凳，舍得下苦功。也许一开始，他们真的不是那块"料"，但在长期主义加持下，很多都成了"上好的料"。

你看《士兵突击》里的许三多，一个有着性格缺点的普通农村孩子，因为他笨，所以他执着，对于认定的事情不抛弃、不放弃，最终反而超过聪明人，成为一名出色的侦察兵。你说许三多笨吗？再看《阿甘正传》里的阿甘，一个智商只有 75 的低能儿，为了躲避别的孩子的欺侮，听了朋友的一句话就开始"跑"，"莫名其妙"就跑进了橄榄球场，跑进了大学，并成了橄榄球巨星，还受到了肯尼迪总统的接见。你说，阿甘笨吗？

有一部电影叫《奇迹·笨小孩》，相信很多人都看过。影片中，20 岁的景浩带着年幼的妹妹在深圳生活，不幸的是，妹妹有先天性心脏病，需尽早做手术。为了给妹妹治病，他必须在一年半时间里凑齐 35 万元。为此，景浩决定放手一搏，创办了好景电子元件厂，争取到一个大单子——拆解残次机中的零件卖给手机公司，只要良品率达到 85% 以上，4 个月就可以赚 80 万元。面对这个几乎不可能完成的任务，景浩孤注一掷地接下了，连订金都没有，想了许多"笨办法"，最终硬是把事情做成了。谁又能说他真笨呢？

许三多也好，阿甘、景浩也罢，都不是聪明人，一开始，谁也不会说他们"就是那块料"，可最终他们却成了"一块好料"。为什么？因为他们有坚韧不拔的精神和意志。国学大师钱穆说："古往今来有大成就者，诀窍无他，都是能人肯下笨劲。"胡适也说过："这个世界聪明人太多，肯下笨功夫的人太少，所以成功者只是少数人。"客观地讲，包括我在内的很多材料人，都是普通人。因为普通，因为没别人脑子灵，所以别人学一遍，我们就学三遍五遍、十遍八遍；别人花一年两年时间做的事，我们舍得花五年八年。

所以建议还在拿天赋作"挡箭牌"的朋友扪心自问：你真的不是写材料的料吗？到底是没天赋呢，还是选择性地没天赋？或许，你缺的是对工作的珍惜，是对写作的执着与坚韧。如果你只是暂时被心理机制"忽悠"，那么，不要怕，从此刻起，收起这套托辞，屏蔽这种思维，认真反思，一定会找到正确答案。

第 7 问：你真的刻意练习写作了吗？

有的朋友常常抱怨：写公文的"变数"太大了，虽然自己很用力，可老写不好，把自信心都搞没了。

在此，我强烈推荐你看一看《徒手攀岩》这部纪录片，因为这里面有你要的答案。2019 年，奥斯卡最佳纪录片奖颁给了一部叫《徒手攀岩》的片子，该片记录了一位叫亚历克斯·霍诺德（Alex Honnold）的美国职业攀岩运动员徒手攀岩的过程。片中的悬崖是地球表面最大的单体花岗岩，高 3000 英尺，比迪拜哈利法塔还高 86 米。令人惊叹的是，亚历克斯在没有任何辅助工具和保护措施的情况下攀岩，全靠手指和脚尖着力，在近乎笔直的悬崖上成功登顶。如此高难度的攀爬，他是怎么做到的？恐怕很多人又要说他是个奇人，天生有攀岩的天赋吧。殊不知，亚历克斯为了这次攀爬，准备了 8 年。这 8 年间，他攀爬了无数悬崖，光酋长岩就爬 60 次。他一遍遍练习，不厌其烦地考察线路、记录细节、适应环境，他精心制定了方案，从技术、心理、体能各方面进行了刻苦而漫长的刻意训练。

　　我感觉，在机关"爬格子"和攀岩是一个道理，都离不开刻意练习。这些年，我反复研读了 100 多本写作书籍，收集整理了大量写作素材，每一次写作后都进行必要的复盘，看看哪些方面写得好，哪些方面还需提升。从写作的各个环节和要素入手，一点一点思考总结积累，慢慢也就掌握要领了。

　　俗话说：世上无难事，只要肯登攀。不管多难的事，只要敢于拼、善于磨、勤于练，都会有所进步。美国作家格拉德威尔在《异类》一书中说："人们眼中的天才之所以卓越非凡，并非天资超人一等，而是付出了持续不断的努力。一万小时的锤炼是任何人从平凡变成世界级大师的必要条件。"我愿意相信"一万小时定律"。实际上，人的写作能力和肌肉一样，只要按科学的方法刻意练习，时间长了，自然会生出来。美国作家菲茨杰拉德（《了不起的盖茨比》作者）谈到写作时说："生活中我只相信天道酬勤（回报依天赋多寡而定），以及蹉跎岁月必将加倍受罚。""我这一代的激进分子和堕落人士从未发现有任何东西能够替代勤劳、勇气之类的传统美德，或殷勤、礼貌之类的老派优雅。"可见，天道酬勤、刻意练习已经成为共识。

　　《红楼梦》第四十八回有"香菱学诗"一段，如下所述。

　　黛玉道："你只听我说，你若真心要学，我这里有《王摩诘全集》，你且把他的五言律读一百首，细心揣摩透熟了，然后再读一二百首老杜的七言律，再把李青莲的七言绝句读一二百首。肚子里先有这三个人作了底子，然后再把陶渊明、应玚、谢、阮、庾、鲍等人的一看。你又是一个极聪敏伶俐的人，不用一年的工夫，不愁不是诗翁了。"

　　你看，一年之中，研读王维的诗一百首，杜甫的诗一二百首，李白的诗一二百首，再加陶渊明、应玚等人的，少说也得有七八百首诗，经过如此高强度的练习，何愁不成诗翁呢？仔细品味，林黛玉这句话也是在教香菱刻意练习的道理。试问一下，我们在学习公文写作过程中，你对哪种文体下过此般功夫呢？恐怕没有吧。如果对一个文种没写过 50 篇以上，对一个规范没研究 50 遍以上，理论书籍没看过 50 本以上，不要说你尽力了。这就像一个司机，驾驶里程不到 10 万公里，千万不要说自己是老司机。

　　在这里，我特别想劝那些说"尽了力老是写不好"的朋友扪心自问：你在写作过程中是否刻意练习了？是否按公文写作的规律训练了？是否抓住每次写作机会认真实践并复盘了？如果你只是抱着"过得去"的心理，以感觉和经验"自然而然"地写，那肯定进步很慢。你要做的就是，像亚历克斯一样，一遍遍练习，不厌其烦地考察线路、记录细节、适应环境，制定方案，从技术、心理、体能各方面进行刻意训练。

第8问：你真的有点写作的情怀了吗？

我常听到一些老同志感叹："这把年纪，实在没兴趣写材料了。"

这就得说说情怀了。

2022年，有一本新书特别引人关注、令人感慨，这本书叫《我本芬芳》。令大家感慨的不是书本身，而是写书的人——一个年逾八旬的老奶奶。我们无不感慨于她独一无二的人生轨迹：在花甲之年，很多人已不再抵御生活的安排，她却提笔写作；在耄耋之年，很多人已止于含饴弄孙，她却开始出书。最关键的是，她从未受过任何专业写作训练，却写出了3本畅销书。这个老人叫杨本芬，82岁，过去两年里，她迅速成为一名被读者熟知的作家。她60岁在厨房开始写作，2020年在她80岁时出版了第一本书《秋园》，次年出版《浮木》，82岁又出版了《我本芬芳》。

从杨本芬老人的"基础条件"来说，她写书必然是艰辛的，并且她也很清楚这种艰辛。她在接受媒体采访时就感慨地说："写作的时候我会专心致志地写。一般我每天早上6点钟就醒了，在脑子里计划一下今天要写什么事情，起来后就开始写。但是我写不了多久脚就会痛，要拿热水袋敷着。这个日子也是度日如年，不过在努力活着。"我想，她创作的艰辛比起我们写公文来，有过之而无不及，其他不说，仅凭她的年龄，就足以让人肃然起敬了。

我同大家一样，很好奇她为什么有这样的动力，有如此的精神和毅力。我在《秋园》一书的序言里，找到了答案。她说："人到晚年，我却像一趟踏上征途的列车，一种前所未有的动力推着我轰隆轰隆向前赶去。""我也感到奇怪，只要提起笔，过去那些日子就涌到笔尖，抢着要被诉说出来。我就像是用笔赶路，重新走了一遍长长的人生。"每个人的人生都如同一趟踏上征程的列车，一旦启动起来，你就得往前赶，走好每段旅程。杨本芬老人很特别，她选择了"用笔赶路"，这就是支撑她写下去的动力。干任何事情，都要有点情怀。杨本芬老人显然是有情怀的人，她的情怀就是"用笔赶路"，走好自己的人生之路。有了这种情怀，她就感到有一种前所未有的动力推着她轰隆轰隆向前赶去。

通过杨本芬老人的故事，我要说的是，当你说写不动或不想写的时候，请扪心自问：你是怎么看待自己的工作的？在你的人生列车上，你是用什么来推动自己"轰隆轰隆往前赶去"的？也像杨本芬老人一样用笔吗？如果是，是否也应该有点儿写作的情怀呢？如果还没有的话，建议找到它，并且让它推着你轰隆轰隆向前赶去。

第 9 问：你真的懂公文界的规矩了吗？

我注意到，有的同志在写作中心态很不好，只要领导多改几次稿子，心里就有意见，当面不敢说，背后满口"零碎"，要么抱怨领导不懂体谅人，要么觉得领导水平有问题，大有"怀才不遇"之感。

这是个很不好的现象，究其原因，是不懂（或选择性不懂）写公文的基本规矩。对此，我有三句话送给你。

第一句话：文章不厌百回改，没有谁的稿子是不能改的，写作者只有持"空杯心态"，才能为自己留够进步空间。不管你是"几朝元老"，也不管你"江湖地位"如何高，都不要忘乎所以，认为自己写的东西就完美无缺了。正所谓"文无第一，武无第二"。写公文的"变数"实在太多了，谁都不可能思虑得天衣无缝、无懈可击。要知道，这个领域没有常胜将军，只有虚怀若谷，持续学习，才能一步一步突破自己。

第二句话：公文写作是"遵照性写作"，"写作自主权"是有限的。一篇稿子写什么、怎么写、体现什么意志，都有规范，不能随心所欲。同时还得考虑领导的感受，因为领导对一个单位负责，对公文也有决定权，乃至法定著作权，写作时必须听他的，哪怕改上百遍，都有领导的道理，也是他的职权，必须服从。从某种意义上讲，这也是职业规矩、职业道德的体现。如果写作者连这一点都不懂，显然是不称职的。

第三句话：文字工作是以文辅政，写作者是参谋助手，应有用户思维，应懂得从领导的角度思考问题，为领导着想。如果不会换位思考，就领会不到领导意图；如果不顾领导感受自以为是地写，写出来的东西即使再好，也是白搭，因为不是他所要的东西，为什么要认可呢？

所以，我建议还在抱怨领导难伺候、不懂你的朋友扪心自问：你真的懂机关文字工作的规矩了吗？你是否已经摆正自己的位置了？如果你还自以为是，是时候调适心态了。

第 10 问：你真的懂机关工作规律了吗？

机关工作的核心能力是什么？

有人说是组织协调能力，有人说是人际沟通能力，有人说是政策把控能力。

让我说，应该是文字表达能力，因为公文是党政机关工作的重要方法，也是最常用的管理手段。有研究表明：党政机关超过 70% 的工作都是文字工作，都要靠文字来完成。例如，开一个大型会议，会前得有筹备方案、会议通知，通常还有领导讲话稿或工作报告，参会人员的交流材料、汇报材料，会中还有信息简报，会后有总结，有些会议还会配套政策文件。可以说，材料是会议的"主打产品"，没有材料，会议根本没法开。

因此，可在此下两个结论。

第一，任何一个单位，几乎没有可以不写材料的部门，只有写得多与写得少的差别。以我的经验，综合文稿部门专门起草综合性文稿，相对其他业务处室来说，我们写的稿子是多一些，但这并不意味着其他人就不写，因为我们也没有能力"包办一切"。事实上，绝大部分材料还是业务处室自己写的，因为其业务专业性实在太强了，如果不熟悉工作情况，你想写也写不了，只能"各家的孩子各家抱走"。可见，即便不在专门文稿部门，照样也要写材料，这是事实，也是工作职责所在。

第二，不同的岗位和级别，几乎没有不与材料打交道的，你想躲都躲不掉。早些年，当我还是科员时，几乎天天同简报信息、计划总结、请示报告、文件资料打交道，不仅要写，还要办。当了处长之后，我不仅要审改同志们写的稿子，经常还要亲自操刀上阵，若不思考、不钻研，没"两把刷子"，根本不能指导好同志们，难以保证团队写出好稿子。事实上，不仅处长一级，更高级别的领导也一样，他们每天要审签、修改大量文稿，如果对材料"没感觉"，对问题没思考，又怎能适应工作需要呢？有时候，领导审稿所费的心思不见得比写的人少，因为领导不仅要看懂你的构思，还要帮你指出问题，教你如何改进。重要材料还要亲自上马，一同推稿，不懂材料行吗？

早些年，原《人民日报》副总编辑梁衡曾发了一篇文章《当干部与写文章》。他说，一个官员为什么还要写文章？因为文章是工作的一部分，也是生活的一部分。写文章是一种责任，也是一种贡献。一个好的官员，如果他真的把工作当成一种事业；真的想为社会、为百姓干一点事；真的想探寻真理，研究规律，那他最后必定是一位政治家、专家、学者和思想家。

事实上，不仅党政机关如此，各行各业也一样，哪有不需要写东西的呢？话又说回来，即便你不是专业写手，如果写好了，你的事业也会如虎添翼。作家梁晓声说："无论世界上的行业丰富到何种程度，机遇又多到何种程度，我们每一个人能做得比较好的事情，也就那么几种而已，有时仅仅只有一种。"在职场上，可能很多人一开始都会雄心万丈，准备大展拳脚，干一番"大事业"，但现实舞台其实是如此逼仄局促，你能做的，可能也就那么一点点而已。最终你会明白，机关里的工作很难分出轩轾来。

所以，建议你扪心自问：此时的你，对机关工作的规律掌握了吗？你是否还以为工作就该是轰轰烈烈的？如果还这么认为，请尽快升级认知，调适心态，从一篇篇小稿子开始写起。也许，以笔为犁的你，可开辟出一片"事业的田地"来。

以上 10 个问题针对的是文字工作中的认知失调而提出的。可以肯定，认知失调在我们身上或多或少都存在，有的是你"心照不宣"的，有的是你"不知不觉"的。无论什么原因，都需要你静下心来，回归工作乃至人生的本源，扪心自问一番。只有动了心思，才能转变心态，进而消除"心魔"，才能在写作时坦然面对、泰然处之、怡然自得。

我知道，扪心自问的过程是痛苦的、残忍的，短时间内，人的内心将饱受认知被颠覆的折磨。可是，"判断一个人的智力是否属于上乘，就看他脑子里是否能同时容纳下两种不同的思想，而无碍于其处世行事。"这就是法国社会心理学家托利得的"托利得定理"，如果你"hold"（把控）住了，说明你的心智成熟了、进步了，向大笔杆子迈出了一大步。

写作之功，皆在研究

——笔杆子的研究意识

导读

有位读者给我发信息说："我是汉语言文学专业毕业的研究生，2018年参加公考成为市级机关的一名公务员。领导根据我的专业，安排我在局办公室写材料。三年多来，我跌跌撞撞地跟着老同志写了不少稿子，边写边学，积累了一些经验，目前基本上把握住了公文的写作要求，像您说的，能把公文写像了。可是，今年初写领导在全市工作会上的讲话把我的信心又搞没了。面上情况都没问题，写到具体工作时就觉得没东西可写了，领导说我不用心，我感到很委屈。请问怎么才有东西可写？"这个问题点燃了我写这篇文章的思想"火焰"，因为我早想谈谈"写作中如何研究"这个问题了。鉴于很多人对研究的认识有误区，我谈5个问题：（1）研究真这么重要？（2）什么是研究？（3）为什么要研究？（4）研究的3个维度。（5）当好研究者的4点建议。这5个问题属于研究的"认识论"，在本书专题17里，我总结了研究的"8大招式"，建议结合起来读。

"没东西可写"是笔杆子最烦恼的事。

问题是，怎么才能"有东西可写"呢？

我觉得，回答好这个问题，先得搞清为啥没东西可写。

这得从公文写作的本质说起。按我的理解，公文写作的本质就是对工作深入研究后的观点输出。换句话说，写作的过程就是研究的过程，研究是写作的前提和源泉。大量实践表明，会研究的人写材料总是得心应手，不会研究的人则常常捉襟见肘，感觉没东西可写。事实上，任何一篇文稿所作出的判断、得出的结论、抛出的观点，无一不是研究之树开出来的花、结出来的果。一个人写作时发的愁，都是他在研究上偷的懒。

所以，写作者首先应当是个研究者。下面，我来谈谈我的看法。

1. 研究真这么重要？

当然了。毛泽东同志早就说过："没有调查，就没有发言权。"这话相当于说：没有研究，就没有发言权。因为调查就是研究的手段，你没有研究，哪有东西可言，不就等于放弃了发言权吗？他在《反对党八股》一文里更是明确指出："文章是客观事物的反映，而事物是曲折复杂的，必须反复研究，才能反映恰当。"

请注意，他在"研究"前面加了"反复"两个字，就是说这种研究不是偶尔的、一次性的，而是经常性、纠缠式、全过程的，并且是"必须"的，不是可有可无的。实践证明：写作与研究是分不开的，只有会研究，方能"才"源滚滚，否则必定江郎才尽。

写作的功夫就体现在研究上，写作能力说到底就是研究能力。

写公文如此，写小说、写散文也一样。就拿《红楼梦》来说，鲁迅先生曾讲："一部《红楼梦》，经学家看见《易》，道学家看见淫，才子看见缠绵，革命家看见排满，流言家看见宫闱秘事。"认真品味，你会觉得这话道出了小说思想的"丰富性"和内容的"多样性"。事实上，一部《红楼梦》，美食家能看到烹饪技巧，医学家能看到养生之道，文学家能看到诗词歌赋，还有园林、音乐、戏曲、管理……

在曹雪芹笔下，贾府的饮食无比讲究，有糖蒸酥酪、瓜仁油松瓤月饼、酸笋鸡皮汤、野鸡崽、风腌果子狸、火肉白菜汤……数不胜数，而且烹饪技术都很精巧。就说刘姥姥进大观园那一次，王熙凤给刘姥姥夹茄鲞（读音为 xiǎng，剖开后晾干的鱼），刘姥姥活了一辈子，哪吃过这么精致的菜啊，都不敢相信那是茄子做的。王熙凤就说："这也不难，你把四五月里的新茄包儿摘下来，把皮和瓤子去尽，只要净肉，切成头发细的丝儿。晒干了，拿一只肥母鸡，熬出老汤来，把这茄子丝上蒸笼蒸得鸡汤入了味，再拿出来晒干。如此九蒸九晒，必定晒脆了，盛在瓷罐子里封严了。要吃时，拿出一碟子来，用炒的鸡瓜子一拌就是了。"直听得刘姥姥摇头吐舌："我的佛祖，倒得十几只鸡来配他，难怪好吃。"我在想，这么精巧的烹饪技术，别说刘姥姥听了直吐舌，就算是当今一流厨师，把茄子切成头发样的细丝，还用鸡汤九蒸九晒，恐怕也不容易吧。试问，如果曹雪芹对美食没有研究，能写得出来吗？肯定不能。

除了美食，还有医学。我们知道，《红楼梦》里的"病人"很多，林黛玉从小体弱多病，住进贾府后，每天药不离身。薛宝钗自打娘胎里就落下了疾病，得靠冷香丸压制。王熙凤也是常年多病，经常贴着一块药膏。其他人也有看病吃药的，比如秦可卿病重那次，张太医给她把脉后说道："看得尊夫人这脉息，左寸沉数，左关沉伏。据我看这脉息，应当有这些症候才对。"书中将把脉看诊的来龙去脉写得十分详细。还有太医给林黛玉看病时，把病情的发展和对应的药方、剂量等问题写得一清二楚。又试问，倘若曹雪芹对中医没有研究，又怎能写得出来呢？恐怕也不可能。

　　写小说要研究，写散文也一样。有些人可能以为，散文是作者随心流出的文字，都是得心应手的事儿，不会刻意去研究什么。其实不然。写作者只有对事物有细腻的观察，对问题有深刻的理解，方能写出好散文来。观察本身就是一种研究方法。事实上，很多科学研究就得靠观察，比如植物学、动物学、气象学。法国文学家法布尔的《昆虫记》就是细腻观察的结果。在作者笔下，杨柳天牛像个吝啬鬼，身穿一件"似乎缺了布料"的短身燕尾礼服；小甲虫"为它的后代做出无私的奉献，为儿女操碎了心"；被毒蜘蛛咬伤的小麻雀，也会"愉快地进食，如果我们喂食的动作慢了，它甚至会像婴儿般哭闹"。有了细腻的观察和柔软的笔触，法布尔被世人称为"昆虫界的荷马""昆虫界的维吉尔"。荷马什么人？古希腊诗人，史诗《伊利亚特》和《奥德赛》就是他编的。维吉尔则是古罗马著名诗人。不得不说，法布尔有研究精神，他把科学研究得"很文学"，把文学研究得"很科学"。

　　沈从文先生抗战期间在云南生活了8年，对云南的云很熟悉，写过一篇《云南看云》的文章，对云的观察和研究令人叹服。

　　云有云的地方性：中国北部的云厚重，人也同样那么厚重。南部的云活泼，人也同样那么活泼。海边的云幻异，渤海和南海云各不相同，正如两处海边的人性情不同。河南的云一片黄，抓一把下来似乎就可以作窝窝头，云粗中有细，人亦粗中有细。湖湘的云一片灰，长年挂在天空一片灰，无性格可言，然而橘子、辣子就在这种地方大量产生，在这种天气下成熟，却给湖南人增加了生命的发展和进取精神。四川的云与湖南云虽相似而不尽相同，巫峡峨嵋高峰把云分割又加浓，云有了生命，人也有了生命。可是体积虽大分量轻，人亦因之好夸饰而不甚落实。论色彩丰富，青岛海面的云应当首屈一指。有时五色相煊，千变万化，天空如展开一张锦毯。有时素净纯洁，天空只见一片绿玉，别无他物，看来令人起轻快感，温柔感，音乐感，情欲感。

云南的云给人印象大不相同，它的特点是素朴，影响到人性情也应当挚厚而单纯。云南的云似乎是用西藏高山的冰雪，和南海长年的热风，两种原料经过一种神奇的手续完成的。色调出奇的单纯。唯其单纯反而见出伟大。尤以天时晴明的黄昏前后，光景异常动人。完全是水墨画，笔调超脱而大胆。天上一角有时黑得如一片漆，它的颜色虽然异样黑，给人感觉竟十分轻。在任何地方"乌云蔽天"照例是个沉重可怕的象征，唯有云南傍晚的黑云，越黑反而越不碍事，且表示第二天天气必然顶好。

说实话，我在云南生活几十年，天天看云，可至今也写不出一篇《云南看云》的文章来。原因是什么？不是我没看过云，而是不会观察云、不懂得研究云，故而写不出来。

写作离不开研究，茅盾先生在《怎样练习写作》一书里谈写作经验时，就特别强调研究，他写道：

茶馆里有人在讲故事。讲者富有口才，所以故事很动听，你把故事记录下来了，你研究，你会觉得它的精彩地方，例如语言的生动而巧妙，又非写作所能及，然而比起一些好的写作的故事来，它的结构是松懈些，而情节的发展也平板些。这小小的研究，告诉我们一件事：茶馆里讲故事的那个人对于故事的技巧的一部分未尝有过研究，因为他不是有意要做一个说故事的人。而另一方面，那些作为文艺作品写出来的故事却因作者有意地讲究这方面的技巧，所以就见得优胜。

所以，优秀的写作者，首先是优秀的研究者。

2. 什么是研究？

"人类的文化现象，大多从简到繁地演化。语言则相反，是从繁到简。"这是罗振宇在《阅读的方法》里的一个有趣洞见。

不错，一些看似简单的汉字，大多包裹着丰富的故事、生动的场景，它们是故事和场景被岁月之风吹干之后留下的"壳"。同样，"研究"这个词也是个"语言外壳"，它里面藏着生动的故事、场景。你想理解它，先得敲开它的壳，进入它造字之初的场景，像吃核桃一样，先敲开，慢慢将肉掏出来，然后一点点嚼碎。所以，对于"研究"这个词，我们可以这样来研究它：先把它掰成两瓣，一瓣为"研"，一瓣为"究"，然后慢慢咀嚼、品味。

第一瓣："研"。 这个字与"砚"相通，专门用来磨墨。古人最开始造字时，想象的是用工具把东西碾碎、磨细的场景。贾思勰《齐民要术》中写道："打取杏仁，以汤脱去黄皮，熟研，以水和之绢滤取汁。"曹雪芹《红楼梦》第三十三回写宝玉挨打后，"只见宝钗手里托着一丸药走进来，向袭人说道：'晚上把这药用酒研开，替他敷上，把那淤血的热毒散开，可以就好了。'"上面两例就是这个意思。东汉文字学家许慎在《说文解字》里说："研，磨也。从石、开声。"这很有画面感。此时的你，脑海里是不是已经浮现出一个老中医研磨药物，或一位书法家在砚台上一圈圈研墨的场景了呢？后来，研的意思逐步演化成分析、琢磨和探求，派生出研读、研制、研究、研判、研发、研讨、科研、调研、钻研等词。

第二瓣："究"。《说文解字》道："究，穷也。从穴、九声。"古人造字时，也许是这么一个场景：一个人出于好奇，往洞穴里走去，一直走到底。本义为推求、追查，引申为终极、到底、探求、结果的意思，衍生出追究、深究、研究、终究、究竟等词。爱因斯坦说："我没有什么特别的才能，不过喜欢寻根刨底地追究问题罢了。"凌濛初在《初刻拍案惊奇》里也写道："我们助他一臂，擒他兄弟两个送官，等他当官追究为是。"这两句话里的"究"就是追查、探求的意思。而"九州生气恃风雷，万马齐喑究可哀"（清代龚自珍）里的"究"则是终究的意思。

综上分析，我的观点是，研究的本质就是对问题进行界定、分析、探究、梳理，以便让人全面、深入、立体地认识事物。如果可以比喻的话，我觉得研究如同艺术家手中的雕刻刀，能将混沌的石块雕琢得有模有样；研究如同一盘石磨，能将一颗颗饱满的麦粒压碎了、磨细了，变成美味佳肴；研究如同生物学家的显微镜，能将细微的事物看得一清二楚；研究如同女士手中的梳子，能将"三千烦恼丝"梳得飘然有序；研究还如同考古学家的探棒，能穿破堆积的文化地层，掘出一个层次分明的文化断面来……

3. 为什么要研究？

有朋友会说，研究不是科学家或学者的事吗？我一个写材料的，研究啥啊？别故弄玄虚啦！

　　我要说的是，非也，非也！

　　研究不是科学家和学者的专利，它是人类认识世界、改造世界的普遍方法，是人类在千万年时间长河中进化出来的生存哲学。它源于生活，也充斥于生活。试想，人类初食小麦那会儿，必然只能靠牙齿咀嚼，囫囵吞枣地对付饥饿。显然，吃这样的食物，既嚼得费劲，口感也不好，还不利于消化。直到有一天，有人偶然用工具将食物磨细了吃，嘿！竟然更爽口了。从此打定主意，以后就照这样来，正所谓"食不厌精，脍不厌细"（《论语·乡党》）嘛，从营养学角度讲，精细的食物容易消化吸收。就这样，人们开始不厌其烦地磨食物，时间一久，研磨技术也进步了，慢慢用到生活的各个方面，从磨食物，到磨药材、磨墨。在时间的催化下，又从具体可感的技巧抽象为普适的哲学方法。

　　现在，研究已无处不在，无处不需，它就像水一样溶解到人类活动的每个角落，就像间谍一样潜伏在我们思维的底层，成为日用而不知的"潜意识"。当你周末想约朋友聚一聚的时候，第一反应必是研究一下，请哪些朋友，他们住哪个方向，定哪家餐馆，朋友喜欢吃什么菜，等等。你可能还会研究一下备选的餐厅环境如何，服务好不好，有哪些特色菜。当你好不容易申请到一次休假旅行的机会，可能会下意识地做一番"攻略"，比如去哪里、怎么去。若选择自驾，还会研究走哪条线路好，沿途有没有吃饭、住宿、加油的地方，哪些景点是必须"打卡"的，哪些地方有"消费陷阱"等。这些都是你的"研究潜质"驱使你做的，不知不觉中，你充当了"研究者"，只不过，你没把它往"研究"两个字上靠罢了。事实证明，谁研究得更透彻，把问题磨得更细，谁就更有办法。

　　2021 年 9 月 1 日，习近平总书记在中央党校（国家行政学院）中青年干部培训班开班式上的重要讲话中指出：实践出真知，实践长真才。坚持在干中学、学中干是领导干部成长成才的必由之路。同样是实践，是不是真正上心用心，是不是善于总结思考，收获大小、提高快慢是不一样的。如果忙忙碌碌，只是机械做事，陷入事务主义，是很难提高认识和工作水平的。写公文是典型的研究工作，需要写作者具有强烈的研究精神，否则"是很难提高认识和工作水平的"。

　　以写招商引资报告为例，倘若没有研究，就很难写好。比方说，一定时间内共招了多少项目，总投资是多少，有多少已经落地了、建成投产了？对这些项目还得做必要分类，按地区分，这个县多少，那个区多少；按产业分，这个产业多少，那个产业多少；按投资额分，10 亿元以上的多少，100 亿元以上的多少。诸如此类的分法，本质上就是研究。善于研究的人，还会掌握每个项目的生动细节，分析项目投入产出比最高的是哪些，建设速度最快的是哪些，遇到了哪些问题，哪些是共性的，哪些是个性的，采取了哪些措施……进而提炼出项目工作的普遍规律和方法，提出有效对策。可以说，写作的整个过程都需要不厌其烦地研究，对准一个问题"钻探"，一层一层剥开、一遍一遍研磨。写作就是这样，研究多了就有很多可写，很多朋友说没东西可写，其实是研究功夫下得不够。

4. 研究的 3 个维度

前文说过，公文写作精进过程需经过写得"像"、写得"顺"、写得"是"、写得"通" 4 个阶段。事实上，这 4 个阶段就是从"研究文"到"研究事"再到"研究人"的过程。

所以，研究的内容不外乎文、事、人 3 个方面。

（1）研究"文"

"文场笔苑，有术有门。"（刘勰《文心雕龙·总术》）写作本来就是一门学问，是学问就离不开研究。有时候，所谓"没东西可写"并不是真的"没东西"，而是脑袋里有东西，但脑洞打不开，不懂写作技巧罢了。如果你想摆脱这个困境，就得研究写作方法。你不研究，就不知道一个报告该写几个部分，开头怎么开，结尾怎么结；你不研究，就不知道如何总结成绩，如何分析问题，如何归纳特点，如何提出工作目标、要求和措施等。

茅盾先生在《怎样练习写作》一书里就建议研究写作技巧：

请不要见了"技巧"两字，就觉得高不可攀，十分害怕。也请不要见了"技巧"两字，就联想到一长串的形容词，一些古怪的不常见的字眼，乃至一些拗口的似白话非白话的句子。所谓"技巧"，并无神秘性。

这些技巧，我们要到世界和本国的名著中去学习。这些技巧是经过了数百年乃至数千年的无数人才创造研究成功的。这些技巧，还在发展，绝对不会有止境。

然而这一类的技巧也不是只有从名著中方可找到，方能学习。我们也要从社会生活中去撷取创造新技巧的动力。社会是在变动的，新的社会生活会产生新的文艺上的技巧。这只要研究自古至今新的文艺形式之所以产生在特定的历史时期，就可以明白的。不过这一层说起来不大简单，这一本小书里是容纳不下的，我们只能在这里略提一笔，要详细研究，须得阅读专书。

现在市场上写作方面的书非常多，大家不妨好好研究一番。

（2）研究"事"

公文属于应用文，文因事而生，事因文而解。所以，写好公文就得研究事，把事情的基本情况搞清楚，包括事情发展的起因、经过、结果，事情相关的时间、地点、人物、单位，事情的目标、影响、形势、措施、数据等。研究大致有 3 个维度：一是时间维度，也就是作纵向对比，研究事情的现状、历史，把握事物发展规律，探析未来发展趋势。二是空间维度，也就是作横向对比，研究自己，关注别人，找到差距，找准自己的坐标位置。三是构成维度，把笼统的事物解剖开，看它由哪些部分组成，又可以分为哪些层次。

（3）研究"人"

写作表面上就 A4 纸上那点事儿，实际却是人事、人物、人心、人情"斗法"的地方。很多时候，写作考验人的情商，比如某些内容该不该写、从什么角度写、用什么样的语言，考验写作者对文稿相关方心理的把握以及对人性的深刻体会。有时候，你写不出来，就是因为你不懂别人想说什么、想听什么。有时候，你写得不好，就是因为你没有同理心，不能用人的常理心来思考问题。总体来说，我们在重点研究事的基础上，应适当兼顾研究文和研究人，做到"人、事、文"三位一体，把各方问题都琢磨透。

5. 当好研究者的 4 点建议

研究是件伤精费神的事，你看电视上那些老中医，为了把药研细，在容器里反复碾压，一遍一遍，不厌其烦。再看那些研墨的人，一方墨、少许水，手臂缓缓滑动，墨在砚台上反复摩擦，考验手法，也挑战耐心和意志。如果你已听进了我前面说过的话，决定当一名研究者，那我再给你几条建议。

（1）试着体验研究的奇妙感

俗话说：亲身下河知深浅，亲口尝梨知酸甜。很多事情要亲身体验一下才能体验到其中曼妙。就像《小马过河》的故事一样，小马来到河边犹豫不决，先是咨询老牛，又问小松鼠，没有亲自尝试，最后还是在妈妈的鼓励下，鼓起勇气过河。事实上，河水既不像老牛说的那样浅，也不像松鼠说的那样深。

无论我前面把研究说得如何重要，都无法代替你去感受它、实践它。你只有勇敢地迈出第一步，主动去亲近它、尝试它，才能体验到那种沉浸式的"心流"感受。

请相信，人一旦投入某件事情，就会获得心流体验，就像美国心理学家米哈里·契克森米哈赖在《心流：最优体验心理学》一书里写的："一般人认为，生命中最美好的时光莫过于心无牵挂，感受最敏锐、完全放松的时刻，其实不然。虽然这些时候我们也有可能体会到快乐，但最愉悦的时刻通常在一个人为了某项艰巨的任务而辛苦付出，把体能与智力都发挥到极致的时候。"你一旦喜欢上研究，养成钻研习惯，进入"心流"状态，这种状态一定会馈赠给你美好的体验。

（2）学会关起门来当专家

心理学家巴甫洛夫认为，暗示是人类最简单、最典型的条件反射。从心理机制上讲，它是一种被主观意愿肯定的假设，不一定有根据，但由于主观上已肯定了它的存在，心理上便竭力趋向于它。

建议你给自己一个心理暗示：我是在做科学研究，我是一名研究者，我是这个领域的专家，没有谁比我更专业、更权威。在这样的暗示下，你才会有意识地以科学严谨的态度研究你写的东西。为了提升研究动力，你不妨假设：如果有一天，领导问你："小张，你觉得某某问题怎么样？"他想听听你的意见，你怎么办？还可以假设：若是某一天你同领导出差，突然聊起某个话题来，你有没有东西同领导聊。

研究不仅是写作方法，也是工作方法。黄奇帆在《分析与思考》一书里写道："在几十年的经济管理和研究经历中，我总结了一种行之有效的研究范式：'问题—结构—对策'。面对各种问题时，先研究问题、分析问题，找到问题结构性的、体制性的、机制性的、制度性的短板，通过改变问题的联系方式、边界条件，使得问题朝着理想的方向和预期的目标转化，问题基本上就迎刃而解了。上述方法也是我一系列书籍、文章、演讲的核心分析方法。做学问、做研究，对我来说是一辈子的事情。在从政阶段，面对的往往是社会或经济中的现实问题，需要调查、研究，在此基础上出台方针、政策，引导产业走上良性循环之路。在为师阶段，面对众多基础性、前瞻性课题更需要用心思考。"你想想，黄奇帆这样级别的领导尚且舍得花时间研究，我们还有什么可说的呢？如果你不想被领导看成是什么都不懂的人，想获得同领导对话的机会，建议你学会关起门来当专家，多花点时间来研究。

（3）不要小看"苟且红利"

人的成功，很多时候都是细节的较量，拼的不是雄才大略，而是鸡毛蒜皮。这叫细节决定成败。

在 2020 年《时间的朋友》跨年演讲里，罗振宇提到一个词：苟且红利。即你做事只要稍微比别人好一点点，你就能获得比别人多的机会。他举了一个网约车司机的例子。司机不仅善意地在距目的地 300 米左右结束订单，还告诉他用快充数据线，末了还递上一张名片，表示自己住在附近，需要用车随时可以打电话……网约车千千万，独有这位司机让罗振宇感动。我们写作者不妨学习这位司机，因为研究是细致活，不能有半点苟且，须有精益求精的精神。在别人思考问题大而化之、蜻蜓点水的时候，你更应以"打破砂锅问到底"的精神，深入细致地研究琢磨，不放过任何一个细节。说到底，研究拼的还是人品，即你的精神、态度和意志。面对枯燥乏味的数据，只有踏踏实实不浮躁，认认真真不苟且，才能在别人的"苟且"中获得无限的"红利"。

（4）永远揣着一颗好奇心

爱因斯坦曾说："我没有特别的天赋，只有强烈的好奇心。"好奇心是人类的"第四驱动力"。英国学者伊恩·莱斯利在《好奇心——保持对未知世界永不停息的热情》一书里讲到，尽管达尔文提出进化论之后，我们就不得不接受一个事实——我们和灵长目动物有 3 个相同的基本驱动力：食物、性和庇护所。然而，人类却拥有第 4 个驱动力，那就是好奇心，并且这种好奇心是人类所独有的。

有趣的是，在西方文化典籍中，最经典的故事都是"好奇心"引发的，如亚当、夏娃与智慧果，伊卡洛斯与太阳，潘多拉的盒子……好奇心是创造的基础，没有好奇心的人很难在某个领域有所突破。许多著名科学家都是有强烈好奇心的人，如牛顿对一个苹果好奇，发现了万有引力；瓦特对烧水壶冒出的蒸汽好奇，改良了蒸汽机；爱因斯坦从小对罗盘好奇；伽利略对摇晃的吊灯心生好奇，发现了单摆。

好奇心太宝贵了，所以约翰·曼森·布朗才说："感谢上帝没有让我的好奇心硬化，好奇心让我渴望知道大大小小的事情,这样的好奇心犹如钟表的发条,发电机、喷射机的推进器，它给了我全然的生命。"

天天写作的你，千万不要让自己的好奇心"硬化"，而要让它像钟表发条和发电机一样，给你带来源源不断的求知动力。希望你像研究者一样永远保持一颗"对事物刨根问底"的好奇心、一颗"学然后知不足"的空杯心，一颗"格物致知"的科学心，一颗"不到黄河心不死"的执着心。

04　以人为镜，洞见写作
——笔杆子的 7 种素养

导读

　　《笔杆子修炼 36 堂课：公文写作精进之道》里有一课叫《跟着历史人物学写作：曾国藩身上的"8 条写作密码"》，我在导读里写道："人是在不断学习、反思中获得智慧的，通过总结前人的经验，可以探寻事物发展的规律。""作为文字工作者，在学习写作的过程中，不仅需要自己在实践中亲自感知、体验，还可以从历史人物身上获得写作启示。"下面这个专题用同样的思维写成，只是对象从曾国藩变成了东方朔。通过研读历史，我从东方朔身上获得了 7 点写作启示：（1）勤学精神。（2）博学态度。（3）写作技巧。（4）营销意识。（5）战略思维。（6）研究精神。（7）演讲口才。需要说明的是，中国历史人物千千万，很多人都值得品味，希望你掌握这种"以人为镜"的方法，涵养新时代格物致知的精神！

　　关于东方朔这个人，我早就听说了。

　　记不清是小学还是初中课本，鲁迅先生在《从百草园到三味书屋》一文里讲，他听说东方朔认识一种叫"怪哉"的虫，为冤气所化，用酒一浇，便消释了。满怀好奇的他，到三味书屋后便问寿镜吾先生："'怪哉'这虫，是怎么一回事？"很可惜，老师没给他答案。这是我第一次听说东方朔这个人。后来我才知道，"怪哉"一事载于《太平广记》和《太平御览》，皆为穿凿附会之说。不过，那时的我对"怪哉"没啥兴趣，只对东方朔这个人感到好奇。

　　小时候，想读的书通常读不到，只能把好奇雪藏起来。等到上大学，学校图书馆有书，却忙于专业学习而无暇顾及。大学三年级时，有部热播电视剧叫《大汉天子》，宿舍有台黑白电视机能收到，听说有东方朔，我便跟着一起追剧。在剧中，陈道明以炉火纯青的演技把东方朔的博学、儒雅、智慧、机智演绎得淋漓尽致。我一直认为东方朔是个离经叛道、不按常理出牌的怪人，看了电视剧后，我对他的看法有所改变。参加工作以后，不仅有了闲暇时间，每月还有工资。这让买书读书成为可能，慢慢地，我基本实现了"买书自由"和"读书自由"。放纵自己的阅读欲望，"报复性"地买、"还账式"地读，成堆成堆往家里搬书。此般情景仿佛一个打小没吃过饱饭的孩子，有一天发达了，走进馆子，看见好吃的就点，毫不担心埋不了单。一时间，不少大部头的书爬上了我的书架，如《二十四史》《资治通鉴》《续资治通鉴》《续资治通鉴长编》《册府元龟》《太平广记》《太平御览》及各种人物传记、史学评论，当然也包括写东方朔的。有了书的加持，我心中的东方朔形象渐次丰满起来，对他竟然产生了钦佩之感。

东方朔到底是什么样的人？

他复姓东方，字曼倩，平原郡人，西汉文学家，也是一名公务员，先后当过郎官、常侍郎、太中大夫。西汉时的郎官有点像现在的秘书，近距离服务"大领导"的那种。郎官在汉代常常是人踏上仕途的起点，因为他们经常伴随皇帝左右，近水楼台先得月。不少汉代著名人物都是从郎官做起的，如出使西域的张骞是汉武帝建元年间的郎官，司马相如是汉景帝时的郎官，飞将军李广在汉文帝时也做过郎官，东汉末的曹操、袁绍都做过郎官。东方朔从郎官做到了太中大夫，俸禄达一千石，待遇相当于副部级，在今天看来，也是妥妥的"大笔杆子"。东方朔这个人可不一般，他一生著作颇丰，传世的就有《答客难》《非有先生论》《封泰山》《责和氏璧》《试子诗》等。司马迁在《史记》中称他为"滑稽之雄"，班固在《汉书》里为他列传，夏侯湛写有《东方朔画赞》，对他的高风亮节及睿智诙谐倍加称颂，唐代书法家颜真卿将此文书写刻碑。

在大多数人眼中，东方朔性格诙谐、言词敏捷、滑稽多智，敢在汉武帝面前谈笑取乐，可以说，他身上有春秋战国时代士的遗风。传说有一次，汉武帝玩射覆的游戏时把壁虎藏在盂中，却没有人猜中。东方朔向武帝自请说："臣曾学《易》，请允许我猜猜是什么。"于是他将蓍草排成各种卦象，回答道："我认为，说它是龙却无角，说它是蛇又有足，肢肢而行脉脉而视，善于爬墙，这东西不是壁虎就是蜥蜴。"于是汉武帝赐给东方朔十匹帛。后来，武帝又让东方朔猜其他东西，东方朔每猜必中。他为了获得皇帝召见，故意侮辱恐吓给汉武帝养马的人，让别人无故受了一次惊吓。还有一次，他喝醉酒后，竟在殿上小便，因此遭到弹劾。这些行为加上《太平广记》和《太平御览》中"怪哉"之虫的说法，东方朔在世人眼中就成了一个"不靠谱"的怪人。

如今，我以一个年过不惑之年的笔杆子视角，重读《史记·滑稽列传》《汉书·东方朔传》，以及《答客难》《非有先生论》等文章，对东方朔有了新的认知，愈发觉得，东方朔是一个价值被严重低估的人，在他身上有很多值得当今笔杆子学习的品质，具体表现在以下 7 个方面。

1. 勤学精神

东方朔的勤学精神值得我们学习。他的故事启发我们："写作者"首先应做"学习者"，只有持续"输入"，才能稳定"输出"。

据《汉书》记载，东方朔写给汉武帝的自荐书里有这么一段内容：

臣朔少失父母，长养兄嫂。年十三学书，三冬文史足用。十五学击剑。十六学《诗》《书》，诵二十二万言。十九学孙吴兵法，战陈之具，钲鼓之教，亦诵二十二万言。凡臣朔固已诵四十四万言。又常服子路之言。臣朔年二十二，长九尺三寸，目若悬珠，齿若编贝，勇若孟贲，捷若庆忌，廉若鲍叔，信若尾生。若此，可以为天子大臣矣。臣朔昧死再拜以闻。

从这篇自荐书里，我们可以看出东方朔的两个特点。

（1）自律自强

东方朔从小失去父母，由哥哥嫂子抚养长大。要知道，父爱母爱的缺失对一个人的成长是很不利的，容易让人变得自卑。然而东方朔自荐书里却展现出了博学多才的极度自信，说明什么？我觉得，至少说明两点：首先，说明东方朔的家境还不错。你想想，在古代，父母双亡的情况下，一个贫困家庭的小孩不出人伦悲剧就算万幸了，哪还有机会读书？更别说学剑术、兵法这样"不务正业"的技术了，而东方朔却获得了这样的机会。其次，说明东方朔是个自律自强的人。父母的监督教育对一个人的成长很关键，即便家庭环境再好，一旦缺少了父母监督教育，价值观很可能会出问题，变得不思进取，而东方朔却健康成长并成才，不得不说，他是个自律自强的人。

自律自强，也是一个笔杆子应该具备的精神特质。因为我们在学习、写作过程中，经常要独自面对自己，同自己对话，与自己斗争，如果没有自律自强的精神，你是很难熬过"一点残灯伴夜长"的寂寞和清苦的。

（2）勤奋好学

他在自荐书里说，12 岁开始学书，3 年时间文史知识都可运用自如了；16

岁开始学《诗经》《尚书》，熟读了 22 万句。在西汉那个获得书籍还不是特别便利的时代，这样的学习强度绝对是很大的。这还没完，人家不仅习文，还练武：15 岁开始学剑法，19 岁开始学孙吴兵法，也熟读 22 万句，这种学习的精神和劲头令人佩服。

学习苦，跨界学习更苦。前些年，我工作之余学习建造师、消防工程师和环评工程师课程，对这种苦深有体会。世间之事，正因其难能，所以可贵。一个合格的写作者，首先应做合格的学习者，因为只有持续不断地"输入"，才可能有稳定的"输出"。从东方朔身上，我们应该获得这样的启示。

2. 博学态度

东方朔的博学态度值得笔杆子学习，他的故事启发我们：笔杆子应博览群书、博采众长，做贯通百家的"杂家"。

从各种情况看，东方朔无疑是个学识渊博之人。

（1）他读书多

暂且不说东方朔 12 岁以后就能熟练运用的那些知识，光说他熟读的名句就有 44 万句之多。请注意，他说的是"句"，不是"字"，按一句平均 10 个字算，那就是 400 多万字啊！什么概念？"四书五经"加起来也不过几十万字，即便是司马光的《资治通鉴》，也才 300 来万字。

这样的学习量是很大的，尽管在 21 世纪的今天，阅读越来越便利，一个人从小学到大学，有的还到了硕士、博士，有几个敢拍着胸脯跟老板讲自己有如此大的阅读量？可人家东方朔就敢讲，这绝不是信口开河糊弄人，因为他的"老板"是皇帝，给他 10 个胆儿也不敢"学术造假"。还有一点请注意，东方朔所谓的 44 万句，不是"看"，而是"诵"。什么是"诵"？按《说文解字》的说法，"诵，讽也。从言，甬声。"就是用高低抑扬的腔调念出来。大家知道，古人读书都是一句一句反复诵读的，所以，有理由相信，东方朔所谓的"诵"，很大程度上是"背诵"的意思，这就更了不起了。

写作者天生是学习者、阅读者。我们常说，若想给人一瓢水，自己先得有一桶水。要想写出好文章，必须有大量阅读的加持，东方朔很值得我们学习。

（2）他学识广

《史记·滑稽列传》说他"好古传书，爱经术，多所博观外家之语"。意思是说他喜欢读古籍，爱好儒家经术，广览诸子百家的书。不仅学文，他还学剑术、学兵法。可见，东方朔是个学识渊博、融通百家的人。用现在的话说，他善于跨界学习，能文能武，是一口气能拿几个博士学位的那种，妥妥的一个"斜杠青年"。这让我想起了民国时期北京大学教授辜鸿铭，据说他获得文、哲、理、神等 13 个博士学位，会 9 种语言，我觉得此二人有得一比。

自古以来，社会对笔杆子的要求都是近乎苛刻的，不仅要有政治家的格局、哲学家的智慧、科学家的专业，还得有文学家的文采、美学家的眼光和工程师的严谨。这么高的要求怎么做到？没有其他办法，唯有博览群书、博取众长。博学是笔杆子行走的拐杖，不管你在政府机关还是企事业单位，也不管你在省级机关还是乡镇街道办事处，概莫能外。这一点，应该向东方朔学习。

3. 写作技巧

东方朔的表达技巧值得笔杆子学习，他的故事启发我们：应该练好写作功夫，把握读者兴奋点，踩到问题点子上。

在东方朔自荐这件事上，有两个事实值得注意：第一，汉武帝花了两个月时间来读东方朔的文章。第二，汉武帝读完后"录用"了东方朔。这说明什么？说明汉武帝认可东方朔的文章，并接受了东方朔的观点。

于是，我们可得到以下两个结论。

（1）东方朔的文章有文采

评判一篇文章的好坏，无非有两个维度：一是形式，二是内容。汉武帝为什么能把东方朔的自荐书连续看两个月不释卷？恐怕首先得文章写得好才行，假设这篇文章写得没有文采，虽然点儿踩得很准，但语法混乱、逻辑错误、语言鄙俗、毫无美感，恐怕皇帝也看不下去。这一点，只要看他后来写的《答客难》《非有先生论》《封泰山》等文章就能得到印证，每一篇都是观点鲜明、论证精到、引经据典、文采飞扬。

作为现代文字工作者，应该学习东方朔，掌握基本的表达技巧，遵循文种体例、语法结构和表达技巧，写出富于感染力和吸引力的文章。

（2）东方朔的文章有干货

写文章，尽管形式很重要，终究是"内容为王"，因为任何文章都是形式服务于内容、服从于内容的。因此，可以断定东方朔的自荐书有见地、有干货，并且挠到汉武帝的痒处了。你想，汉武帝是什么人？雄才大略的君主啊！他思考的问题肯定都是治国安邦的大问题，如果东方朔写的是一般性问题，他舍得花时间读吗？显然不会，别说两个月了，一天都不会。可以推断，东方朔自荐书所写的内容大概率是经世济民的治国方略，而非家长里短、儿女情长。毕竟，经世济民、治国理政才是一个皇帝所关切的。

这告诉我们，写公文不是单纯的"写"的过程，通常需要跳出文稿看文稿，注重分析形势、分析工作、分析受众，比如受众需要什么、关注什么，一定得搞清楚。这一点，应该向东方朔学习。

4. 营销意识

东方塑的营销意识值得笔杆子学习，他的故事启发我们：写作是个营销过程，应像产品经理那样推出好的文字产品。

在东方朔的故事中，最亮眼的就是他初到长安那次成功的自荐了，可谓一炮走红。《史记·滑稽列传》写道：

朔初入长安，至公车上书，凡用三千奏牍。公车令两人共持举其书，仅然能胜之。人主从上方读之，止，辄乙其处，读之二月乃尽。诏拜以为郎，常在侧侍中。数召至前谈语，人主未尝不说也。

公元前 140 年，汉武帝励精图治，广召天下英才。一时间，海内有才之士纷纷递上自荐书。东方朔那年 21 岁，风华正茂、踌躇满志，自然不会错过这样的机会，向汉武帝递上了一封惊世骇俗的自荐书。他的自荐书全面介绍了自己的家世、学历、年龄、身高、身体状况、性格特征、价值追求等，细到什么时候学了什么、效果如何、最喜欢谁的理论等，甚至连身高几尺、牙齿如何洁白、眼睛如何明亮都写得清清楚楚。他还说自己像不避狼虎的孟贲一样勇敢，跑起来像骑马也追不上的庆忌一样快，像古代非妻所织衣服不穿的鲍叔一样廉洁，像与女子约会河水上涨也不离去的尾生一样诚信，总之就是：我很优秀，确认过眼神，我就是你要找的那个人。

请大家注意史书的细节，他的自荐书用了 3000 片竹简才写完，公车府用了两个人才扛起来。这哪是自荐书啊？完全是一部皇皇巨著嘛！凭着这样的"体量"和"质量"，东方朔如愿以偿收到了汉武帝的"录用通知"，被任命为郎官。

这件事给我们两点启发。

（1）凡事都得有准备

东方朔一份自荐书写 3000 片竹简，肯定是有备而来，这么长的文章对其他竞争者来说简直就是"碾压式"的。试想一下，有一天，领导给你和同事布置同样一个题目，让你们研究"元宇宙"这个话题。倘若，你的同事比较敷衍，交作业时只有薄薄两页纸，不疼不痒地说了一些人云亦云的空话，而你却拿出一本数百页的研究报告，条分缕析，把一些细节问题说得清清楚楚明明白白。你说，领导会不会高看你一眼？我想一定是会的，这就是提前做准备的好处。

这就告诉我们，公文写作者要善于把精力用在平时，打有准备的仗，每一次写作都以高标准来要求自己，尽量把问题考虑得全面一些、深入一些，摒弃"苟且"思想和"投机"心理。

（2）凡事都得有特点

尽管写文章不一味追求标新立异，也不主张以长取胜，但从传播学角度看，人无我有、人有我多、人多我特是不可否认的表达技巧。你想一想，东方朔的自荐书用了 3000 片竹简，两个人才勉强扛起来，说明什么？说明人家的自荐书最长啊！如果当时有吉尼斯纪录制度，恐怕是可以入选的。

人天生是好奇的动物，对"最"的事情最关心，所以东方朔仅凭这一点就超越了其他竞争者，成为舆论关注的焦点，搞不好入选了当年"全国十大学术新闻"呢！显然，东方朔此举对当时的朝野产生了很大的震撼，要不然历史也不会记录下整个事件。在这种效果的加持下，东方朔的自荐书就成了"爆款文"。对于今天写公文者来说，虽然不能哗众取宠，但产品思维、营销意识还是要有的，这是传播的需要，也是竞争的需要，没必要回避。

5. 战略思维

东方朔的战略思维值得笔杆子学习，他的故事启发我们：文字工作的最高价值不在于文字，而在于思考大事，以文辅政，以文载道。

事实上，东方朔不只会耍"小聪明"，他还有战略思维能力。

不错，他确实有不少怪诞滑稽的行为，但那是时代使然。你想，在 2000 多年前，"百家争鸣"的余热尚未完全消退，汉初的统治者又以道家思想治国，社会文化环境相对宽松，"罢黜百家，独尊儒术"也是后来的事（准确讲是董仲舒在汉武帝即位 6 年后才提出的）。在那个时代，文人尽情张扬个性属于时代精神的体现，也是文人品质的彰显，可以理解。

尽管如此，东方朔也有很多次战略性的劝谏，典型的有两次。

一次，汉武帝想建上林苑，因为工程涉及大量征地拆迁，耗费很大、劳民伤财，所以东方朔便向武帝谏言说，上林苑所处之地物产富饶、地势险要，若修以林苑则是不恤农时、非富国强民之计。接着，他列出了 3 个不可修建的理由，又举了商纣王、楚灵王、秦始皇大兴土木导致天下大乱的例子，最后献上《泰阶六符》，希望汉武帝能观察天象的变异而自省。汉武帝接受了他的劝谏，还拜他为太中大夫，加给事中衔，赏赐黄金百斤。实事求是地讲，东方朔这次劝谏站得高、看得远，很有战略水准。另一次，东方朔向汉武帝进"农战强国"战略，可惜没被汉武帝采纳。虽然我们已无从得知具体内容，但在农业经济时代，这显然是抓住了时代发展的规律，也属于战略级别的建议，这种建议对西汉时代的意义，不亚于当今提出"制造强国""网络强国"的意义。

从这两次进谏可以看出，东方朔不仅有"小聪明"，也有大格局，算得上是战略型笔杆子，只可惜他没机会充分展示自己的才华，故而没跻身我国著名政治家行列。至于原因，他在《答客难》一文中说道："天下无害，虽有圣人，无所施才；上下和同，虽有贤者，无所立功。"这叫时势造英雄，尽管西汉的"时势"没有给他"施展"的机会，却不能否定他的战略才能。

6. 研究精神

东方朔的研究精神值得笔杆子学习，他的故事启发我们：写作中要善于研究，在钻研中获得真知灼见。

我们常说，文章以内容为王，没内容的文章是"花架子"，经不住推敲。那么，你是否想过，东方朔能写出 3000 片竹简的长篇大论，凭的是什么？汉武帝能连续两个月读东方朔的文章而不厌倦，又说明什么？

我觉得，东方朔能写出这么长的文章，凭的就是自己的真才实学。他的文章经得住反复阅读，说明他的自荐书里有真知灼见。问题是，真才实学、真知灼见从哪里来？当然不是天上掉下来的，而是学习、研究、琢磨出来的。

不错，写作功夫在研究，研究是写作的底座。

每个笔杆子都应该有研究精神，谁把工作研究得透彻，谁就能文思泉涌、得心应手；谁在研究上偷了懒，谁就会捉襟见肘、文思枯竭。可以这么说：你今天在写作中发的愁，就是昨天在研究上偷的懒。东方朔之所以能文思泉涌，肯定没在研究上偷过懒。

在职场里，研究是"必修课"，不是"选修课"。我希望，每个笔杆子都向东方朔学，做自己专业领域的研究者，都具备研究精神，都掌握研究方法，遇到问题都舍得花时间去研磨，并且是发自内心、不厌其烦的那种。

7. 演讲口才

东方朔的口头表达值得笔杆子学习，他的故事启发我们：笔杆子只会写还不行，还得能说会道。

早些年，有领导跟我讲过，一个优秀的笔杆子有 3 条标准：坐下来能写，站起来能说，走出去能干。显然，东方朔就是这样的人。据史书记载，他在成为郎官后，"数召至前谈语，人主未尝不说也"。就是说，皇帝多次跟他聊天，都很开心，很满意。可见，东方朔不仅写作"有一手"，嘴上也"有一套"。

笔杆子应该学东方朔的能写能说。一方面，"输出"是最好的"输入"，把所学的东西当众讲出来，能更好地促进学习。2022 年，有一次我受省委组织部邀请给州市县组织部领导讲工业。为了讲好这一课，我花了很长时间做准备。那段时间，我无数次静坐苦思、研究分析，从数据和事实中发现规律、得出结论。讲完课后，感觉自己对工业的认知得到了升华，对问题的理解更深刻了。另一方面，写作是另一种形式的"说话"，写作的本质就是用文字说话。我感觉，"说"是"写"的最好姿势。叶圣陶先生主张写作就是"写话"，话怎么说，文章就怎么写。"写话"就是做到写成的文章句句上口，把写成的文章当话来说。所以，在写作过程中，你得有"说"的意识。如果有机会，多到台上讲一讲，因为这样不仅可以加深你对问题的理解，还可以训练口才。

以上 7 点是我读历史过程中获得的启示，有些是基于史实作出的客观判断，有些是基于常理作出的主观推断，难免牵强附会、有失偏颇。但我知道，研究史实不是目的，得到启发才是。正如陶渊明说的"但识琴中趣，何劳弦上声"，只要你得到了想要的东西，又何必拘泥于其他呢？

我写这篇文章的用意有两点。

（1）告诉大家写公文是一种分析的技术

分析是写作的第一技法，当你从主标题开始往下拓展，从一级标题到二级标题再到三级标题，实际就是分析的过程。这个过程就像切西瓜，横一刀，竖一刀，把一个笼统的概念"大卸八块"，分成一个个子观点。不管写什么文章，哪怕是小说、散文，不分析就写不下去。关于如何分析，本书后面会有文章（专题 19）专门讲，这里姑且抛个"引子"吧！

（2）希望大家带着独特视角和问题去学习

有朋友问我，读书该如何去读？我的答案就是：视角＋问题。如果你没有自己的视角，不带着问题去读，有些东西你纵然"看"了，也不一定"看见"，就像一台计算机摆在桌子上，在非专业者眼里，不过是"一台计算机"而已，而在专业人士眼中，就有运算器、控制器、存储器、输入设备、输出设备、操作系统这样的概念，而非笼统的"一台计算机"。

再拿东方朔的事来说，我们尝试从几个视角来分析。

如果你是搞纪检监察的，你会怎么看待东方朔谏阻汉武帝建上林苑这件事呢？是否可以将它看成一个事前监督、决策监督的经典案例呢？这个过程中，东方朔直言敢谏的精神，站在对国家负责、对人民负责、对领导负责的角度思考问题的方式，是不是值得我们纪检监察干部学习呢？他的行为是否隐约有些"为民、务实、清廉"的现代味道呢？你仔细品品试试。

如果你是搞侦查或档案管理工作的，是否可以这样想：东方朔的自荐书为啥能出现在汉书里？要知道，东方朔的自荐书写于公元前 140 年左右，而班固写《汉书》是公元 54 年以后，前后相去近 200 年。班固凭什么还能抄到原文？在那个时代，只有一种可能，就是汉武帝读过后大概率作了"批示"，进而按制度存入了国家档案馆，得到了专业保存，要不然怎么也流传不到东汉啊！你说是不是这个道理？

又或者你是搞传媒的，是否可以从东方朔自荐这件事上悟出一些道理来呢？例如，在传播中如何制造"轰动效应"，如何挖掘新闻热点。我觉得可以，因为东方朔的自荐就是一个成功的传播学案例，你见过几个人的自荐书载入史册，流传千古的？

所以，只要你体会到我的这两个用意，即便你发现我分析的东西在学术研究层面漏洞百出，我也可以说，这个锦囊的精髓你已经掌握了。

05　百家争鸣，百事通透

——笔杆子的精神世界

导读

　　我在《笔杆子修炼 36 堂课：公文写作精进之道》里总结了"公文写作的 7 种难能可贵之处"，编了 7 句顺口溜：（1）肚中之货不易得，博学多识融通贯；（2）冷静冷落又冷清，板凳太冷坐热难；（3）学成出师非一日，久久为功耗时间；（4）写作过程如磨墨，能力耐心靠修炼；（5）心理压力如山大，一颗文心须勇敢；（6）登堂入室谈何易，不慎即成门外汉；（7）关键时刻难脱身，奈何只得继续干。第一句"博学多识融通贯"讲的就是当好笔杆子要博学各方、融会贯通，因为写作涉及方方面面，不仅要写得准确、规范，还要出思想、出观点、出文采，如果没有"百家争鸣"般的精神世界，写起来就会捉襟见肘。所以我专门探讨笔杆子的精神世界问题，希望你从博大精深的传统文化中汲取精神源泉，心中永远住着"儒家""道家""兵家""法家""杂家"，做到百家争鸣、百花齐放。

　　当好一名笔杆子，真的不容易。

　　在"两办"为"大领导"服务尤其不容易，不仅要有政治家的格局、哲学家的智慧、科学家的专业，还得有文学家的文采、美学家的眼光和工程师的严谨，所写稿子既要有政治性、思想性、战略性，还要有权威性、专业性、可读性。这种综合性决定了笔杆子"百事通"的精神气质。可以说，在笔杆子的精神世界里，永远有一场"百家争鸣"。

　　党的二十大报告明确告诉我们：

　　坚持和发展马克思主义，必须同中华优秀传统文化相结合。只有植根本国、本民族历史文化沃土，马克思主义真理之树才能根深叶茂。中华优秀传统文化源远流长、博大精深，是中华文明的智慧结晶，其中蕴含的天下为公、民为邦本、为政以德、革故鼎新、任人唯贤、天人合一、自强不息、厚德载物、讲信修睦、亲仁善邻等，是中国人民在长期生产生活中积累的宇宙观、天下观、社会观、道德观的重要体现，同科学社会主义价值观主张具有高度契合性。

我觉得，学习公文写作也是一样的道理，只有植根本国、本民族历史文化沃土，思想之树才能根深叶茂。新时代笔杆子的精神就藏在传统文化中，所以应从博大精深的传统文化中汲取精神养分。

1. 心中有"儒家"

中国几千年的文化，核心是儒家文化。事实上，中国人的日常行为或多或少都嵌入了儒家仁义礼智信、温良恭俭让等"思想DNA"。不管时代如何变迁，笔杆子的心中一定要驻着儒家。

这需要从3方面理解。

（1）领悟儒家思想

儒家历来注重"人伦大道"，倡导以人为本，提倡对长辈尊敬尊重、朋友之间言而有信、为官清廉爱民、做人有自知之明。这些思想具有普世价值，不管岁月如何冲刷，永远都不会褪色。我们要做的就是传承这些思想，并将之用到写作中。2015年9月28日，习近平主席在第七十届联合国大会一般性辩论时的讲话中就用儒家"天下为公"思想来阐述人类命运共同体的理念。

文章写道：

"大道之行也，天下为公。"和平、发展、公平、正义、民主、自由，是全人类的共同价值，也是联合国的崇高目标。目标远未完成，我们仍须努力。当今世界，各国相互依存、休戚与共。我们要继承和弘扬联合国宪章的宗旨和原则，构建以合作共赢为核心的新型国际关系，打造人类命运共同体。

"大道之行也，天下为公"出自《礼记·礼运》，表达了儒家政治理想及对未来社会的憧憬。作为一个中国人，我们在为自己生活在一个思想深邃的国家而感到骄傲的同时，也有责任把这些思想传承下去，发扬光大。

（2）涵养儒家道德

儒家向来提倡高尚宏大的道德修炼和价值追求。曾国藩曾说："古之成大事者，规模远大与综理密微，二者缺一不可"，所谓"规模远大"一定程度代表了儒家的道德追求。当代笔杆子应该涵养这样的宏大道德。《礼记·大学》

开篇有段经典论述："古之欲明明德于天下者，先治其国；欲治其国者，先齐其家；欲齐其家者，先修其身；欲修其身者，先正其心；欲正其心者，先诚其意；欲诚其意者，先致其知，致知在格物。物格而后知至，知至而后意诚，意诚而后心正，心正而后身修，身修而后家齐，家齐而后国治，国治而后天下平。"所谓"格致诚正修齐治平"，实际就体现了儒家的宏大格局、远大理想和价值追求，值得我们深深品味。

北宋时期，陕西有个著名思想家叫张载，他因在凤翔府郿县横渠镇（今陕西眉县横渠镇）安家讲学，故称"横渠先生"。他说过 4 句话："为天地立心，为生民立命，为往圣继绝学，为万世开太平。"这 4 句话同样展示了古代文人的价值观和使命感，被冯友兰先生称作"横渠四句"。这样的精神，历久弥新，咱们说什么都不能丢！

另外，"君子"是儒家最理想的人格，《周易·乾》讲："九三，君子终日乾乾，夕惕若厉，无咎。"《诗经·周南·关雎》讲"窈窕淑女，君子好逑"。《尚书·虞书·大禹谟》也讲"君子在野，小人在位"。在《论语》里，"君子"一词共出现 107 次，如"君子喻于义，小人喻于利""君子坦荡荡，小人长戚戚"。"君子"是一种崇高的人格，与社会主义核心价值观是契合的，什么时候讲都不过时，所以笔杆子无论写文章还是做事情，都应有"君子之风"。

（3）塑造儒雅形象

儒家为我们塑造了学问精深、气度雍容、文质彬彬、温文尔雅的文士形象。《论语·雍也》讲："质胜文则野，文胜质则史，文质彬彬，然后君子。"刘勰在《文心雕龙·史传》中也说："其十志该富，赞序弘丽，儒雅彬彬，信有遗味"。新时代的笔杆子要从儒家典籍中汲取精神养分，涵养精神气质，做到彬彬有礼、言行儒雅。

2. 心中有"道家"

在中国文化里，儒与道是不分家的，有儒必有道，有道必有儒，两种思想相互配合、相得益彰。当然，这里的"道"有两层意思：一是名词的"道"，即事物的规律。二是动词的"道"，即能说会道的"道"。一个合格的笔杆子，不仅要识道、悟道，透过现象看本质，找到事物发展的规律，还要说道、讲道、传道，把思想表达出来、传播出去。

从名词的角度讲，笔杆子的"道"是道理的"道"，因此必须识道、悟道。问题是，悟什么，识什么？我的理解有 3 层内涵：

（1）自然之道

自然之道即自然运动的规律、社会运行的趋势。对于搞经济运行的，悟的是经济运行之道；对于搞项目投资的，悟的是资本投资之道；对于搞招商引资的，悟的是招商引资之道；对于搞纪检监察的，悟的是教育监督之道；对于搞城市管理的，悟的是城市经营之道。2014 年 4 月 1 日，习近平主席在比利时布鲁日欧洲学院的演讲中，就引用了《老子》里的一句话，解释了治国之道。

文章有一段这样写道：

我们推进改革的原则是胆子要大、步子要稳。"图难于其易，为大于其细。天下难事，必作于易；天下大事，必作于细。"随着中国改革不断推进，中国必将继续发生深刻变化。

这段讲话引用道家经典之语说明：谋划大事难事要从小处和容易处考虑。天下的难事都是先从容易的地方做起，天下的大事都是从细微的小事做起。除此之外，他还多次引用"治大国如烹小鲜"这句话来表达政令不在多，更不在繁，而是需要保持稳定、保持定力的治国之道。

（2）人文之道

人文之道即懂得社会规律，洞察人心、理解人性。我们通常说，写作要领会领导意图、培养用户思维、以同理心对待受众，体现的就是人文之道。2014 年 6 月 28 日，习近平主席在和平共处五项原则发表 60 周年纪念大会上的讲话中就这样说道：

中国人民崇尚"己所不欲，勿施于人"。中国不认同"国强必霸论"，中国人的血脉中没有称王称霸、穷兵黩武的基因。中国将坚定不移沿着和平发展道路走下去，这对中国有利，对亚洲有利，对世界也有利，任何力量都不能动摇中国和平发展的信念。

所谓"己所不欲，勿施于人"，即将心比心，体现了人文之道。

（3）写作之道

写作是笔杆子的看家本领，因此必须搞清文秘之道、写作之道。在我看来，写作之道就在于"辅政""为民"的公心，在于认识问题、分析问题、解决问题，而非为文而文，更非为了某种私心而文。司马迁《报任安书》中说到自己写史是为了"究天人之际，通古今之变，成一家之言"，实际就是探寻自然之道、社会之道和写作之道。

从动词的角度讲，笔杆子的道是能说会道的"道"，因此必须说道、讲道、传道。笔杆子不仅要会识道、悟道，还要会说道、讲道、传道，因为口头表达可以倒逼学习，让自己对问题理解更深刻。有种说法叫"输出是最好的输入"，就是鼓励大家讲出来。这些年，我一直鼓励处里的同志大胆走上讲台，目的就在于此。通过我个人的实践感受，讲课不仅能加深对问题的理解，还能提升写作水平，一举多得。

3. 心中有"兵家"

儒家与兵家，一文一武，代表了两种思想体系和思维范式。所谓"一阴一阳之谓道，继之者善，成之者性也"。（《周易·系辞上》）凡事得刚柔相济、阴阳调和。因此，中国古代总不缺文武兼备、出将入相的人，如汉代的班超、三国的曹操、北宋的范仲淹、南宋的辛弃疾，以及清代的曾国藩等。

古人如此，今天的笔杆子同样需要涵养兵家的思想和思维。

（1）培养战略思想

《孙子兵法》是中国古代兵书的奠基之作。孙武在这部军事圣典中系统揭示了战争的客观规律，提出了一套完备的军事思想体系和战略战术原则，如"知兵慎战""上兵伐谋""不战而屈人之兵"等，都体现了战略思维。公文写作者天生是为公的，需要有大格局，也需要有战略思维，学习兵家，就是希望笔杆子学会从全局、长远、整体上思考问题。

（2）培养应变思维

《孙子兵法》讲"兵无常势，水无常形"。在战争中，高明的统帅会根据战场形势灵活应对，所以才有"将在外君命有所不受"一说。笔杆子也应培养灵活应变思维，因为公文写作方法也是灵活的，同样的事情、同样的素材，不同的领导用，用在不同时间、不同场合，写法是不一样的。

（3）培养预防意识

兵家有句话叫"养兵千日，用在一时"，提倡有备无患。我跟朋友们交流写作经验时，经常强调这个观点，让他们注重日常写作素材的积累。而很多朋友感觉，平时积累素材漫无目的，效率太低了。这种理解是不对的，千万别小看平时的积累，很多时候，你以为没用的，说不定什么时候就用上了。这就叫"养兵千日，用在一时"。

（4）培养博弈智慧

我们常说的"知己知彼百战不殆"这句话，在博弈论中叫"完全信息博弈"。公文写作也要知己知彼，既要知道自己的家底，还要知道领导、受众的需求。就拿写领导讲话稿来说，如果不了解领导风格，不知道领导在想啥、持何观点，不知道自己手中有多少材料，工作进展如何、问题在哪里，很难写得好。

4. 心中有"法家"

法家是以法治为核心思想的学派，它着眼于富国强兵的实际效用。法家思想对一个国家政治、经济、文化都有很强的约束，对现代法制影响深远。个人觉得，法家思想对笔杆子有借鉴意义，每个笔杆子心中都应驻着一个法家。

具体可从 3 个维度理解。

（1）处事讲规则

《礼记·中庸》里有句名言"万物并育而不相害，道并行而不相悖"，这句话说明了宇宙自然法则中的包容精神与和合之道。事实上，世间万事万物都有其运行的规则，如地球每天都会由西向东自转一圈，一年围绕太阳公转一圈，这就是规则。咱们的日常工作也有规则，如项目在建设前要做可行性研究，然后规划设计，接着才能施工，规则很多，所以笔杆子应带头守规则，凡事讲规则。2006 年，时任浙江省委书记的习近平同志在《弘扬法治精神，形成法治风尚》一文引用《商君书·画策第十八》中"国皆有法，而无使法必行之法"这句话来说明法治精神的重要性。2015 年 9 月 22 日，他在接受《华尔街日报》书面采访时指出，互联网这块"新疆域"不是"法外之地"，同样要讲法治。我觉得这就是法治思想在文稿中的运用。

（2）办文守规矩

写公文不是灵感爆发后的自由挥洒，也不是情感的恣意汪洋，而是戴着"使命"的"镣铐"跳舞，有"规"有"矩"，每次写作都要在解决问题的目标下，按公文的"旋律""节奏"和"步伐"起舞。写作者如果没有基本"规制"和"法度"，就如同一个人在社会上不遵纪守法一样糟糕。一些人对公文的"规制性"颇有微词，认为这种文章不自由，缺乏美感，令人不爽。事实上，自由是相对的、有边界和约束条件的，你敢说散文诗歌就绝对自由吗？不能吧，律诗就更不用说了。至于美感，看如何理解。某些情况下，"工整""秩序"本身就是美的一种形式，就像"对称"在中国建筑里是一种美一样。至于"爽不爽"，就看站在什么角度了。若从旁观者角度审视它，可能会觉得毫无文采，甚至枯燥乏味，但对需要解决问题的人来说，只要务实管用，就会觉得它很爽，因为公文本质上是应用文，以实用为第一要则。

（3）运笔有方法

做任何事都有方法，跳舞有步法，写字有书法，绘画有画法，写作同样有写法、笔法。我们常说，写文章开头要像凤冠，体现吸引力；正文要像猪肚，充实而有说服力；结尾要像豹尾，充满震撼力。我们还说，写公文要做到语言精简、观点鲜明、结构清晰、逻辑严密、格式规范，这些都是写作的基本方法。一个合格的笔杆子心中须有"法家"，这个法就是基本的学习方法、调研方法、分析方法、研究方法、构思方法、论证方法、修辞方法、修改方法，否则可能会心中一团火、脑中一团麻、笔下一团糟。

5. 心中有"杂家"

前面说过，一个笔杆子，"三教九流"的东西都懂一点儿，心中除儒家、道家、兵家、法家外，还要有杂家。何谓杂家？我的理解是，既当名家，也当"名家"；既当墨家，也当"默家"；想当作家，先当"坐家"；既当行家，也当"行家"；想当专家，先当"钻家"。

（1）既当名家，也当"名家"

名家在春秋战国时期又称"讼者""辩者""察士""刑名家"，探讨的是逻辑问题，就像亚里士多德讲"三段论"那样，只不过名家研究的逻辑与古希腊的逻辑有区别，主要是对"实"与"名"和各命题关系的诠释，著名的有"历物诸题""辩者诸事""白马非马"等。

这里需要从两个方面来理解。

第一，当名家，注重逻辑思维训练。 公文写作离不开逻辑思维，什么先讲，什么后讲，如何界定问题的概念、推演出怎样的结论，都得遵循逻辑规则。只有遵循逻辑规则，才能循序渐进地铺开，环环相扣地论证，步步为营地表达。所以，笔杆子应该学习古代名家思想，注意训练逻辑思维。

第二，当"名家"，积攒业内名气。我在处里经常跟同志们讲，一个人想有出息就得有"气"，这种气有 3 种：一是志气，即对于某件事情，怀有一种强烈的愿望和冲动，这是一个人有出息的基础条件。二是才气，即一个人的聪明才智。一个人有愿望、追求进步是好事，但不学无术是不行的，梦想得有才华加持。三是名气，即才华展现出来后得到社会认可、获得好口碑。对笔杆子来讲，怎么获得名气呢？方法很多，可以多写经典作品，多发表文章，多走上讲台，不一而足。

（2）既当墨家，也当"默家"

墨家是东周时期的哲学派别，与"名家"和"数术家"并列，是诸子百家中专门研究"自然科学"的学派。墨家创始人墨子是小手工业者，精通器械制造，是当时著名的军事机械制造专家，其技术水准堪比同代著名的鲁班。

第一，所谓当墨家，强调的是工匠精神。墨家是"士"和"工匠"结合而成的学术团体，是学者和工匠的集合。我们知道，工匠喜欢不断雕琢自己的产品，不断改善自己的工艺，享受产品在双手中升华的过程。一般来说，工匠对细节有很高要求，对精品有执着的坚持和追求，追求完美和极致。所以，工匠精神是追求卓越的创造精神、精益求精的品质精神、用户至上的服务精神。文字工作是精细活儿，一词一句，哪怕一个标点错误都会造成遗憾，甚至重大损失。所以，笔杆子应该做墨者，当"文字工匠"，认真雕琢打磨好每一个字词、每一个观点，来不得半点马虎与苟且。咱们常说"文经我手无差错，事交我办请放心"，实际上就是工匠精神的体现。

第二，所谓"默家"，强调的是默默奉献。文字工作是一种幕后工作，这种工作几乎都是在办公室里默默完成的，需要默默思考、默默写作，默默度过一个个日夜。可以说，"默"是这个行业的特有"调性"，不管你的"小宇宙"如何爆发，思潮如何澎湃，别人是看不见的。能否经得住静"默"的考验，是笔杆子分流的闸口。真正的笔杆子能承受住默默无闻的考验，就像路遥在《平凡的世界》里说的："人处在一种默默奋斗的状态，精神就会从琐碎生活中得到升华！"人有了"默"的修养，无论外界如何寂寞孤苦，内心都是清洁、明亮而淡定的，"即使没有月亮，心中也一片皎洁"。

（3）想当作家，先当"坐家"

也许，每个笔杆子多少都有个"作家梦"，憧憬着像"当年明月"一样，在写好公文的同时，也写点像《明朝那些事儿》那样的"私文"，在社会上留下自己的作品。我觉得这个憧憬挺好，笔杆子还真要有些当作家的情怀和气质，只不过这种情怀和气质里有公文特有的内涵。

第一，所谓作家，有 3 个方面的内涵。一是创作热情。虽说公文姓"公"，言不由衷，自由发挥余地小，但某种程度上也有"创作"的空间。如讲话稿、理论文章、经验材料里的谋篇布局就有很大发挥空间。同样的讲话稿，由不同人来写，气质、格调、水平会有很大差异。所以，笔杆子永远不要熄灭内心的创作火焰，随时饱含创作热情，正如法国作家司汤达说的："在热情的激昂中，灵魂的火焰才有足够的力量把造成天才的各种材料熔冶于一炉。"**二是写作情怀**。人做任何事都该有点情怀，因为有了情怀，人才能实现内心自洽，驰而不息地做下去。我觉得，笔杆子的情怀可大可小。说大了，可以是"治国安邦""经世济民""以文辅政"；说小了，可以是表达和传播自己的观点。《人民文学》副主编、第十届茅盾文学奖获得者徐则臣在接受新华社记者专访时曾表示，作家持续写作的动力是对世界有话要说。我觉得，"有话要说"对笔杆子来讲就是一种小情怀，哪怕只是短短的一句话被写进了文件，都是笔杆子价值的体现。**三是作业意识**。一个人能在公文写作这条路上走下去，离不开热情，更离不开责任，形象地表述就是有"交作业"的意识。"作业"就是责任，是本分。既然你选了文字工作，安排你写计划就得把计划写好，安排你写总结就得把总结写好，没有商量的余地。难怪列夫·托尔斯泰会说："一个人若是没有热情，他将一事无成，而热情的基础正是责任心。"

第二，所谓"坐家"，即有职业定力。正所谓"板凳需坐十年冷，文章不写半句空"，"写作功夫"的背后是"坐功"的加持。日本作家村上春树在《我的职业是小说家》中分享了他 35 年来的写作感悟："写作的日常，就是在密室中进行的彻彻底底的个人事业，独自一人钻进书房，对案长坐，从一无所有的空白之中，构筑起一个空想的故事，将它转变为文章的形式。"可见，"坐得住"是"写得出"的前提条件。文学创作如此，公文写作也一样。有时为了一个大稿子，得从早到晚坐在电脑桌前敲打键盘，有时一坐就是一整天，连吃饭、喝水、上厕所都没时间。有时为了一个文件，一大群人坐在一起推稿，一干好多天，如果坐不住，肯定不行。

（4）既当行家，也当"行家"

第一，所谓行家，就是行家里手。判断一个笔杆子是否名副其实，看什么？就看他是否被人一提到就跷大拇指，就看他是否精通写作、精通业务。一个写作领域的行家，需具备两个条件：**一是精通写作。**一个优秀的笔杆子，对公文要像对家一样熟悉，哪里是客厅，哪里是卧室，哪里是厨房，一切物品的陈列摆设，一切生活规律习性都了然于胸。如果笔杆子连公文的基本格式和体例都不清楚，语法混乱、错字连篇，该用"请示"的却用"报告"，标题、正文用什么字体，用多大字号都是乱的，怎么能够完成好任务呢？因为这些都是专业笔杆子的基本功。所以，笔杆子要当公文专家、语言专家、行政管理专家，不仅熟悉公文的文体、结构、体例、版式，熟悉办文的规律、流程和要求，还得熟稔基本的语法句法、写作方法技巧，等等。**二是精通业务。**比方说，你在农业部门工作，就该精通农业知识；在财政部门工作，就该精通财政知识；在税务部门工作，就该精通税务知识；在工业部门工作，就该精通工业知识。如果你在工业部门工作却连工业包括几大门类、几个大类，哪些是采矿业、哪些是制造业，什么是规模以上工业、全部工业，什么是增加值、什么是产值、什么是营业收入都分不清，又或者连增加值增速、绝对值是多少都说不出来，纵使你文笔再好，公文格式再规范，也是写不好材料的，因为你写的内容不专业，漏洞百出。所以，笔杆子除了做公文专家，还应该做业务专家。

第二，所谓"行家"，即善于行动的人。这里的"行"是行走的"行"、行动的"行"、行为的"行"。具体要求有3点：**一是善于"行走"。**读万卷书，不如行万里路。建议笔杆子多走出办公室到一线去看看，有时候，文章不是"写"出来的，而是"走"出来的。有一次，单位安排我对口联系一个地区，之前对该地区几个项目的情况我是大致了解的，材料里也写了多次，就是细节上把握不准，写起来总觉得底气不足，直到现场看了一遍后，认识才变得立体、准确了。**二是敢于"行动"。**心动不如行动，做任何事我们都不欢迎纸上谈兵、坐而论道的人，而欢迎身体力行、躬身入局的人。希望笔杆子都有"说干就干"的行动意识，有好的想法，马上行动。就像阿尔贝·加缪说的："对未来的最大慷慨，是把一切献给现在。"人最怕说了不干，干了又坚持不下去。5年前，一位朋友说他想写一本书，还把书名都诉我了，我鼓励他赶紧写。几年过后，没见他动笔，理由是没完全想好。也有些朋友说想写文章发表，但至今也没一篇文章见诸报刊。是他们真没想好或写不出来吗？我看不是。是他们耽于空想，没有立马行动。我知道，很多朋友都想提升写作能力，我建议你们马上将想法变成写好一篇篇稿子的具体行动，哪怕是一点一滴积累素材，哪怕是坚持每天写篇日记，都比坐而论道要好。**三是规范"行为"，即写作习惯的养成。**古希腊哲学家亚里士多德认为优秀是一种习惯。从心理学角度说，人的行为和习惯、性格、命运是相互关联的，所谓"播下一个行动，收获一种习惯；播下一种习惯，收获一种性格；播下一种性格，收获一种命运"就是这个道理。建议你养成好的写作习惯，如写作前调查研究的习惯、构思的习惯、写提纲的习惯、日常积累的习惯、练笔的习惯、交流沟通的习惯，等等。

（5）想当专家，先当"钻家"

公文写作不是简单的文字工作，它本身是对工作的研究分析。说到底，写作的功夫不在文字上，而在研究上。想当某个领域的专家，先得当好这个领域的"钻家"。选准一个领域，日拱一卒，钻探不止。这几年，我在"云岭大讲堂"和组织干部学院等场合讲课，实际上也是在倒逼自己钻研工作。我感觉，每讲一次，就逼迫自己向深处钻探一次，对工作的理解也就更深一层。研究是职场人的必修课，如果你想成为这个领域的专家，就得学会钻研，学会像庖丁解牛一样把本职工作掰开了、揉碎了去分析和探究。

上面跟大家谈到了儒家、道家、法家、兵家以及"杂家"，目的就是希望大家从博大精深的中国文化中汲取写作营养，博采众长、融会贯通，将各家的思想思维灵活运用在写作中。

06 凡能疗愈，皆可入药
——笔杆子如何治愈精神内耗？

> **导读**
>
> 　　2022年7月，网上有个视频——《回村三天，二舅治好了我的精神内耗》一度很火。视频讲述了一个人生坎坷却活得很饱满的"二舅故事"，引起广大读者共鸣、共情。然而，视频爆火备受点赞之时，也颇受"指责"，有的说生活中的"二舅"俯拾皆是，不值一提；有的批判作者卖惨博同情；有的认为作者在歌颂苦难；有的还挑出了视频的诸多瑕疵。一时间，视频突然变得"不堪"了起来，积极意义也变了味。这不禁引发了我的思考。我在想，咱们到底该以怎样的心态和视角去看这样的视频？是纠结于事实本身更重要呢，还是从中找到积极力量并用来治愈自己的精神内耗更重要？我向来主张以积极的心态和视角去看社会，弘一大师说世界是个回音谷，我很赞同，因为你向世界喊出的声音，世界会同样地回馈给你。很奇怪，在生活中，面对同样的事物，有人见"尘埃"，有人见"星辰"，问题出在哪里？就出在格局上。格局决定人的心态和视角，心态和视角决定人的思维和思想。笔杆子应该怀着积极心态、宏大视角，多看"星辰"，少看"尘埃"。我建议思考4个问题：（1）自己想要什么？（2）该持什么样的心态？（3）该有怎样的视角？（4）自己的精神内耗在哪里？

　　很多事物，但凡有疗愈功能者，皆可入"药"。

　　植物可以，动物可以，矿物可以，甚至故事也可以。2022年，网上有个视频讲述的"二舅故事"就让不少读者感觉很治愈，有读者说视频是"现实版的《活着》""看完真的好感动，最近经历了很难受的事情，看了这个视频被感化了。""总觉得自己委屈，比起二舅来，自己的那点委屈算个啥？许多人都有一个崇高的信念，那就是活着，都在顽强地奋斗，为了活着。"我刷完视频后内心是感动的，感觉某些焦虑、彷徨减轻了，人也淡定了，更知足了，尽管那只是"一刹那"

的感觉。从一定程度上，这个视频确实有治愈功能。

然而令我不解的是，网上还出现了很多不同的声音，有的说这样的故事俯拾皆是、不值一提，有的批判作者卖惨博同情，有的认为作者在歌颂苦难，有的还挑出了视频里的诸多"造假"问题，煞有介事，讨论得热火朝天。不得不承认，理性反思、善意反问、科学反驳是社会公众心智成熟的表现，我们应该允许，乃至鼓励这样的反思、反问和反驳。问题是：咱们的反思是否理性？反问是否善意？反驳是否科学，是否具有意义？

所谓"汝之蜜糖，彼之砒霜"，任何事物都没有绝对的好、绝对的坏，关键看你以怎样的心态、目的和视角去看它。在生活中，面对同样的事物，有人见"尘埃"，有人见"星辰"，问题出在哪里？就在格局上。格局决定人的心态和视角，心态和视角又决定人的思维和思想。那么，作为笔杆子的我们该怎么办呢？我的建议是，怀着积极心态、宏大视角，多看"星辰"，少看"尘埃"，从中找到治愈自己精神内耗的"良药"。这就足够了，其他的，大可不必纠结。

就本视频而言，值得思考的是下面这 4 个问题。

1. 自己想要什么？

思考的目的是什么？古希腊哲学家亚里士多德说："善于思虑的人，一定是能根据其思考而追求可以通过行动取得最有益于人类东西的人。"说白了，就是要有积极的意义。

思考没有意义，不如坐着发呆。

刷"二舅"这样视频，意义在哪里呢？我觉得，只要能从中获得治愈自己的正能量，哪怕只是找到那么一点点"同病相怜"的感觉，获得一点点心理上的慰藉，增添一点点生活的信心和热情就足够了，至于其中主人公姓甚名谁、是不是作者亲二舅、残疾的原因是什么、他家的房子有没有那么古老、他是不是一个人赡养 88 岁的老母，这些问题都不重要。

古人强调"君子谋道""君子忧道""君子悟道"，这同亚里士多德的话有异曲同工之妙。一个带有娱乐性质的视频，咱们只要从中悟到了人生价值、端正了人生态度、增强了生活信心就好，其他的何必多想呢？这是文艺作品的使命所在，如果非要较劲，好比一个人读了鲁迅的《药》后，非得去追究华小栓得的是不是痨病，夏瑜是否真有其人，这和他是否真在秋天的后半夜被杀一样无聊，因为背后的道理才最有价值。

我向来鼓励笔杆子多思考，在思考中雕刻自己的观点，形成自己的主张，但必须说明，思考的目的不是"猎奇""叫板"，更不是吹毛求疵、哗众取宠，而是"谋道""悟道"，从中获得工作生活的智慧。所以，建议笔杆子以后在面对类似热点问题时，应从中获得亚里士多德认为的"有益于自己"的东西，尤其是获得能鼓励你坦然面对写作、积极投入工作、热情对待生活的动力。

2. 该持什么样的心态？

心态是一个人用世界观和价值观共同编织而成的心理状态。心态不同，人对问题的看法就不同。正因如此，面对同样的世界，心理幽暗的人看到的满是尘埃和污垢，而心态阳光的人看到的则可能是星辰大海，是满世界的阳光明媚。

事实上，"二舅的故事"成了一面镜子，有的人看到的是视频作者为了获得流量（传媒时代追求流量无可厚非）而虚构事实（我未曾考证过，也没有考证的必要），有的人甚至指责作者是在卖惨博同情，歌颂苦难。平心而论，我读完这些观点，突然感觉心情变灰暗了，不禁惊诧于一个小小的视频何至于解读出如此严重的"阴谋论"来？我不排除他们说的有道理，就觉得这种心态不对。

"凡事都往好处想"，这是我的信条。

弘一法师李叔同在《晚晴集》中写道："世界是个回音谷，念念不忘必有回响，你大声喊唱，山谷雷鸣，音传千里，一叠一叠，一浪一浪，彼岸世界都收到了。"我们身处于世界这个"回音谷"中，如果我们大声歌唱，世界回传给你的将是欢乐，我们放声大哭，世界回传给你的一定是悲哀。我相信，很多事情真的很糟糕。做笔杆子的，在单位里一定有很多糟心事，如被人"甩锅"，拉去"堵枪眼"；熬夜加班别人看不见，干出成绩是别人的，出了问题是自己的；需要材料时说你重要，过后又说你只会写材料，等等。

以上这些"糟心事"，或多或少都存在，关键是，我们该怎么办？是去揣测并抱怨批判别人的"险恶用心"，愤慨于自己的"不幸遭遇"吗？肯定不是。我的建议是：往好处想。一切都有积极的答案，关键看你怎么想。即便你真的发现了多么不堪的事实真相，洞见了多么严酷的生活本质，也要热爱生活。就像罗曼·罗兰说的："世界上只有一种真正的英雄主义，那就是在认清生活的真相后依然热爱生活。"英雄主义不唯在战场上拼杀，在日常写作中也应该有英雄主义，可以有英雄主义。从"二舅的故事"中，我们也能或多或少品出点这样的味道来。汪国真先生在《走向远方》一诗里有如下句子：

> 我们学着承受痛苦。
>
> 学着把眼泪像珍珠一样收藏，
>
> 把眼泪都贮存在成功的那一天流淌，
>
> 那一天，
>
> 哪怕流它个大海汪洋。
>
> 我们学着对待误解。
>
> 学着把生活的苦酒当成饮料一样慢慢品尝，
>
> 不论生命经过多少委屈和艰辛，
>
> 我们总是以一个朝气蓬勃的面孔，
>
> 醒来在每一个早上。

苦难的意义不是击溃你，让你看到美好的消亡，而是让你看到苦难之外还有美好，那美好也是可以触及、可以抓在手里的。在苦难面前，念随心转。我觉得，有位读者朋友说得特别好："当生活硬塞给你一个酸柠檬的时候，要努力把它酿成一杯酸甜可口的柠檬汁！"这不就是"学着把生活的苦酒当成饮料一样慢慢品尝"吗？这样的心态，才是值得咱们笔杆子修炼的心态啊！

3. 该有怎样的视角？

"横看成岭侧成峰，远近高低各不同。"

这是诗人从不同视角欣赏风景而领悟到的哲理。事实上，任何事物，只要你从不同角度去观察，结论就是不同的。

一个真正有智慧的人，应该用合适的视角去观察事物。对于"二舅"这个视频，如果从新闻的角度去批判，结论显然就有问题了。有些作者从新闻的角度评判视频里某些细节的"真假"很不合适。正如一位网友指出的："'二舅的故事'并不是新闻稿，无关真实！它应该说是个文艺作品，可以虚构、假设、演绎。对待一个文艺作品，去追究真实性是否格局太小，眼光太窄。"

我倾向于把"二舅"这个视频看作一个文艺作品，"二舅"这个形象也只是一个文艺形象。既然如此，对这样的作品、这样的形象，该以什么样的视角去欣赏呢？我觉得，从传播学角度看，这个视频算得上一个成功的传播案例，因为作者不管是在主题的定位、角度的选择，还是语言的打磨、视频的剪辑上，都很用心，准确抓住了受众的兴奋点，进而引起了受众的共鸣、共情。这无疑是一次成功的创作。

笔杆子应该学习视频的创作技巧和传播思路。就说作品的选题吧，我觉得选得好，因为它挠到了当今职场人士的痒处：焦虑、迷茫、彷徨，也就是作者说的"精神内耗"。在极大的生活压力下，谁不像"二舅"那样无奈呢？谁又没有像"二舅"那样为了生活的责任而艰难地"活着"呢？说实话，视频里面的二舅，哪是简单的二舅啊，分明就是咱们自己，分明就是咱们身边的人嘛！很多读者从中找到自己的"二舅"，比如有的读者想起了自己，有的想起了自己的老爸，有的想起了自己的大伯，有的想起了自己的表姐。我觉得，这个视频的成功之处，也是最吸引人之处，就是给每个人打造了一个生活中看得见、摸得着的"二舅"形象，一个能治愈自己焦虑与彷徨的"二舅"形象，一个大家看后心里会感到知足并更加珍惜生活的"二舅"形象。总之，就是能增加生活的信心和热情，能够增加正能量的"二舅"形象。

不仅如此，作者对于"二舅故事"的挖掘、打磨，对视频脚本语言的打磨水平也是非常高超的，诙谐幽默、娓娓道来，意味深长，让人听得懂、记得住、有启发。这正是一个高明的写作者应该具备的品质，值得学习。

日本美学家今道友信曾说："思考，有两种类型，一种是始终以叙述的态度，与思考的对象保持一定的距离，从而对思考的对象进行分析；另一种则是像追求理想那样，尽可能缩小与对象的距离，努力争取使自己的人格成长为与其贴近甚至一致。"

对公文写作者来说，面对类似热点问题，既要与之"保持一定的距离"，不钻牛角尖，同时又要"缩小与对象的距离"，深入思考，获得感悟。在"二舅"这个视频身上，我们可以学习人家的表达技巧，为我所用。

4. 自己的精神内耗在哪里？

作为一名笔杆子，在"爬格子"过程中确实有这样那样的困惑和烦恼，如压根儿不喜欢写材料，被领导逼着写材料，老是写不好材料，关键时刻脱不了手，等等。我感觉，"二舅的故事"就是一服药，一副可以消炎止痛、安神补脑、养心益气、补钙壮骨，具有巨大疗愈功能的良药。

（1）不妨把"二舅的故事"当成一服"消炎止痛"的药

鲁迅先生说："悲剧是将人生有价值的东西毁灭给人看。"在视频里，二舅的人生显然是带有悲剧色彩的。"上小学是全校第一，上了初中还是全校第一。全市统考从农村一共收上去 3 份试卷，其中一份就是二舅的。"这显然是个美好的情景，然而，隔壁村的赤脚医生把二舅的美好未来给毁了。

人是害怕悲剧的，因为悲剧令人伤痛，这种痛可能是痛彻心扉的痛，伤口难以愈合的痛。正因如此，人的品质在这里分野，一部分人会痛不欲生，从此一蹶不振，一部分人则选择勇敢面对现实。显然，二舅属于后者，他选择了勇敢接受残酷的现实，并重新热爱生活。这种对生活的热爱，无疑是一副消炎止痛的良药。

（2）不妨把"二舅的故事"当成一服"安神补脑"的药

二舅不但失去了考大学接受国家培养的机会，而且连好不容易在生产队找的差事也失去了，但他默默承受了，冷静对待了。经历了身体残疾，遭遇了命运不公，生活困苦的他，就像是一壶用慢火煨出的浓茶，没有翻滚出灼热的泡泡，也没有熄火冷淡，而是温吞吞地冒着生活的热气。

这种坦然如一副安神补脑的药，让我们平心静气，耐得住寂寞、守得住清贫、坐得住冷板凳。笔杆子在工作中会面临许多考验，但不管怎么说，都要冷静面对、泰然处之，在默默承受中"安神"，在日日学习中"补脑"，以提高自己的精神境界和思想水平。

（3）不妨把"二舅的故事"当成一服"养心益气"的药

二舅是一个善于钻研的人，他找了一本赤脚医生手册就能疯狂地看一年。他还自学成为木匠，自学家电维修、中医针灸、二胡制作，还钻研智能手机。这种钻研的精神就是一副养心益气的药，能让人精神振奋啊！

工作中，我经常听人说自己不会写材料。实际上，他们哪是不会写，只是不想钻研、不愿钻研、不会钻研啊！世间之事皆是如此，谁都不是天生就会的，都是研究出来的。我在想，如果笔杆子都有二舅那种拿着一本医生手册就疯狂地看上一年的精神，公文那点事儿哪有搞不清楚的，再难的文章也难不倒你。

（4）不妨把"二舅的故事"当成一服"补钙壮骨"的药

视频里的二舅虽然腿瘸了、腰弯了，精神之钙却很足，精神的脊梁挺得很直。他如同《活着》中的富贵，在经历生命的大起大落后依然倔强而乐观地活着，坚强地挺过了所有的苦难，承担起了自己的职责——以残疾的身躯尽了儿子的责任。他不仅没有成为家庭的负担，还能帮助全村人。我们材料人，平时都说自己怎么怎么苦，怎么怎么郁闷，看了这段视频后，应该获得怎样的"人间清醒"呢？如果你觉得"我好像再也撑不下去了"，不妨想想二舅的人生，感受生命的力量，这个视频会让你意识到"这是你自己的人生"。只要活出自己，你就会发现"人间值得"。

不错，有的人记住了视频里的那句话："人生最大的遗憾，就是一直在遗憾过去的遗憾。"我觉得，我们人生最大的幸运，就是在遗憾中体会幸运。

通过这个视频，你一定要明白，尽管你在写作中会遇到这样那样的糟心事，也总有理由庆幸，至少你四肢健全，上过大学，家庭美满，又生在一个充满机遇的时代，还获得如此珍贵的工作机会，有什么理由遗憾、抱怨和彷徨呢？你的幸运由你决定，当你下定决心、不怕牺牲、排除万难，去争取幸运的时候，幸运就开始了。这就是我们应该从视频里获得的"良药"，一副治愈心态消极、彷徨迷茫的精神之药。

07　发散思维，自由思考

——笔杆子的思考无处不在

导读

2021 年底，我本想在大家正忙着写总结的关键期雪中送炭，在微信公众号里分享一篇自己的总结，结果未能实现。文章越是发不出来，大家越是充满好奇，纷纷发信息给我，表示想一睹为快。我也是不撞南墙不回头，越是发不了就越想试试，越想搞清问题出在哪里，最终还是以失败告终。这是一种很奇怪的心理过程。事后，我对这事进行复盘，获得了 3 点体验：（1）同正常获得一样东西相比，人们更厌恶失去它。（2）越是得不到的东西越想得到。（3）人人心中都有一只好奇的猫。这是一个发散思考的过程，现分享给大家，目的不在于这 3 点感受，而在于这个过程。我希望你在写作中也学会发散思考，因为发散思考是拓展思路的一种好方法。我相信，若凡事都能从不同维度说出个一二三来，久而久之，就不怕没东西可写了。

写作，拼的是思维。

这是我一贯的观点，因此我一直都特别强调写作思维训练。据我个人 20 年的写作体会，写作者如果不会思考或思维方式不对，写起来就会感到很吃力。

现实中，一些朋友写久了，思维容易形成定式，习惯靠经验和感觉来写，习惯看人家（尤其权威人士或权威文稿）"是怎么写的"，就认为"应该那样写"，很少思考"为何那样写"，更不会思考"还可以怎样写"。于是，在公文这个圈子里，能独辟蹊径，写出思想、写出性格，让人眼前一亮的作品总是凤毛麟角，那些构思巧妙的稿子总成为材料界追捧的"爆款"，如原贵州省委副书记2021 年 12 月 30 日在《中国青年报》刊出的《为了山村那轮暖阳——新希望工程，我们来了》那篇文章，以及 2022 年 1 月 14 日合肥市委书记在合肥市十七届人大一次会议闭幕会上的讲话——《拉高标杆　勇毅前行》就是很好的例子。

这样的稿子，美就美在思想，妙就妙在构思，成就成在思维。

所以，我的文章历来重于思维启迪，授人以渔，更像助推写作"大脑操作系统"的算法升级，而非提供某种下载安装即可使用的 App。

我期待大家都能发散其思维，自由其思想。

之所以讲这个，是因为很多朋友写作时常常感到思路闭塞，写不出东西，翻来覆去就那些陈词滥调，乏味得很。追根溯源，一个重要原因就是不会发散思考，不懂从多维度展开思考的扇面。事实上，任何事物都是多层的、多维的，只要你学会从不同向度发散开，都能获得不同的解释。正如阿根廷文学家博尔赫斯说的："凡事总有一个经济学的解释。但除此之外，无疑也有其他的解释。"这话从另一个角度说明，人们对事物的理解和认知不是单维的、干瘪的，而是多维的、立体的、丰满的，关键看你会不会发散思考。

发散思考对写作很有用，不仅能帮你拆除既有的思想围墙，让思想的野马自由驰骋，"思接千载，视通万里"。（刘勰《文心雕龙》）同时还可以"跳出问题看问题"，在不同事物间掘出一条贯通的隧道，进而发现不同事物的"第一性原理"，让人抓住本质、豁然贯通。

下面，我通过自己的一次亲身经历来复盘发散思考的过程。

2021 年底，大家正忙着写年度工作总结，我计划在微信公众号里分享一篇自己写过的总结供大家参考。没想到，稿子发了好几次都被平台删掉。很多朋友因为读不到文章，感到好奇，就不断给我发信息说，想读这篇文章。我也不服气、不甘心，明明没什么问题，怎么就发不了呢？到底是哪里出问题了？越是发不了，就越想发，试了好多次都不行，最后只能作罢。

这事对我触动很大，事后作了发散性思考，获得了几点洞见。关于如何发散思考，我不打算抛出一套"操作规程"，只想给你还原一个过程，因为用一种确定的范式来规范思考，有违发散思考的本质。究竟如何发散，需要你亲自解开你思想之马的"缰绳"，让它自由驰骋起来。

1. 人都厌恶损失

在行为经济学中，这种心理叫"损失厌恶"，就是一个人在损失一样东西之后所产生的失望感，往往大于得到同样东西之后获得的满足感，或者说，人对损失的敏感度远远高于收益。说到行为经济学，大家可能觉得太学术，但当你敲碎理论的坚硬外壳，仔细咀嚼里面的"果仁"时，就会发现这话说得是那么通情达理。

按这个理论框架分析，对读者来说，之所以一直盯着那篇文章不放，想一睹为快，根本上就是出于对损失的厌恶。读到这篇文章，那是应得的，获得感不强，一旦"煮熟的鸭子飞了"，就会有强烈的损失感。

对我来说，又何尝不是如此呢？假设文章一如既往地发出去了，我肯定会觉得这是天经地义的事，不会有特别的感觉，因为这只是众多文章中的一篇，发出去也很正常嘛！一旦文章发不出去，我就会感到困惑，耿耿于怀、郁郁不乐，挫折感、损失感油然而生。我会认为，这不仅浪费了时间和心血，还会失去很多朋友们的关注和期待，为了止损，一而再再而三地重发，目的只有一个：减少损失。这说明人对损失的敏感度确实是高于收益的。

2. 越是得不到越想得到

这是一种心理学的解释。大家越是看不到那篇文章就越想看，我越是发不出去就越想发。根源还是对损失的厌恶，因为得不到就意味着"失去了该得的东西"，或者干脆认为自己平白无故遭受了损失和挫折。

问题是，人始终希冀有所获得，不想遭受损失，这是本能。这种本能源于远古时代的大脑记忆，源于对受伤、失去食物、失去领地的恐惧。比如，人们多打一份猎物，可能只是吃得饱一些，获得感不会特别强烈。但若是不小心丢失了一份猎物，那部落中很可能有人就会饿死，后果很严重。几百万年下来，那些没有"损失厌恶"心理的人渐渐被淘汰了，而有"损失厌恶"心理的人活了下来，"厌恶损失"就成了潜伏在人类心底的基因，延续下来。

现在，人类虽已进入了高度文明时代，虽然已经不再担心失去猎物、失去领地，但身体的本能却还处在史前文明的狩猎阶段，人类的大脑始终忘不掉损失带来的痛苦记忆，依然保持了对损失的强烈敏感性。这种心理同样会投射到包括对文章的阅读和发表这些行为之上。

3. 人人心中都有一只好奇的猫

人天生是一种好奇的动物，这同样源于人类对大千世界不确定性的本能抵抗。人类希望尽量排除各种不确定性，从而获得更多的生存机会。

好奇是人类生存的本能，是生存的需要。可以设想，古人在去打猎的路上，见到一个山洞，他们一定会好奇，里面是住着一窝肥壮的野猪，还是一群凶猛的狮子。在好奇心的驱使下，他们大概率会进去一探究竟。如果是野猪，那部落未来一段时间就不用再吃苦涩的野果了，而可以在夜晚的篝火旁吃着香喷喷的烤猪肉。如果里面是狮子，那最好还是躲着走，不要成为狮子的美味为好。好奇心帮助人类生存下来，并如同人类大脑的核心算法，嵌入了人类的本能之中。

后来，古希腊人编了一个"潘多拉魔盒"的故事，告诉我们人人心中都有一只好奇的猫，随时都有打开"魔盒"的冲动。故事是这样的：普罗米修斯盗取天火给人间，宙斯为惩罚人类，命令建造之神赫菲斯托斯用黏土做了一个美丽的少女，还让赫耳墨斯赠给少女迷惑人心的语言技能，让爱情女神赋予她无限的魅力。这个少女就叫潘多拉（"潘"是"一切"的意思，"多拉"是"礼物"的意思）。这还没完，宙斯把潘多拉许配给普罗米修斯的弟弟耶比米修斯为妻，并给潘多拉一个密封的盒子，叮嘱她绝对不能打开。潘多拉来到人间，起初她还能记着宙斯的告诫，不打开盒子，但过了一段时间之后，充满好奇的潘多拉想知道盒子里面究竟装的是什么。一番挣扎后，她终于控制不住，打开了那个盒子，于是藏在里面的各种灾害飞了出来，疾病和灾难降临人间。宙斯用潘多拉的好奇心成功惩罚了人类，这就是所谓"潘多拉效应"，即由于被禁止而激发起欲望，导致出现"小禁不为，愈禁愈为"的现象。通俗地说，就是越得不到的东西越想得到，越不容易接触的东西感觉越有诱惑力，越隐藏的东西越想揭开神秘的面纱。

这种冲动，有些时候是危险的，有些时候却是推动人类认识世界、改造世界的"第一推动力"。比如，弗朗西斯·培根讲，知识是一种快乐，而好奇则是知识的萌芽。爱因斯坦说，我不是天才，只是有强烈的好奇心，永远保持好奇心的人是永远进步的人。苏霍姆林斯基讲，求知欲，好奇心——这是人的永恒的、不可改变的特性。哪里没有求知欲，哪里便没有学校。居里夫人也说，好奇心是学者的第一美德。我这次想发文章发不了，大家想看文章看不到，就是好奇心使然，就是咱们祖先遗传下来的打开"潘多拉魔盒"的那股劲儿在"作怪"。文字工作者，需要这股劲儿！

以上是我发散思考的 3 点洞见，这些洞见有经济学层面的，也有心理学层面的，恰巧印证了博尔赫斯的观点。不是吗？作为内容生产者，只有发散其思维，方能自由其思想。我感觉，写作者都应该是个深度思考者，如果想写出思想，写出观点，必须发散思考。唯有发散，你才能获得多向度的解释；唯有发散，你的思想才能获得自由。

第二篇

疏通思维

以底层逻辑破解思考之困

哲学家叔本华说："世界上最大的监狱，是人的思维意识。"

的确，我们每个人都被自己的思维牢牢禁锢着，如果仔细检查写作过程中的那些苦恼，你会发现绝大多数都是"思维局限"惹的祸。

写作是一种思维活动，核心是思维。

有什么样的思维，就能产出什么样的文字"产品"。大量实践证明，写作是思维的终极较量。所谓写作，写的其实是思维；写作中的思路，很大程度上取决于思维。

可以说，思维是笔杆子精进的核心和关键，尤其是系统思维，是关键中的关键。问题是，你掌握系统思维了吗？如果没有，请打开这 8 个锦囊：

- ◆ 公文写作需要系统思维
- ◆ 系统思维的第一项修炼
- ◆ 系统思维的第二项修炼
- ◆ 系统思维的第三项修炼
- ◆ 系统思维的第四项修炼
- ◆ 系统思维的第五项修炼
- ◆ 修炼系统思维的 7 点建议
- ◆ 公文写作的"5 大变量"

08 无系统，不公文
——公文写作需要系统思维

导读

本专题及后面6个专题都源于一位读者的问题，这位读者说："我在机关写材料五六年了，近来领导总批评我的材料没有系统性，开始以为系统性只是个笼统评价，不过就是观点不够多罢了，事实证明我错了，因为领导把我的材料大段大段砍了，说我该写的没写，不该写的写了一堆。对此，我琢磨了好一阵子，还买了几本系统论的书来读，就像网上说的'懂得了很多道理，却还是不会系统思考'，不知如何才能让写作更有系统性，能否专门讲讲，不胜感激！"说实话，系统思维确是公文写作的重要思维方式，如果没有系统思维，很难把公文写完整、写全面。本来早就想写了，这位朋友这么一问，我就集中精力写了7篇文章，形成一个系列。这是第一篇，讲4个问题：（1）什么是系统？（2）什么是系统思维？（3）系统思维为啥那么重要？（4）写公文为何需要系统思维？

初写材料的朋友可能都遇到过这种情况：被领导批评材料观点不全面、结构不完整、层次不清晰、逻辑不通顺、分类不合理，进而被大段大段地删掉，严重一点的，整篇都被"毙"掉。

你想过没有，这些问题的根源在哪里？

是领导太挑剔吗？不能这样认为。是写作水平太低或写作经验不够吗？似乎是对的，但太笼统了。我的理解，所谓"观点不全面、结构不完整、层次不清晰、逻辑不通顺、分类不合理"，根本上是缺乏系统思维。实践反复证明，一个没有系统思维的人，万万写不好一篇文章，因为客观世界是一个大系统，而文章又是用来反映、描述客观世界的，怎能没有系统性呢？

这叫"无系统，不公文"。

问题是，什么是系统？什么是系统思维？系统思维对写作者来说为啥那么重要？它对写作有啥好处？

1. 什么是系统？

我不从理论上探讨系统论，因为没这个水平，也没这个必要。公文写作实战性实在太强了，迫切需要在理论与实践中找到一个合适的度，否则二者将永远差着"最后一公里"。因此，我致力于从应用角度来理解系统。我感觉，公文写作者是实操者，不是理论研究者，只要掌握系统的基本概念、总体特点、核心要求，树立基本的系统理念，就够了。

对于系统的概念，我不建议你死记硬背那些绕口的"欧式长句"，因为你可能记不住，也理解不了。不过，有一个定义可以记一下，那就是一般系统论创始人贝塔朗菲下的定义。就一句话："相互联系相互作用的诸元素的综合体。"你可以把这句话拆成 3 句来理解：第一，系统是一个综合体（整体）。第二，系统是由不同元素（部分）组成的。第三，各元素间是相互联系、相互作用的，或者说是有逻辑关系的。

就自然生态系统来说，它由山水林田湖草沙等元素有机构成，每种元素间相互联系、相互作用，共同构成了自然生态。基于这样的理解，我们也可以把一篇文章看成一个系统。事实上，它就是一个由字、词、句、段，主题、结构、材料、语言等要素组成的系统。写作的过程就是一个由学习、构思、写作、修改等不同环节组成的系统工程。

一个系统有很多特征，如整体性、关联性、逻辑性、层次性、结构性、动态平衡性等。咱们修炼系统思维，就得结合这些特征来理解，否则就把握不住系统思维的精髓，把系统思维的修炼变成了自以为是的"野路子"。因此，我在后面的几个专题里提出系统思维 5 项修炼（整体性修炼、逻辑性修炼、层次性修炼、结构性修炼、统一性修炼），这"5 项修炼"的理论依据就在于此。

2. 什么是系统思维？

前面说了，我们不是理论研究者，而是写作实战者，所以对系统思维的理解也可以狭义一点、简单一点、实用一点。

那么，到底什么是系统思维呢？

简单理解就是，一种从整体、全局上把握问题的思维方式。这种思维方式打破了局部的、片面的、简单的、单因果的思考方式，把世界当成一个整体的系统来看待。

这样说可能还是很抽象，我们举个例子来说。假如一群人走进同样一片树林，放眼看去，没有系统思维的人会怎么看呢？他看到的东西可能都是孤立的，眼里只有一棵棵树木、一株株花草、一个个动物，并且这些动植物各是各的，没有什么关系。而有系统思维的人会怎么看呢？他首先会把眼前的东西当成一个整体来看，视野所及是一片植物的天地、一个动物的世界，不仅有看得见的，也有看不见的；不仅有植物、动物，还有土壤、水分、阳光，所有要素相辅相成、有机联系在一起。

根据系统思维的特征，就公文写作而言，相应地有 5 种思考维度。

（1）**完整性思考，把观点写全**

把文章的观点写全面，写完整，没有遗漏，不顾此失彼。说通俗些，就是该写的必须写，一个都不少，不该写的不要写，一个都不多。这种思考方式主要是解决"观点不全面"的问题。

（2）**逻辑性思考，把观点写顺**

按一定逻辑关系（如时间逻辑、空间逻辑、事理逻辑等）铺排观点，搞清先写哪个，后写哪个，使之各就其位、有条不紊、和谐共处，避免颠三倒四、语无伦次。这种思考方式主要是解决"逻辑不通顺"的问题。

（3）**层次性思考，把观点写清**

从纵横两个维度依次铺排观点，从上到下（主标题、一级标题、二级标题）层级清楚、层层深入，从前到后步步递进、序号明确、排列整齐，像一座塔一样层层展开，让人一目了然。避免粗细不匀、秩序混乱。这种思考方式主要是解决"层次不清晰"的问题。

（4）**结构性思考，把观点写完**

按总体结构（如并列结构、递进结构、总分结构）、文种结构（如是什么、为什么、怎么办；现状、问题、打算等）、事理结构（如 5W2H、SWOT、PEST 等）来构思文章，让文章观点形成一个封闭的整体，避免一盘散沙。这种思考方式主要是解决"结构不完整"的问题。

（5）统一性思考，把观点写像

实际上是分类方法问题，即在同一层级上的观点用同样的标准和尺度来划分，确保同一层级的观点有相同属性，属于同一类别，"上帝的归上帝，恺撒的归恺撒"，避免"鱼龙混杂"。这种思考方式主要是解决"分类不合理"的问题。

3. 系统思维为啥那么重要？

习近平总书记在党的二十大报告中指出："万事万物是相互联系、相互依存的。只有用普遍联系的、全面系统的、发展变化的观点观察事物，才能把握事物发展规律……我们要善于通过历史看现实、透过现象看本质，把握好全局和局部、当前和长远、宏观和微观、主要矛盾和次要矛盾、特殊和一般的关系，不断提高战略思维、历史思维、辩证思维、系统思维、创新思维、法治思维、底线思维能力，为前瞻性思考、全局性谋划、整体性推进党和国家各项事业提供科学思想方法。"这段话尽管讲的是治国理政的方法，对于公文写作来说也很有启发意义。

实际上，在公文写作中，系统思维也同样重要。

这种思维是人类认识世界、改造世界的科学思维。自古以来，人类文明就在倡导系统思维，比如古希伯来宗教神学、老子自然人学、古希腊自然哲学都有系统思想，亚里士多德关于整体与部分的关系就是系统思想。西方语言中的系统（system）一词即来自古希腊文（σύστημα），意为由部分组成的整体。

自古以来，中国人就善于以系统性眼光观察宇宙万事万物。"系统思维方式确实是整个中国传统思想的一个特点，是使得中国古代文明步入世界前列的一个重要因素。"（刘长林《中国系统思维》）儒家有"修身齐家，治国平天下"的"家国同构"理念，道家有"道生一，一生二，二生三，三生万物"的自然观，佛家有因果轮回的宇宙观，中医将人体与自然和社会视为一个相互关联的有机体，人与自然同源、同构、同道；建筑强调整体的关联性，融合了艺术、阴阳与伦理多种因素，也体现了系统思维。

中国人重视系统思维，这从《千字文》的开篇便可看出："天地玄黄，宇宙洪荒。日月盈昃，辰宿列张。寒来暑往，秋收冬藏。闰余成岁，律吕调阳。"请想想，"天地""宇宙""日月""辰宿""寒暑""秋冬"这样的概念不正是在灌输系统观吗？再看清代车万育编的《声律启蒙》，包罗天文、地理、花木、鸟兽、人物、器物等虚实应对，也体现了系统观念。

如下面这两段：

云对雨，雪对风，晚照对晴空、来鸿对去燕，宿鸟对鸣虫。三尺剑，六钧弓，岭北对江东。人间清暑殿，天上广寒宫。两岸晓烟杨柳绿，一园春雨杏花红。两鬓风霜，途次早行之客；一蓑烟雨，溪边晚钓之翁。

春对夏，秋对冬，暮鼓对晨钟。观山对玩水，绿竹对苍松。冯妇虎，叶公龙，舞蝶对鸣蛩。衔泥双紫燕，课蜜几黄蜂。春日园中莺恰恰，秋天塞外雁雍雍。秦岭云横，迢递八千远路；巫山雨洗，嵯峨十二危峰。

云雨、雪风、晚照晴空、春夏秋冬、暮鼓晨钟无一不是对自然和生活现象的结构化、逻辑化认识。可见，系统思维的血液已渗透到了中国文化肌体全身，无论哲学、医学、艺术、社会，还是建筑都有系统思维的基因。

中国人之所以历来推崇系统思维，就因为系统思维能帮我们看透问题背后的结构和逻辑，帮我们解决复杂的问题。回到公文写作上，系统思维不仅是判断一个人思维成熟度的标尺，也是判断一篇文章质量的准则。正如美国学者丹尼斯·舍伍德在《系统思考》里写的："系统思考帮助我们打破原有的思维定式，纵观全局，看清事物背后的结构和逻辑，才能解决现实世界中的复杂问题。""如果没有系统的知识的帮助，先天的才能是无力的。"（英国哲学家斯宾塞）写公文的人如果没有系统思维，写出来的东西大概率是支离破碎不成体系的。

4. 写公文为何需要系统思维？

早些年，老师推荐过彼得·圣吉的《第五项修炼》，认真品读之后我发现，在作者提出的5项修炼（自我超越、心智模式、共同愿景、团体学习、系统思考）中，最核心的就是系统思考，它是前4种修炼的基础，决定了前4种修炼的效果。公文写作是提出问题、分析问题、解决问题的过程，没有系统思维就没法科学思考，更不能系统表达，系统思维对公文写作来说，真的很重要。

我理解，这种重要性体现在5个方面。

（1）让观点更具完整性

系统的第一个特点是完整、不缺项。判断一个人思考问题是不是系统，你看他写材料时所列观点是否完整就知道了。

有系统思维的人写材料，会严格按事物构成来切割观点，把问题考虑得很全面，对于一些概念严密、边界清晰的观点，既不轻易多写任何一条，也不会轻易少写哪一条，更不会胡乱拼凑、应付了事。没有系统思维的人，写材料不是从事物的构成出发，而是东拼西凑、乱七八糟、不成体系。这就是领导改材料时会整段整段删掉的一个重要原因。有的同志大概只知道"领导不满意"，至于"为什么不满意"却不得而知，因为领导不可能每次都跟你讲道理，只能自己去揣摩，而"是否完整"则是复盘的一个重要维度。

（2）让观点更具逻辑性

系统的另一个特点是富有逻辑性、不混乱，各组成要素间有特定的逻辑关系。公文的质量好坏也体现在逻辑性上，有逻辑才能让观点按特定秩序铺排出来，进而达到有效论证的目的。

具备系统思维的人写材料，能将想到的东西有条不紊地表达好、环环相扣地论证好，让读者跟着他的逻辑，毫不费劲地阅读。没有系统思维的人，往往语无伦次，前言不搭后语，前后之间没有必然联系，一会儿这样，一会儿那样，把人读得一头雾水，不明就里。

（3）让观点更具层次性

系统通常会体现为一定的层次性，这种层次表现在两个方面：一是纵向层次，即上下关系，大系统由不同子系统构成，子系统又由更小的子系统构成。二是横向层次，即前后关系，即处在同一级别的观点间的区分，这种关系好比一个家庭里大哥、二哥、三哥的关系，虽然都是兄弟，却有长幼之分、先后之别。

有系统思维的人写材料，从主标题开始到一级标题、二级标题、三级标题是层层分解、层次递降、一级统着一级，最后形成一个严密的金字塔结构。同一个层次上的标题，哪个摆第一，哪个摆第二，都有讲究。没有系统思维的人，纵向和横向都缺乏层次，看不出明显的区别，反正就是一个字："乱"。

（4）让观点更具结构性

事物有结构，系统也有结构。一篇文章就是一个系统，这个系统由字、词、句、段，主题、结构、材料、语言构成。从总体布局看，文章可分为并列结构、递进结构、总分结构，不同文种有不同结构。

有系统思维的人写材料，善于结构化思考，把文章写得严丝合缝，没有破绽。

就拿写会议通知来说，会把事由、时间、地点、参加人员、议程、要求等逐一写清楚。为什么要写这几方面？实际上，这背后有"5W2H"的思考结构在里面。再比方说写报告，有经验的人写完成绩后，会习惯性地写点问题，分析了优势后，会顺带分析挑战。你觉得这是偶然吗？不是的，这同样是结构化思考的结果。因为在作分析时，有个"SWOT"分析法。经过无数次检验证明，只有这样分析才系统，才全面。没有系统思维的人，总是顾此失彼、挂一漏万，对于哪些该写、哪些不该写，搞不清楚。基于这样的理解，你就会明白，麦肯锡这样的国际大公司为什么提倡结构化思考了。

（5）让观点更具统一性

我个人感觉，系统各要素之所以在一个系统里，一个重要的原因就是各要素具有统一性，换句话说，就是各要素具有相同的属性和级别。为了便于理解，举个例子来说。假如一个家族的谱系是文章大纲，始祖是主标题，那么二世祖就如同一级标题，三世祖就如同二级标题。按照中国人的传统，每一代人都有同样的辈分，这个辈分体现的是血缘关系，也就是咱们这里说的"统一性"。

有系统思维的人写材料，同一个层次上标题的"辈分"是不会乱的，不会把叔叔和侄儿放在一个层次上，更不会把没有血缘关系的外姓兄弟拉进来，各标题间的关系一定是对等的，分类属性一定是相同的。没有系统思维的人，经常会犯分类不清的错误，各级标题间"尊卑不分""长幼无序""鱼龙混杂"。

总之，系统思维是公文写作中的重要思维方式，是不可或缺的思维方式。公文写作者必须加强系统思维的5项修炼，即：完整性思考，把观点写全；逻辑性思考，把观点写顺；层次性思考，把观点写清；结构性思考，把观点写完；统一性思考，把观点写像。在后面的专题里，我将分别就如何完整性、逻辑性、层次性、结构性、统一性思考作深入分析。

完整性思考，把观点写全
——系统思维的第一项修炼

导读

　　这个专题是系统思维的第一项修炼，核心是完整性思考，把观点写全，专门解决"观点不全面"的问题。主要包括 3 个方面的内容：第一，什么是完整性？第二，什么是完整性思考？第三，完整性思考的 5 个经典案例。所举的 5 个案例中，例 1、例 2 是理论文章，例 3 为某市委书记文旅系列主题活动发布会推介辞，最后两例是理论文章。通过本专题，希望你理解完整性的内涵和特点，掌握完整性思考的基本要求和应用方法，在写作中把观点写全，避免顾此失彼。

1. 关于完整性

　　世界是一个系统的世界，也是一个整体的世界。钱学森说"系统就是由许多部分组成的整体"。通过这个概念可以看出，完整性是系统的首要特征，这种特性无论客观世界还是主观世界，无论有机系统还是无机系统，皆是如此。

　　那么，怎么理解完整性特征呢？

　　（1）一个系统由多个部分组成

　　比如生态系统是一个由山、水、林、田、湖、草、沙，由动物、植物、土壤、水分、空气、声音、温度等环境因子有机构成的整体。这个系统中的每个要素都发挥着独特作用，都是系统不可或缺的"家庭成员"。可以这么说：一个系统，首先是一个要素齐全的整体。

　　（2）各组成要素间有内在联系

　　在自然系统中，生物与环境构成一个整体，并且相互影响、相互制约，达成一个动态平衡的状态。比方说，在人体系统中，八大系统（运动系统、神经系统、内分泌系统、循环系统、呼吸系统、消化系统、泌尿系统、生殖系统）协调配合，共同完成生物体的生命活动。

（3）部分不能脱离整体孤立运行

系统各要素是关联的，各要素的变化也是关联的。比如人体一旦减少热量摄入，发生变化的不仅仅是消化系统，循环系统和内分泌系统也会跟着变化。人在运动时，也非单纯的肢体和肌肉运动，呼吸系统和神经系统也会受到影响。人在思考时，表面上只是脑部活动，实际上神经系统、内分泌系统、循环系统，甚至消化系统都在运行。

2. 什么是完整性思考？

我倡导的"完整性思考"，简单理解就是把文章观点写全面、写完整。说通俗些就是，该写的必须写，一个都不少；不该写的不要写，一个都不多；观点没有遗漏，不顾此失彼。

完整性思考可以帮助解决写作中"观点不全面"的问题。

正如丹尼斯·舍伍德在《系统思考》一书里写的："系统思考的精髓是，处理真实世界中复杂问题的最佳方式就是用整体的观点观察周围的事物。"笔杆子想修炼系统思维，首先就要把文章观点写全面、写完整，这是写作的基本原理和基本要求。巴巴拉·明托在"金字塔原理"中提出了 MECE 法则（Mutually Exclusive Collectively Exhaustive），实际上也就是同级观点不重复、不遗漏，换句话说，就是要完整。

如何完整性思考，把观点写全呢？以我的经验，需要把握以下两点。

（1）搞清概念的数量边界

说白了，就是概念的"数量"问题。举个例子来说，我们中国传统文化里有"十二时辰""二十四节气""五行""五味""五音""五湖""四海""四季""四方"等概念，它们都是有边界的，"十二时辰"的边界就是 12，"五行"的边界是 5，你多写一个或者少写一个都不行。

有一副对联，上联为"北雁南飞双翅东西分上下"，下联为"前车后辙两轮左右走高低"，其中就包含了"东南西北""上下左右前后"等方向边界。宋代无门慧开禅师写过一首诗：春有百花秋有月，夏有凉风冬有雪，若无闲事挂心头，便是人间好时节。你看，他把"四季""风花雪月"概念边界写清楚了。对于这种数量边界准确的思考，就可以认为是完整的。

（2）搞清概念的结构关系

除了"数量"，还涉及内部结构问题。比方说，写到"五行"这个概念，表面上是写 5 个方面，如果你写的不是"金木水火土"，而是"金木水火山"，那就有问题了，因为五行里没有"山"这个说法。再比如，写"四季"这个概念，按照逻辑关系，季节每年都是春夏秋冬交替轮回的，如果你改变了这个结构，写成"春冬秋夏"，那就乱套了，读者同样会觉得不系统。这样的概念在公文写作中是很多的，比如"三去一降一补""三次产业""六稳六保""三驾马车"等，都有严格的内在结构关系，写作时一定要注意。

3. 完整性思考的 5 个实例

※ **例 1**：一篇题为《领导干部的"五项修炼"》（作者：周银芳）的理论文章，不仅运用了跨界思维，也体现了系统思维。

下面是文章的框架结构：

◆惜时如"金"，抓紧学习。"一寸光阴一寸金，寸金难买寸光阴。"只有懂得珍惜时间，才能真正用好时间。

◆奋发如"木"，昂扬向上。社会主义现代化建设是一项艰巨的事业，需要我们长期艰苦奋斗。领导干部应当昂扬向上、奋发进取，成为干事创业的带头人。要像树木那样永远向上，有那么一股子气和劲儿。

◆包容如"水"，维护团结。是否注重团结，体现政治素质，反映精神境界。领导干部一定要具有包容的胸怀和气度，善于团结一切可以团结的力量，充分调动各方面的积极性，共同推动事业发展。要透明似水，光明磊落、坦荡做人。

◆激情如"火"，忘我工作。没有激情干不好工作，成不了大事。领导干部以饱满的激情投入工作，不仅能够发挥自己的潜能、提高工作效率，而且可以激发干部群众的干劲、形成工作合力。要有火一样的斗志，态度鲜明、毫不含糊。

◆奉献如"土"，提升修养。不图名利、多做奉献，是领导干部应有的优秀品质。要像大地一样保持本色，自觉抵制诱惑，始终坚守共产党人的精神家园，一身正气、廉洁自律；像大地一样朴实无华，弘扬艰苦奋斗的精神和作风。

此文用"五行"概念，"金"比喻学习的紧迫性，"木"比喻天天向上的进取精神，"水"比喻坦荡磊落、团结包容的团队精神，"火"比喻激情似火的斗志，"土"比喻朴实无华、艰苦奋斗的作风，5个方面自成体系、观点完整。

※**例2**：2014年6月16日，《中国纪检监察报》一篇题为《转职能要做好加减乘除法》（作者：邓联繁）的文章，用数学四则运算讲述转职能的4种方法。

下面是文章的框架结构：

◆**做加法：坚守主战场，加快全覆盖。**转职能，前提是明确职能、找准定位，正本清源。转职能，关键是全面履行监督执纪问责的专职，不遗漏，不偏废。转职能，迫切需要贯彻对腐败零容忍与"老虎苍蝇一起打"的理念……

◆**做减法：当好裁判员，不做运动员。**基本原则是当好裁判员，不做运动员，切实解决工作越位与错位的问题。需要从纪检监察工作这个"面"上着手，着力解决发散有余、聚焦不足的问题，把不该管的工作坚决交还给主责部门……

◆**做乘法：牵好"牛鼻子"，用好撒手锏。**主要是指抓住主要矛盾与矛盾的主要方面，用好用活对履行职能而言具有全局性、战略性、带动性的体制机制，做到事半功倍。

◆**做除法：清除障碍物，斩断人情网。**在转职能上做除法，基本内涵是清除纪检监察机关履行职能的深层次障碍，消除他们的后顾之忧。

众所周知，加、减、乘、除是一个完整的概念，作者将文章分成4个部分，分别用加减乘除的抽象意义论证了转职能的4种方法，概念完整。

※**例3**：2022年7月29日，安徽省黄山市举办文旅系列主题活动发布会，市领导巧用英文SOUL构思讲话，自成一体。

下面是讲话稿的框架结构：

◆**"S"（See）——入眼皆是美感。**超脱五岳之胜、一揽风光之美，尽在新安山水。她承袭跨越千年的风韵，聚合东方美学的精髓，让"仁智之乐"的山水之游升华成"物我相忘"的美学之道。黄山之巅松柏之柔与峰石之刚……

◆**"O"（Open）——绽放青春创意。**黄山与上海，拥有着"一万知青、十万大山"的青春记忆，产自黄山的牛奶、茶叶，半个多世纪以来一直陪伴着上海人。如今，越来越多的青年创客，循着足迹扎根黄山……

◆**"U"（Unique）——领略卓越非凡。**走过千山万水，醉美江南山水；走遍大地神州，醉享文化徽州。博大精深的徽文化是距离当代中国最短路程的古代文明。唐宋元明清、从古读到今，从粉墙黛瓦的徽派建筑到巧夺天工的徽州艺术……

◆"L"（Life）——尽享惬意生活。溪水宛若明镜，山色空蒙翠黛，一切美好可从遇见徽州开始。伴着夏日蝉鸣，趁着满目朝霞，从塔川书院出发……"S"是绝佳生态的生动注解，"O"是青春洋溢的创意代言，"U"是屹立世界的卓然风范，"L"是品质生活的初心回归，组合在一起的"SOUL"，共同达成"吾心安处是黄山"的至深意境。

英文 SOUL 是灵魂、内心、心灵之意，讲话者巧妙地将 SOUL 分解为 See、Open、Unique、Life 4 个英文单词，分别表达黄山入眼皆是美感、绽放青春创意、领略卓越非凡、尽享惬意生活 4 层意思，概念完整、构思新颖。

※ **例 4**：共产党员网一篇名为《组工干部应练就"五味俱全"》（作者：武晨雨）的文章巧妙用"酸甜苦辣咸"五味解读组工干部的 5 项修养。

下面是文章的框架结构：

◆淡泊明志甘为人梯，经得住"酸"的考验。组织部门肩负着选优配强干部队伍、帮助干部成长进步的重要使命，组工干部要甘做党和人民事业前进道路上的"扶梯板""铺路石"。这就要求组工干部正确看待个人职位的进步……

◆公道正派廉洁自律，挡得住"甜"的诱惑。公道正派是组织部门的立身之本，更是组工干部的操守追求。组工干部因其工作岗位的特殊性，容易面临形形色色的"糖衣炮弹"和别有用心的诱惑拉拢……

◆甘于奉献任劳任怨，耐得住"苦"的磨练。提到组工干部，人们第一反应就是"特别能吃苦、特别能战斗、特别能奉献"。确实，组织部"白＋黑""5+2"的工作常态，责任大、标准高、要求严的工作作风……

◆开拓创新锐意进取，担得起"辣"的责任。敢于担当是共产党员的优秀品质，主动接受挑战、大胆开拓创新更是新时代对组工干部的新要求。组工干部的担当，就是要有干事创业"舍我其谁"的火辣与激情……

◆俯身能干躬耕不倦，受得了"咸"的汗泪。组织工作的重点在基层、活力在基层，最终成效也体现在基层。因此，组工干部要俯下身沉下心，做勤快的"泥腿子"，用"脚步"丈量民情，倾听基层的诉求和声音……

文章用了"酸甜苦辣咸"5 种味觉来架构全文，是一篇用跨界思维写出来的作品，讲了 5 个方面，概念完整、结构严谨。

※ **例 5**：2019 年 9 月 24 日，云岭先锋网刊载的《"望闻问切"力促基层

党建工作提质增效》（作者：郭政）用了中医"四诊法"来组织文章内容。

下面是文章的框架结构：

◆ "望"镇容村貌，了解整体运行。坚持每次督导，由外而内依次查看环境卫生是否干净整洁、值班值守是否正常、是否在醒目位置设置党务公开栏、村级活动场所管理使用是否规范、党员活动室布置是否达标、制度是否上墙……

◆ "闻"党群呼声，掌握工作实情。按照"查党员更要问群众"的工作思路，始终把党员群众满意不满意作为评价工作实效的重要依据，开展督导时，在听取工作汇报的基础上，采取入户访谈、召开党员群众座谈交流会等方式……

◆ "问"村情民意，剖析能力素质。围绕农村基层党建工作重点任务，在督导中采取现场问答的形式，随机抽查提问乡（镇）、村（社区）党总支书记、班子成员及党务工作人员，着重了解对村情、民意的熟悉程度……

◆ "切"问题根源，对症制定措施。将督导发现的问题及时反馈给乡（镇）党委主要领导，并对照问题逐一分析研判，共同查找问题根源，针对问题"对症下药"。按照"内激动力、外聚合力"的工作思路，开展"四面红旗"创评……

"望闻问切"分别代表了 4 种工作方法，作者将全文分为 4 个部分，每种方法一个部分，结构严密、概念完整。

需要说明的是，以上这些手法是特例，并非每篇都可以用，也不是每篇都有必要用。有时候，概念边界是模糊的，如"成绩""问题""经验""措施"，你很难用一个带有数字的框来把它们装完，怎么办呢？我的建议是回归问题本源，看是否抓住了问题关键。如果已经抓住了，就算写得不十分全面也无妨，毕竟写公文不是科学研究，没必要"面面俱到"，也不可能"滴水不漏"。

10 逻辑性思考，把观点写顺
——系统思维的第二项修炼

导读

　　本专题是系统思维的第二项修炼，核心是逻辑性思考，把观点写顺，专门解决"逻辑不通顺"的问题。主要包括 3 个方面的内容：第一，什么是逻辑性？第二，什么是逻辑性思考？第三，逻辑性思考的 5 个经典案例。所举的 5 个案例中，例 1 是某领导全省产业园区发展大会讲话，例 2 是某领导招待会致辞，例 3、例 4 是某地年轻干部座谈会发言。例 5 是某领导全市招商引资会发言。通过本专题，希望你理解逻辑性的基本内涵，掌握逻辑性思考的基本要求和应用方法，在公文写作中把观点写顺，让观点并行而不悖，避免语无伦次。

1. 关于逻辑性

　　逻辑性是系统性的本质特征，因为系统各要素不是孤立存在的，而是联动的、互通的，它们按特定逻辑规律运行着、存在着，相互构成某种逻辑关系，遵循某种逻辑规则。《礼记·中庸》说："万物并育而不相害，道并行而不相悖。"意思是说：一个合理的自然、社会系统是行之有序的。但你想过没有，万物为何会并行不悖呢？我理解，就因为万物遵循了某种规律、符合了某种逻辑。

　　一个没有逻辑的系统不能成为系统。就拿学校这个系统来说，一个学校有校长、院长、老师、学生，有决策部门、协调部门、教学部门、后勤部门。这里面有人，也有部门，它们都是学校这个系统的组成要素。在这个系统中，各要素间存在着某种逻辑关系，比如校长与院长是领导与被领导的关系，教师与学生是教与学的关系；校办与其他部门是相互协调配合的关系，后勤部门与教学部门是服务与被服务的关系。这些关系就是学校运转的逻辑关系，如果关系不顺，学校就运转不下去。

公文写作是一种逻辑性表达，只有把逻辑搞清楚了，才能有条不紊地铺排，环环相扣地说理，写出通顺的文章。

那么，什么是公文写作的逻辑？有哪些写作的逻辑呢？

（1）什么是写作逻辑

我始终认为，写作逻辑与逻辑学上的逻辑是有区别的，逻辑学上的逻辑是理论上的逻辑，而写作的逻辑是实战中的逻辑，是加引号的逻辑，二者不能直接画等号。

这个区别你一定得搞明白啊！否则我担心你看了本书后，兴高采烈地跑去买一大堆逻辑学书籍，读完后来问我："老师，我懂了这么多逻辑学的道理，咋领导还说我写出来的文章没有逻辑性呢？"如果你真是这样，那么我要告诉你，原因就是你没有把理论上的逻辑同实战中的逻辑区分开。到底什么才是"写作的逻辑"呢？我觉得，可以简单理解为观点的铺排顺序，再通俗一点就是，先写什么，后写什么。

（2）写作逻辑有哪些

既然咱们把写作的逻辑窄化为一篇文章观点的铺排顺序，那么，在实战中，到底有哪些常用的逻辑呢？据我个人的经验，有时间逻辑、空间逻辑、事理逻辑、递进逻辑、因果逻辑、矛盾逻辑、演绎逻辑、总分逻辑、并列逻辑9种，这在我的《公文写作32讲：从思维构思到笔法语言》中有专门讲述。

尽管这些逻辑的定义看起来不太准确，甚至有些怪异，却很实用、很常用、很好用。比如，演讲稿从一个事物的过去、现在谈到未来，用的是时间逻辑；汇报材料讲了结果后分析原因或先讲原因再讲结果，用的是因果逻辑；研究报告里讲了成绩讲问题，讲了机遇讲挑战，讲了优点讲缺点，用的是矛盾逻辑。再比如，动员讲话中讲了设计、审批后讲建设、运营，讲了招商引资后讲项目建设、投产见效，用的是事理逻辑。这些都是写作中非常实用的"逻辑"，这些逻辑中的核心和精髓就是"顺序"二字。

2. 什么是逻辑性思考？

我倡导的"逻辑性思考"，简单理解就是按一定逻辑关系（如时间、空间、事理等）铺排观点，搞清先写哪个，后写哪个，使之各就其位、有条不紊、和谐共处，避免颠三倒四、语无伦次。

逻辑性思考方式可以帮助我们解决写作中"逻辑不通顺"的问题。

逻辑性思考是职场的一种基本能力，也是将公文写顺的基础。

参加过公务员考试的朋友一定记得，笔试中有一道数量关系题考的就是逻辑推理能力。比如让你根据已知的 2，6，12，20，30 这 5 个数字推理出第 6 个数字，怎么推理？老师教我们分两步走：第一步，依次用题目中后一个数减前一个数，得到一个新的数列：4、6、8、10。仔细分析，你会发现这个新数列是等差数列，公差为 2。以此类推，既然是等差数列，那 10 后面就是 12。第二步：回到原数列中，用 30 加上 12 就得出了答案：42。这是一个严密的逻辑推导过程。

通过这个例子我想说，逻辑性思考很重要，也很必要。这道题目中的一个个数字的排列关系与文稿中的一个个观点的铺排顺序是一个道理。如果想把文章这道"题"解好，没有逻辑思维能力不行。以前很多人以为考试技巧在工作中用不上，其实是没理解透，没学以致用罢了。事实上，这种思维能力融入了学习、工作和生活的方方面面，包括写公文。

如何才能让思考更有逻辑性呢？

我的经验是，学会将整体拆解开，逐一推敲各部分的逻辑关系，直到让每个部分各就其位，合乎规律为止。记得中学课本里有篇文章叫《庖丁解牛》，大概是说一个叫丁的厨师分割牛的技术非常好，手接触到的地方、肩膀靠着的地方、脚踩着的地方、膝盖顶住的地方都发出皮骨分离声，刀子刺进牛体，发出的声音更大，既合乎《桑林》舞曲的节拍，又合乎《经首》乐章的节奏，总之就是技术很"牛"。于是，人们就问他怎么如此厉害？丁说："依乎天理，批大郤，导大窾，因其固然，技经肯綮之未尝，而况大軱乎！"什么意思？就是说顺着牛体天然的结构，顺着骨节间的空处进刀，依着牛体的组织结构来分解一头牛。

仔细想想，丁能把牛分割得那么好，是因为他有了系统思维，把牛体结构的逻辑关系搞懂了。实际上，写公文同分割牛有相通的地方，当我们面对一个题目，就好比庖丁面向一头牛，得按逻辑关系来解构。从这个意义上讲，我们应该向庖丁学习，学着把笔下的"整牛"（概念）按逻辑关系解构成不同部分。

3. 逻辑性思考的 5 个实例

※ **例 1**：某领导在全省产业园区（开发区）发展大会上发表讲话，当谈到

为什么要搞产业园区时，他从国际、国内、省内3个层次分析了产业园区对推动经济快速增长的作用。

下面是该部分的结构：

◆从国际看，发展产业园区已成为提升经济核心竞争力的重要途径。美国硅谷工业园区年产值达400亿美元，每年可安排4万人就业，是美国规模最大的高技术工业中心，硅谷的出现使美国得以继续领跑全球新经济。被称作"印度硅谷"的班加罗尔软件工业园使印度信息软件业异军突起……

◆从国内看，发展产业园区越来越成为各省区市推动经济快速发展的重要举措。广东、江苏、山东、浙江等省产业园区工业增加值占全省规模以上工业增加值的比重都在60%以上。苏州工业园以占苏州市3.4%的土地、5.2%的人口创造了全市15%左右的经济总量……

◆从省内看，产业园区正在迅速成为经济发展的强劲增长点。今年前三季度，全省工业园区完成工业增加值占全省工业增加值的24.7%，同比增长27.3%……因此，加快发展产业园区，是我省顺应经济发展内在规律、加快破解发展速度慢这一首要矛盾的重要切入点和迫切需要。

"国际""国内""省内"3个层次用了空间逻辑，3个层次在空间上逐步收缩，由大到小、由远及近，逻辑关系很清晰。

※例2：2019年9月29日，在南京市的一次国庆招待会上，市领导用过去、现在、未来3个时间维度构思全文，用了时间逻辑。

下面是讲话的框架结构：

◆忆往昔，我们无比自豪。在这里，一系列"中国前列"相继诞生，一座座城市地标拔地而起，一个个"全国前列"不断涌现，中国特色社会主义在南京大地上焕发出无限生机与活力。中国第一辆轻型载货汽车、中国第一台激光测距仪、中国自行设计和施工建造的第一座长江大桥——南京长江大桥……

◆看今朝，我们勇立潮头。70载春华秋实，今天的南京更加熠熠生辉、光彩夺目。牢记×××"强富美高"谆谆嘱托，围绕"创新名城、美丽古都"目标愿景，聚焦高质量、奋进新时代，决胜高水平全面小康"三大攻坚战"取得战略性成果，经济社会发展呈现稳中有进、提质增效的良好态势。

◆展未来，我们笃定前行。岁月的奔流从不停息，奋斗的征程永远向前。奋进新时代，我们将进一步……不忘初心、牢记使命，艰苦奋斗再创业，改革开放再出发，紧抓机遇再跨越，真正把 ××× 对江苏发展"强富美高"的要求变为美好现实，不断书写无愧于时代、无愧于人民、无愧于历史的精彩答卷……

"往昔""今朝""未来"用了时间逻辑，读起来很容易理解。这篇讲话与习近平总书记参观《复兴之路》的讲话用了相同的逻辑。

※ **例 3**：2022 年 7 月 21 日，在江苏省淮安市某区年轻干部座谈会上，某年轻干部畅谈自己的成长经历、履职情况和工作感悟，用了事理逻辑。

下面是发言稿框架结构：

◆头顶国徽，常问自己该做什么。牢记党和国家赋予的使命，谨遵组织的嘱托。一是以"空杯"心态扎根。我怀着"归零"的心态扎根到渔沟这片热土，虚心向单位领导学、身边同志学、人民群众学、服务对象学，甘当"小学生"。二是以"昂扬"姿态干事……三是以"严实"状态律己……

◆脚沾泥土，常问自己做成了什么。田间地头、工厂车间、农家小院、边防卡口，我用脚步丈量着渔沟的土地。战斗在招商一线。珍惜这次补短淬炼的难得机会，通过学习政策文件，登门请教方法，实地勘察地块，进行招商实战等，从一无所知转变为熟门熟路……

◆心有人民，常问自己还要做什么。习总书记说："农村基层的工作经历是人生的一个坐标，有了这个经历，就更清楚地知道什么是群众、如何尊重群众。"在锤炼"小我"中提高干事本领。刀在石上磨，人在事上练。我们年轻同志要把到基层工作当作最好的磨练……

发言用了人体的"头""脚""心"3 个部位阐述"该做什么，做成了什么，还要做什么"3 个问题，这 3 个问题是一个干部应该思考的问题，属于常理。

※ **例 4**：同样是上面这个座谈会上，另一位干部的发言构思也很有逻辑。

下面是发言的框架结构：

◆"选"之于党，把理想融入基层工作中。作为一名博士研究生，参加工作时，身边的好友总会关心我，去哪儿不好，为什么非要到乡镇？工作之初我也曾反问自己为什么要来。一开始是因为情怀……

◆"调"之以任，把精力花在服务发展上。在基层走访中我了解到，镇里有家企业由于位置相对偏僻，附近的青壮年大多去大城市寻找工作机会，尽管企业已经给出相对优厚的待遇条件，但仍然面临劳动力匮乏的情况……

◆"生"而为民，把功夫做进人民心坎里。走访中，一个叫小宇的孩子给我印象最深。他 11 岁，平时与二爹一起生活，家境贫困。第一次去他家走访，我深入了解了他的情况，并鼓励他好好学习……

这个发言用了"选调生"3 个字架设文章结构，同时又回答了 3 个字的深刻内涵，找到了 3 个字之间的逻辑关系：理想—服务—人民。

※ **例 5**：某领导在全市招商引资工作会议上的讲话，从对外、对内、对上、对下 4 个方向进行阐述，体现了方位上的逻辑。

◆对外开放。经济全球化时代，任何一个国家和地区都不可能关起门来搞建设。发达国家和地区的经验告诉我们，开放已经成为现代经济发展的基本要素之一，开放是一种资源，也是一种生产力，早开放早得益，快开放快得益，大开放大得益，小开放小得益，不开放不得益，谁敢于早放快放大放，谁就能抢占吸引外来要素的制高点。开放带来的活力，在一定意义上将比改革带来的活力还要大。我们无疑在对外开放上更需要有实质性的突破。

◆对内激活。没有活力，活水就会变成死水。一个地方的经济发展、招商引资也是这样。在落后地区，外资引不来，内资用不上，关键就在于内部的活力没有被激发，没有形成相互竞争的活跃局面。在座大多数同志都应该到过沿海考察，对沿海发达地区干部群众思维活跃、观念新颖、经济发达的实际情况应该不陌生，对沿海与西部的对比落差也应该感受很深刻。要搞好今后的招商引资、经济发展工作，我们必须要高度重视内部活力的激发，重视鲇鱼效应的充分发挥。

◆对上争取。温州人最大的特点就是善于搞政策创新，善于打"擦边球"。他们在实践中把一些有利发展的经验和做法提炼出来，做好深入全面的论证，争取国家认可并形成支持政策，他们成功了。现在，我们的向上争取工作还停留在"等"的阶段、"靠"的阶段、"要"的阶段，被动适应上级的工作安排，往往是围绕上级通知争项目、争资金，不善主动出击、主动汇报、主动沟通，这样"等靠要"来的是"菜"而不是"种"，这个观念必须扭转。

◆对下放开。主要是对县（区、开发区）的政策放开。今年年初，省委省政府出台了支持县域经济发展的专项文件和扩权强县的有关通知，下一步还要选择有条件的县（市）进行试点。我们这个时候不能有任何狭隘思想和部门利益考虑，要坚决贯彻落实上级指示精神，为县域经济发展"让道放行""保驾护航"。

　　总而言之，公文的观点必须有逻辑性，哪个观点在前、哪个在后都是有讲究的。公文写作者只有学会逻辑性思考，让观点符合逻辑规律，才能写得通顺。

　　我们经常使用的一些概念，表面上看起来是约定俗成的语言习惯，实际上后面隐藏着一定的逻辑关系。就拿开头"2，4，6，8，10"那个等差数列来说，之所以能推断 10 后面的数字是 12，就因为背后有逻辑。再说"金木水火土""加减乘除"这些概念，其顺序也是很有讲究的，若把"金木水火土"写成"水土金木火"，味道就变了。为什么四则运算之所以先讲加法而不是减法、乘法和除法？大概率因为原始社会物质极度匮乏，人们一天到晚就想着多逮一只野兔，多摘一堆水果。理论上，任何事物只有数量多了，才有失去（做减法）的可能，于是先有加法，后有减法。至于乘除法，难度大，肯定得到了加减法应付不过来时才出现。再说"望闻问切"和"酸甜苦辣咸"，你想过为啥先说"望"、先讲"酸"吗？因为眼睛是人类认识世界的第一感官，医生也不例外，给病人看病首先要用眼睛，要不然怎么叫"看病"，而不是"问病"或"听病"呢？至于味觉，人类在没有学会种植农作物之前靠什么生活？是采摘，而采摘野果可不像进自家果园那样，不用担心别人抢，可以慢条斯理挑又大又甜的吃。好不容易找到一树野果，无论果子如何酸涩，吃饱了再说，谁也不会等果子熟透了再来。理由很简单，饥不择食嘛，你今天不吃，明天就被别人吃了。在此情况下，大多时候只能吃酸果，几十万年下来，酸味就被嵌入了人类味觉记忆，成为第一味觉感受。

层次性思考，把观点写清
——系统思维的第三项修炼

11

〔导读〕

　　本专题是系统思维的第三项修炼，核心是层次性思考，把观点写清，专门解决"层次不清楚"的问题。主要包括3个方面的内容：第一，什么是层次性？第二，什么是层次性思考？第三，层次性思考的5个经典案例。所举的5个案例中，例1是我起草的一个"红头文件"，例2是某市委书记的理论文章，例3是某市长在产业大会上的致辞，例4是某区委书记在政协会上的讲话，例5是某市委领导在一启动仪式上的主旨演讲。通过本专题，希望你理解层次性的内涵和特点，掌握层次性思考的基本要求和应用方法，在写作中把观点写清，让你的提纲从上到下、从前到后环环相扣、层层深入，形成一座观点的金字塔。

1. 关于层次性

　　世界是一个有层次的世界，层次性是系统的显著特征。

　　物质构成有层次，如电子、中子、质子、原子、分子；人类社会有层次，如个体、群体、单位、社区、街道、县区，小学、中学、大学，乡镇、县区、地州、省区、国家；系统也有层次，如人体细胞是器官的子系统，器官则是身体的子系统，人是一个家庭、一支球队或一个组织的子系统，家庭、球队等小的子系统又组成社区、城市这样的大系统。

　　既然客观世界具有层次性，而人的思维又是客观世界的反映，因此人在思考问题时总是喜欢将世界划分出一定的层次，因为只有这样，人才能更客观地认识世界、更高效地改造世界。自古以来，中国人就习惯将事物分层理解，如天分九重、官分九品等。写文章也分层次，从上到下分主标题、一级标题、二级标题、三级标题，同一个层级上，从前到后分第一、第二、第三等。

按我的理解，公文的层体现在两个维度上。

（1）纵向层次

纵向层次即标题从上到下的"级别高低"，如主标题、一级标题、二级标题、三级标题。如果你觉得这样讲太抽象，不妨想象一座塔楼的样子。这座塔楼从第一层开始，一层托一层，逐步往上，直到塔尖，上下有序、宽窄有度。文稿主标题好比塔尖，一级标题是顶层，往下层次分别对应二级标题、三级标题，正文好比地基，如此一来，整个标题便垒成了一座"观点之塔"。讲到这里，你也许就明白为什么麦肯锡的写作理论要叫"金字塔原理"了。

（2）横向层次

横向层次即标题从前到后的"先后顺序"，如一、二、三，（一）、（二）、（三），一是、二是、三是，首先、其次、再次，等等。你可以继续想象塔楼的样子，如果纵向层次上，从主标题到一级标题、二级标题、三级标题分别对应塔尖往下各楼层的话，那么，横向层次就好比每一楼层里的不同房间，如 101、102、103、104，以此类推，依据这个顺序，可以找到全部房间。从横向来看，根据语言规模，又可以分为短语级层次、句子级层次、段落级层次、段群级层次，如"人民有信仰，国家有力量，民族有希望"这句话，就是短语级层次，一句话包含人民、国家、民族 3 个层次。

2. 什么是层次性思考？

我倡导的"层次性思考"，就是从纵横两个维度依次铺排观点，从上到下（主标题、一级标题、二级标题）层级清楚、层层深入，从前到后（如第一、第二、第三等）步步递进、序号明确、排列整齐，像一座塔一样层层展开，让人一目了然，这样就能避免粗细不匀、秩序混乱。

层次性思考可以帮助解决写作中"层次不清晰"的问题。

对写公文来说，分层次很重要，否则观点是乱的，尽管观点很全面。

美国学者德内拉·梅多斯在《系统之美》里讲了一个故事。从前，有两个钟表匠，一个叫霍拉，一个叫坦帕斯。他们都能制造精致的钟表，因此各自店里顾客络绎不绝，订单源源不断，一天到晚电话响个不停。然而，多年以后，霍拉变得很富有，而坦帕斯却越来越穷。原因是什么呢？就是霍拉懂得分层次，将钟表分解成一个个小系统来组装，而坦帕斯却不懂，他习惯于依次组装零件，一旦遇到干扰（比如接电话），就放下手中活计，让半成品散成一堆零件，回来只得从头开始。在这种情况下，坦帕斯要接的电话越多，他就越难找出一段完整的时间来组装手表，因此效率大打折扣。霍拉则是先把大约 10 个零件组装成一个稳定的部件，再把 10 个部件组成一个更大的集合，最后组装成手表，尽管他也要接很多电话，却比坦帕斯做得更快、更有效率。

这就是层次性思考的好处。

事实上，从复杂程度来说，霍拉和坦帕斯制造的手表都差不多，都由近百个零件组成，差别就在二者组装时的思维方式上，一个懂得分层，一个不懂。做事如此，写公文也一样。如果我们能让那些"零散的观点"从上到下、从前到后层层递进、环环相扣，形成一个一个"组件"，不但能提高写作效率（尤其是大型文稿集体作业时），也能提高读者的阅读效率。

问题是，写作中如何让思考更有层次呢？我的建议是：

（1）理解纵横两种层次的差异

前面已经说了，文章的层次有两种：一种是各级标题从上到下形成的上下级层次，另一种是同一层级标题从前到后形成的先后层次。要想让思考更有层次性，必须先把这个内涵搞清楚，这是前提和基础。

（2）习惯写作前先把提纲写好

我的理解，所谓层次，就是一种状态，一种从标题中彰显出来的秩序感。这种秩序感凭空是看不见的，必须有东西在那里摆着才有。因此，若想让思考更有层次性，就得养成写提纲的习惯，只有各级提纲都出来了，你才有对比、推敲的基础，否则都是空的。

（3）掌握凸显层次性的方法

由于层次是文章给人的一种视觉感受，故而增强层次可以通过调整表达方式来实现。以我的经验，写作中不仅可以用内在逻辑来分层、用修辞来分层、用标题来分层，还可以用序号来分层、用段落来分层、用词语来分层、用标点符号来分层，甚至可以用排版技巧来分层。比如，一是、二是、三是就是用序号分层，排比、对仗是用修辞来分层。分段也算是一种，有的还用标点，比如破折号。关于分层的问题，我在《公文写作 32 讲：从思维构思到笔法语言》一书里有专门介绍，感兴趣的话可以去看看。

不管怎么说，我觉得，形式上的分层并不难，最难的是内在逻辑上的分层。

下面举几个实例来说明如何用内在逻辑分层。

3. 层次性思考的 5 个实例

※ **例 1**：2018 年初，厅领导安排我起草题为《关于坚持"两型三化"产业发展方向落实"五抓"要求全面提升工作质量和水平的意见》的文件，写作过程中，我特别注重观点的层次性。

这个文件，从主标题开始，到一级标题、二级标题、三级标题，共 4 个纵向层次。

在主标题下面，分出了 4 个一级标题，形成 4 个横向层次：

◆重要意义

◆总体思路

◆工作方略

◆工作要求

在一级标题"总体思路"下面，分出了 3 个二级标题，形成 3 个横向层次：

◆指导思想

◆总体目标

◆发展方向

在二级标题"总体目标"下面，分出了 3 个三级标题，形成 3 个横向层次：

◆促进高质量发展。牢固树立质量第一、效益优先意识，坚持供给侧结构性改革，推进经济发展质量变革、效率变革、动力变革，明确发展战略，夯实大项目支撑，完善产业链条，提升服务质量，优化考核方式，构建我省高质量的现代化工业经济新体系。

◆建设高效率部门。坚持改革创新，深化"放管服"改革，优化政务审批流程，积极采用新理念、新方法和互联网、大数据等新技术，推进管理创新、制度创新，提升工作现代化、科学化和规范化水平，构建我省高效率的工业和信息化服务体系。

◆锻造高素质队伍。强化学习培训，落实"五个过硬"要求，不断增强"八种本领"，提升干部能力素养，按照"有信念、有思路、有激情、有办法"的要求，锻造一支政治过硬、善谋发展、能打胜仗的"云岭工业铁军"。

这 3 个目标从"产业""部门""队伍"3 个维度展开，具有一定的梯度和层次，"高质量发展"是核心目标，它依靠"高效率部门"，而高效率部门又离不开"高素质队伍"，3个目标是层层递进的。

在一级标题"工作方略"下，列了5个二级标题以表现"五抓"的内容，其中"抓战略"部分有3个三级标题，形成了3个横向层次：

◆强化战略思维。

◆加强战略研究。

◆狠抓战略落实。

请注意，从"战略思维"到"战略研究"再到"战略落实"，彰显的是人从"认识战略重要性"到"开始行动起来"再到"让行动见到成效"的逻辑，3个层次具有前后递进关系。

同样，在"抓产业链"部分也写了3个层次：

◆围绕传统产业扩链。

◆紧盯新兴产业补链。

◆打造产业集群强链。

扩链、补链、强链是产业发展的3种策略，有一定层次关系。扩链是做已有产业的存量文章，补链是做从无到有的增量文章，强链是终极目标。

这个文件报签时得到了领导高度评价，一稿就过了，还批示表扬道："这个文件起草认真负责，下了功夫。请各处室认真学习借鉴，以认真负责、钻研严谨的精神，研究推动做实工作，不断提升省工信委的工作能力质量水平。抄各委领导阅。"现在复盘这件事情，我感觉之所以能获得领导肯定，最核心的一点就是体现了思考的层次性，观点成体系。

※**例2**：某领导发表在媒体上的题为《推进制度创新提升执政能力打造引领现代新××建设的干部队伍》的理论文章，从5个方面谈干部的选拔任用。

下面是文章的框架结构：

◆认真落实"四权"，改革选贤任能方式方法

1. 全面推行任前公示，扩大群众的知情权。

2. 大力实施公推公选，扩大群众的参与权。

3. 积极探索公推直选，扩大群众的选择权。

4. 广泛开展勤廉公示，扩大群众的监督权。

◆致力采取"四逼"，增强干部综合素质。

1. 通过组织学习，把干部逼向书本。

2. 通过联系下派，把干部逼向基层。

3. 通过机构改革，把干部逼向社会。

4. 通过招商引资，把干部逼向市场。

◆综合运用"四力"，提高干部领导水平

1. 培育市场引导力，充分发挥市场无形之手的巨大作用。

2. 运用党政推动力，努力实现政府有形之手的有效对握。

3. 组织社会参与力，把广大人民群众的积极性调动到最大化。

4. 发挥法制约束力，切实把经济社会纳入依法治理轨道。

◆着力破解"四难"，创新升降流转机制

1. 不拘一格拓宽"上"的渠道。

2. 多管齐下搭建"下"的台阶。

3. 广纳群贤扩大"进口"。

4. 想方设法疏通"出口"。

◆协调联动"四级"，形成齐抓共管格局

1. 理顺管理关系，激发基层的内在动力。

2. 建设配套制度，做到管理规范有序。

3. 围绕重点环节，做到监督全面有力。

这篇文章从上到下分 3 个层次，5 个一级标题依次讲干部的选拔方式、任用方式、培养方式、管理方式及管理体制。每个一级标题下都有二级标题，分别阐释"四权""四逼""四力""四难""四级"，如"四权"为知情权、参与权、选择权、监督权。文章层层深入，层次感很强。

※ **例 3**：2022 年 6 月 15 日，山东淄博市领导在 2022 中国（山东）预制食品产业发展大会上致辞，当谈到淄博发展预制食品产业的优势时，写了 3 个层次：

◆我们得"天时"，后疫情时代，随着生活节奏加快和生活方式转变，"单身经济""懒人经济""宅经济"逐渐催生，预制食品产业开始迈入快车道，正呈现出井喷式发展势头。数据显示，2021 年我国预制食品市场规模已超过 3000 亿元，按照 20% 的复合增长率计算……抢滩预制食品，淄博"齐"时已至！

◆我们占"地利"，淄博是全维度要素汇聚之地，央居齐鲁、通衢八方、连接四海，首批开通欧亚班列，封关运营淄博综合保税区，加快打造淄博内陆港和鲁中国际陆港，把"出海口"搬到了"家门口"，形成了面向全国、联通全球的国际物流大通道……发展预制食品，淄博"齐"品已备！

◆我们拥"人和"，淄博是全国重要的工业城市，全国 41 个工业行业大类中有 39 个在淄博实现了规模化发展，工业体系之完整、门类之完备、配套之完善，市民标准意识、消费意识、质量意识之强，在全国都属少有，这是发展预制食品产业不可多得的产业基础和人文基础……制胜预制食品，淄博"齐"势已成！

致辞从"天时""地利""人和"3 个层次论述淄博发展预制食品产业得天独厚的优势，暗合了中国传统文化天、地、人"三才"观。大家知道，"三才"是有层次的，正所谓"天时不如地利，地利不如人和"（《孟子·公孙丑下》）。

※ **例 4**：2021 年 1 月 22 日，山东省滨州市滨城区领导在政协第十届滨州市滨城区委员会第五次会议上的讲话，在介绍"滨城是什么"时写了 4 个层次。

下面是讲话的框架结构：

◆立足滨城看滨城，作为小城福地，她是群众的归属。滨城区地广人稀，人口密度只有约 800 人/平方公里，是烟台市莱山区的二分之一，不到济南市历下区的十分之一。滨城人很幸福，低保、社保、医保对标全省最高标准……

◆立足滨州看滨城，作为市主城区，她是滨州的名片。我市越来越多的经济指标增速省内排名"进三甲、列四强"，大家充分感受到了"富强滨州"建设全面起势、整体成势的强劲脉动。"主城区要有主城区的样子……

◆立足全省看滨城，作为枢纽站点，她是开放的窗口。目前，滨城区已有四通八达的高速网络，即将迎来济滨高铁、京沪高铁二通道、沾临高速及黄河大桥等项目开工或启用，加上大高机场，我们将真正成为鲁北地区的交通枢纽……

◆立足全国看滨城，作为黄蓝城市，她是战略的节点。首先，黄河穿城而过的城市，全国只有两个，一个是兰州，一个是滨州。我们拥有得天独厚的黄河资源，黄河流域生态保护和高质量发展战略深入实施……

4 个标题按空间从小到大的逻辑层层展开，从"群众的归属""滨州的名片""开放的窗口""战略的节点"4 个方面给滨城画了一幅"全身像"，仿佛给读者一台望远镜，每一段调一次焦，由近及远、由点到面，层层展开。

※ **例 5**：2022 年 6 月 11 日，山东省滨州市委主要领导在滨州改革"破零"工程启动仪式上做了题为《千年一幅画　改革游春图》的主旨演讲，巧用一幅

画上、中、下卷 3 个层次讲改革。

下面是讲话的框架结构：

首先和大家分享一幅传世名画，这幅画就是《游春图》，是我国存世最早的一幅山水画卷。具体有 3 层寓意……演绎新时代"春天的故事"，对于滨州来讲，就是勾画出、绘就出新时代滨州改革的《游春图》。这幅图分上、中、下"三卷"，对应的是背景、实景、远景"三景"，可以概括为"一图分三卷，每卷各一景"。

上卷，是新时代滨州改革《游春图》的背景，色彩鲜明、与时俱进。纵观历史，细看今朝，滨州以实业而闻名，更以改革而著称，在滨州大地上，传承着改革强基因、凝聚着改革正能量、咏唱着改革主旋律。

——这里，传承着改革强基因。

——这里，凝聚着改革正能量。

——这里，咏唱着改革主旋律。

中卷，是新时代滨州改革《游春图》的实景，善破善立、推陈出新。展子虔作的《游春图》，敢于破除"人大于山、水不容泛"的束缚，开创了青绿山水的先河，滨州正是以这种"敢闯敢试、善破善立"的改革精神，勇于破旧壳、破蛹壳、破硬壳，推动各项事业实现"从 0 到 1"的破冰、"从 1 到 N"的跃升。

——打破思想旧壳，改出干部精气神。

——打破发展蛹壳，改出事业新高地。

——打破服务硬壳，改出群众满意度。

下卷，是新时代滨州改革《游春图》的远景，行稳致远、未来可期。不改革不发展、少改革少发展、大改革大发展，改革是"关键一招"，要把握好政府逻辑、市场逻辑、道德逻辑"三个逻辑"。

——政府逻辑推进改革，就是政府有为。

——市场逻辑撬动改革，就是市场有效。

——道德逻辑成就改革，就是群众有感。

总而言之，系统是有层次的，写文章也要体现层次性。层次性是判断文章质量的重要标准，一篇没有层次的文章，观点再多、再全，也是一堆散沙。值得补充的是，层次性与逻辑性如影随形，层次是"形"，逻辑是"神"，有逻辑性的观点一定会表现为某种层次，而有层次性的东西背后一定藏着某种逻辑。建议将逻辑性与层次性结合起来体会。

12　结构性思考，把观点写完
——系统思维的第四项修炼

导读

本专题是系统思维的第四项修炼，核心是结构性思考，把观点写完，专门解决"结构不合理"的问题。主要包括3个方面的内容：第一，什么是结构性？第二，什么是结构性思考？第三，结构性思考的5个经典案例。所举的5个案例中，例1是我为领导写的经济运行分析会上的讲话，例2是某领导在招商引资动员会上的讲话，例3是一位市委书记在企业家协会年会上的讲话，例4是一位市长在大学作的形势政策报告，例5是一篇写党建创新的经验文章。通过本专题，希望你理解结构性的内涵和特点，掌握结构性思考的基本要求和应用方法，在写作中把观点写完，避免文章观点一盘散沙、不成体系。

1. 关于结构性

世界是一个结构化的世界，大到宇宙星系，小到分子原子，概莫能外。

我们知道，太阳系由水星、金星、地球、火星、木星、土星、天王星、海王星八大行星组成，实际上8颗行星就是太阳系的结构。再说地球，自身分为地壳、地幔，地核，是组成上的结构；从方向上可分为东半球、西半球、南半球、北半球，是方位上的结构；从陆海角度分为七大洲、四大洋，海洋占71%，陆地占29%，是比例上的结构。中国文化自古有"九州""五湖""四海""三山""五岳"之说，地理上有"四大高原""三大平原"等概念，都是结构。

文章也有结构，这种结构表现在3个方面。

（1）总体结构

总体结构即文章在总体篇章上的布局方法，又可分为并列结构、递进结构、总分结构3种，总分结构又可分为先总后分或先分后总两种。比如一篇理论文章，分 3 个部分写"职业精神""职业道德""职业理念"，总体上就是并列结构，因为 3 部分没有严格的先后顺序。再比如，一个汇报稿，分 3 部分写了"发展现状""存在问题""下步打算"，总体上是递进结构，因为 3 个问题有先后顺序。

（2）文种结构

党政机关公文"家族"里的每个文种都有独特的体例结构。拿会议通知来说，结构大致是 6 个方面：一是为什么开会？二是什么时间开会？三是在哪里开会？四是需要哪些人参会？五是会议干什么？六是怎么开好会？ 6 个方面分别回答会议目的、会议时间、会议地点、参会人员、会议议程、会议要求。总结类的文稿，结构大致是 4 个方面：一是干了什么？二是干得怎样？三是存在什么不足？四是今后打算怎么办？这些都是特定文种的特点，就像每座建筑都有自己独特的结构一样。

（3）事理结构

在一些具体问题上也有很多结构化的方法，分析形势时有"SWOT"分析法，有 PDCA 循环，有 PEST 分析模型；营销管理有 4P 理论、4C 理论、FABE 销售法、SPIN 销售法、销售漏斗、营销流程、顾客消费心理流程、服务八部曲、营销体系图等；质量管理有 QC 新七大工具、QC 老七大工具、QC 工程管理表、8D 报告等；生产管理有精益小屋、6S 管理、4M1E 分析、QCDMS、生产管理七大任务等。

2. 什么是结构性思考？

我倡导的"结构性思考"，简单理解就是按总体结构（如并列结构、递进结构、总分结构）、文种结构（如是什么、为什么、怎么办；现状、问题、打算等）、事理结构（如 5W2H、SWOT、PEST 等）来构思文章，让文章观点形成一个封闭的整体，避免一盘散沙。

结构性思考可以帮助我们解决写作中"结构不完整"的问题。

系统思维的修炼之所以离不开结构性思考，原因就在于世界是有结构的，人类认识事物不能不用结构化方法。事实证明，结构化思维是一种高效的思维方式，别的不说，现在很多用人单位招人用的就是结构化测试，因为这种方法有它的优点，可以有针对性地测试应试者的常识判断能力、资料分析能力、逻辑推理能力、语言表达能力、应急应变能力、综合分析能力等。

人需要结构化的思维和能力。美国著名社会心理学家罗伯特·西奥迪尼在《影响力》一书中写道："我们生活在变化极快、极端复杂的环境里，没有足够的精力搞清楚每件事，所以会频繁地利用范式和首选经验，根据少数特征，把事情分类，一旦碰到触发特征，就不假思索地做出反应，节省精力成本。"我理解，罗伯特·西奥迪尼讲的就是结构化思维，就是"模型思维"，即按一定"套路""框架""模式"来思考。

结构化思维是人类数百万年演化的结果，是人类生存的需要。人类要在复杂的自然和社会环境中生存下来，其行为必须符合"趋利避害、节约能量"的要求，因为这样才不会被饿死、冻死。为了节约能量、提高效率，必须学会总结经验以供下次"毫不费劲"地调用。所以，你会发现，社会上那些聪明的人往往都是善于总结经验的人，都是善于在生活中"建模"的人，都是善于结构化思考的人。

如何结构化思考呢？我的建议有3点。

（1）养成结构化思维

结构化思维在管理学里很受推崇，麦肯锡将结构化分析作为一个基本方法，这种思维方式的核心就是按照科学的范式（流程、套路、框架）来思考问题。这个过程就好像我们建造大厦一样，先把大厦主体框架建设好，然后再砌砖头、划空间、做装饰。咱们写文章，心里头也要有结构。你看，古人所谓"胸有成竹"，实际上就是说心中有结构，有大致框架。

（2）理解事物的构成

任何事物都有自己的结构，写作时必须遵循事物的结构。比方说，写工业经济运行分析报告，就会涉及产业结构、地区结构、企业结构、规模结构等。首先，你得懂得工业由多少个大类、中类、小类组成，各类分别占多大比例；从地区视角看，你得知道各地区的工业总量排名如何，哪家最强，哪家最弱；从企业视角看，你得掌握规模以上工业企业有多少家，分布在哪些地区、哪些行业，100亿元以上多少家，10亿元以上多少家，等等，每个维度都有结构。

（3）掌握文章的结构

中国文化历来注重结构，《史记》开创了本纪、世家、书、表、列传的史书结构；律诗讲究字句、押韵、平仄、对仗，是一种结构化的文学形式；宋词句式虽然灵活了许多，但每种词牌同样有固定格式和声律，如"沁园春"与"卜算子"就截然不同；明清科举考试文章是结构化的，所谓"八股"就是结构；中国传统文化中的"金木水火土""天地君亲师""酸甜苦辣咸""宫商角徵羽""眼耳鼻舌身""望闻问切""四书五经""四海八荒""三牲五谷""五脏六腑""七情六欲""四梁八柱"等概念都是结构化的。

现代公文的许多常用写法也是有结构的，如"是什么、为什么、怎么办""人、财、物""规划、建设、管理""教育、制度、监督""加强领导、精心组织、强化宣传、注重考核""政治上关心，生活上爱护，工作上支持"等，都是基本的表达结构，通俗来讲就是"套路"。

3. 结构性思考的 5 个实例

※ **例 1**：2018 年 7 月，我给厅主要领导写过一篇在全省工信系统上半年工业经济运行分析会议上的讲话，采用了"三段论"结构。

下面是讲话的框架结构：

◆上半年工作怎么看？总体来看，工作呈现出许多亮点，集中表现为"五个好"：一是主要指标增长好。二是"三张牌"推进好。三是重点产业增长好。四是重点项目推进好。五是工作质量提升好。

◆当前形势怎么判？从不利的一面看，有三个问题不容忽视：一是工业投资基础不稳的状况不容忽视。二是工业持续快速增长后劲不足的状况不容忽视。三是外部不确定因素带来的影响不容忽视。从有利的一面看，有四点利好必须看到：一是宏观经济环境越来越有利。二是重大项目支撑作用越来越强。三是抓招商、抓项目的措施越来越有效。四是大抓工业、大兴实体的氛围越来越好。

◆下半年工作怎么干？（一）工作责任再压实。（二）招商引资再发力。（三）项目投资再提速。（四）政策措施再梳理。（五）发展环境再优化。

"上半年工作怎么看、当前形势怎么判、下半年工作怎么干"3 个部分构造了"三段论"的叙述结构。

※ **例 2**：某领导在招商引资动员部署大会上的讲话，在第三部分用了帆船的结构来鼓励全市干部崇尚实干、勇于担当，进一步掀起招商引资和项目建设的高潮。

下面是讲话的框架结构：

◆以"敢"作桅，在招商引资和项目建设中锻炼担当的臂膀。"为官避事平生耻。"担当，是检验党员干部是否忠诚的试金石，有多大担当才能干多大事业，尽多大责任才会有多大成就。我们虽然只给县区下了招商引资任务，但是各单位各部门也要勇挑重担，积极承担招商引资……

◆以"干"作桨，在招商引资和项目建设中练就扎实的本领。要把蓝图变为现实，必须不驰于空想、不骛于虚声，一步一个脚印，踏踏实实干好工作。各级各部门要把招商引资和项目建设作为"中心之中心、要务之要务、重点之重点"，不仅要做招商引资和项目建设的组织者、领导者……

◆以"纪"为舵，在招商引资和项目建设中磨炼坚毅的品质。各级党员干部要想清楚、弄明白"我是谁、依靠谁、为了谁"，树立正确的权力观和政绩观，秉持"为官一任、造福一方"的初心和使命，为民、为企办实事、解难事。要廉洁自律，防微杜渐……

◆以"考"为帆，在招商引资和项目建设中铸就过硬的作风。"有官必有课，有课必有赏罚。"要把招商引资和项目建设作为各级领导班子年度工作考核的主要内容，进一步完善目标责任制、包保责任制，做到任务到人、责任到人、奖惩到人。要加大督查力度……

这段讲话借用船的"桅""桨""舵""帆"4个部件论述招商引资中的担当、本领、品质、作风。

※ **例3**：2022年1月29日，滨州市委主要领导在该市企业家协会年会上的讲话，巧妙应用了一副对联，妙趣横生、别有韵致。

下面是讲话的框架结构：

◆上联，金牛奋蹄兴大业。在牛年里，广大企业家"不用扬鞭自奋蹄"，发扬"三牛"精神，带领企业扎根滨州、深耕滨州、奉献滨州，是富强滨州建设的最大功臣、最强支撑。

1."老黄牛"精神，体现在民营经济"9876"的数据上。

2."拓荒牛"精神，体现在拼搏奉献积累起来的雄厚产业基础、良好创新态势、强劲发展后劲上。

3."孺子牛"精神，体现在营收贡献、稳定就业、社会公益上。

◆下联是，如虎添翼更富强。在虎年里，衷心希望广大企业家如虎添翼、虎虎生威，在更高水平富强滨州建设征程上阔步向前，带领企业做大、做强、做久。

1. 做大，就是拿出"上山虎"的拼劲"向高而攀"。

2. 做强，就是保持"开山虎"的闯劲"向新而生"。

3. 做久，就是坚持"镇山虎"的韧劲"向远而行"。

◆横批是，一起向未来。"一起向未来"是冬奥会的主题口号，也与年会主题高度契合。"一起"，就是手拉手、心连心，你中有我、我中有你，携手并进、共同前行；"向未来"，就是在建设更高水平富强滨州征程上，打造百年企业、筑牢百年基业，一起奔向美好未来。新的一年，我们将树牢走心的理念，落实暖心的政策，提供贴心的服务。

1. 树牢走心的理念。

2. 落实暖心的政策。

3. 提供贴心的服务。

讲话构思巧妙、结构严整，用了中国对联的结构："上联"＋"下联"＋"横批"，上联用了"三牛"结构，即为民服务孺子牛、创新发展拓荒牛、艰苦奋斗老黄牛，下联用上山虎、开山虎、镇山虎"三只虎"讲如何做大、做强、做久，讲如何向高而攀、向新而生、向远而行。横批：一起向未来。

※ **例 4**：2021 年 12 月 3 日，安徽铜陵市政府领导在铜陵学院作题为《青春筑梦邀您铜行》的形势政策报告，巧妙运用"江湖游侠"4 个字介绍铜陵。

下面是这部分的框架结构：

◆江，"万里长江穿境过"。安徽八百里皖江长江岸线铜陵占了 140 多公里，6.3 公里滨江生态岸线整治曾获中国人居环境范例奖，建有中国最美图书馆——滨江书屋，她是皖江首个将废弃码头改造成的……

◆湖，"一城山色半城湖"。山是铜陵的命脉，大铜官山国家矿山公园是这座城市的发源地，也是这座城市的"绿肺"，现在城市绿化面积超过 45%。市内有两大湖，天井湖因有一口"上通天，下通海"的井而得名……

◆游，"游玩欢乐无处不在"。全市现有 9 个国家 4A 级景区，大家可到"天下第一文山"浮山观摩崖石刻、听先贤故事，到永泉农庄感受江南十二景的曲径通幽，还可以在"稻田宴"中品味田原艺术，大通古镇……

◆侠，"'吃货侠'的天下"。铜陵白姜等传统特色美食越来越受欢迎，很多来过铜陵的人都养成了吃姜的习惯。在遍布城区的小菜园可以尝到"母亲的味道"，北斗星城、西湖小吃街是青年人谈天说地撸串的好地方……

这几段话的精妙之处在于构建了"江湖游侠"这个结构，然后分别作出巧妙解释，是结构化思维的一种具体运用。

※ 例5：一篇名为《聚焦党建新布局 勇做组工攀登者》的文章，在论及"鼓足新时代攀登者之气，展现党建工作新作为"时，用"攀登者"3个字构思。

下面是这部分的框架结构：

◆ 选树榜样"攀"。持续开展"荷乡榜样"选树学活动，推出一批国省肯定、央媒专访的先进典型。"时代楷模"李树干坚守孤岛30年，成为我市2019年唯一入选全国"人民满意的公务员"个人……

◆ 汇聚合力"登"。针对村级债务重、增收难，扎实推进"壮大村级集体经济"书记项目，实行县镇村三级联动，创新"降、清、转、返、建、盘、竞、争、奖"增收化债"九字诀"，多途径拓宽村级收入来源……

◆ 勇当开拓"者"。成功实施"党建＋公益"红色创投项目，建立社会需求"点单"—社会组织党组织"接单"—政府"买单"—社会监督"评单"机制，"暖水瓶综合助老""彩虹阅读——留守儿童'益'成长"……

文章用电影名字巧妙将"攀登者"3个字嵌入标题中。

总之，结构是文章的骨架，一篇文章的成败在于结构。结构好，文章就好；结构差，文章就差。在我看来，写作前的思考之所以叫"构思"，"构"字打头，就是在强调结构性思考的重要性。同样的东西，结构不同结果判若云泥，比如同样是碳原子组成的晶体单质碳，因为结构不同，一种成了钻石，一种成了石墨。写作也是这个道理，同样的文字组合出来的结果千变万化。有则趣闻就讲，书法家于右任曾写过一个"不可随处小便"的告示，本来只是一个随意的告示，没想被人调整语序后装裱成了"小处不可随便"的书法作品，虽只改变了文字的组合，却境界全出。所以，写作时一定要注意结构化思考，在结构上下一番苦功。

13　统一性思考，把观点写像
——系统思维的第五项修炼

导读

　　本专题是系统思维的第五项修炼，核心是统一性思考，把观点写像，专门解决"分类不合理"的问题。主要包括 3 个方面的内容：第一，什么是统一性？第二，什么是统一性思考？第三，统一性思考的 5 个经典案例。所举的 5 个案例中，例 1 是某领导在全省旅游业发展大会上的讲话，例 2 是某市委书记推介文章，例 3 是某市委书记在新经济发展大会上的讲话，例 4 是某大学校长在毕业生欢送表彰大会上的讲话，例 5 是某市委书记推介文章。通过本专题，希望你理解统一性的内涵和特点，掌握统一性思考的基本要求和应用方法，在写作中把观点写像，避免观点鱼龙混杂。

1. 关于统一性

　　所谓统一性，也可称为同一性，即各要素具有的相同属性。

　　这样说过于理论化，实际上人们生活中说到的比如"物以类聚""不是一家人不进一道门""同一路人"这些话中就蕴含着统一性原理。

　　追求统一性是人认识世界、改造世界的客观要求。

　　因为世界本来是混沌的、纷繁复杂的，具有同一属性的事物通常分散在不同时空场景。就拿老虎来说，中国有东北虎、华南虎，印度有孟加拉虎，印度尼西亚有苏门答腊虎、爪哇虎，另外还有里海虎、马来虎等。人们在认识世界过程中把各地的虎进行分类，于是对虎的认识变得系统了。事实上，近代科学的发展同样离不开分类，比如植物学、动物学就是分类的结果。人们将生物分为界、门、纲、目、科、属、种不同类别，对动植物的认识才变得系统、科学。人认识世界的价值就在于将杂乱的事物分类归组，理出一个头绪来，因为这样既便于认识世界，更便于改造世界。

分类是人类的一种本能，人类的智慧就是从分类中产生的。古代启蒙书籍《幼学琼林》开篇说："混沌初开，乾坤始奠，气之轻清上浮者为天，气之重浊下凝者为地。"说明什么？说明世界是在分类中清晰起来的。现在父母教育孩子也是从日常物品的分类开始的，比如什么是植物、什么是动物、什么是水果、什么是蔬菜，都是在分类中学到的。

我觉得，关于分类的思维，公文写作者还得向超市管理者学习。你一定注意到了，在大型超市里，蔬菜区摆放的绝对是蔬菜，无论白菜、土豆、南瓜，还是萝卜、韭菜、辣椒、西红柿都可以，就是不能摆苹果、桃子、西瓜、柚子、菠萝，也不能摆火腿、鸡翅、鱼虾，因为它们分属水果、肉类、海鲜，不是蔬菜。因此，我们可以说，统一性思考的核心就两个字：分类。从这个意义上讲，写文章不也很像开超市吗？不就是把各种观点陈列出来，便于读者阅读吗？

2. 什么是统一性思考？

我倡导的"统一性思考"，实际上是分类方法问题，即在同一层级上的观点用同样的标准和尺度来划分，确保同一层级的观点有相同属性，属于同一类别，"上帝的归上帝，恺撒的归恺撒"，避免"鱼龙混杂"。

统一性思考可以帮助我们解决写作中"分类不合理"的问题。

在写作中，分类要从列提纲开始。我感觉，一篇文章的提纲很像中国传统族谱中的世系图，同一层级的标题就是同一代人。在族谱中，同一代人的血缘要相近、辈分要一样。在实际生活中，一个家族编写族谱，一般都不会将外姓人写进去，因为没有血缘关系，也不会把不同辈分的人写在一个层级上，因为尊卑有序、长幼有别。比如在我们《薛氏族谱》中，我这一代是"贵"字辈，兄弟姊妹都在世系图的同一层次上。因此，有系统性的文章，其观点有两个特点：第一，有相同的"血缘"（性质），第二，有相同的"辈分"（层级），就像兄弟姊妹一样。

写作中如何统一性思考？我的感受有两点。

（1）**维度要多元**

一篇文章可能会涉及很多层级，每个层级又会分为若干部分。在每个部分具体分解观点时，又不可能全部用一个分类标准去划分，因为每个观点都有自己的特性，切割的标准是不一样的。比如前面谈到的工业经济分析报告，我们可以从产业、地区、企业几个方面去划分，还可以从规模、效益、绿色化、信息化等维度去划分。人的概念可以从性别、地区、年龄等维度划分，写作时要根据需要选择最合适的一种。

（2）标准要统一

在同一个层级、同一个概念下，我们要一把尺子量到底，使用统一的分类标准。比如，要写一篇关于推进创新的汇报材料，以创新对象来分类，可以分为体制创新、技术创新、管理创新、模式创新。如果你把"原始创新"加进去，就不太合适了，因为原始创新是从创新产生的渠道来分的，与前几个创新不在同一体系，应归为集成创新、借鉴创新一类。又如，人按性别可分为"男人"和"女人"，如果把"老人""小孩"加进去，就不行，因为"老人"是按年龄分的，对应的是"年轻人"，而"小孩"则是按成长阶段分的，对应的是"大人"，几个概念放在一起就违背了统一性原则。再比如，工业在国家标准《国民经济行业分类》中分为三大门类——"采矿业""制造业""电力、热力、燃气及水生产和供应业"，如果加上"新兴产业"，问题就来了，因为新兴产业是相对"传统产业"而言的，与工业三大门类不是同一类概念。

这几年，我见一些写产业体系的稿子，起草者总是将传统产业、新兴产业、支柱产业、重点产业并列起来写。传统产业和新兴产业是按产业新旧程度划分的，支柱产业是按产业规模和贡献划分的，重点产业可以按规模，也可以按战略价值划分。这几类产业摆在一起，"你中有我，我中有你"，体系不清，违背了统一性原则。

3. 统一性思考的 5 个实例

※ 例 1：某领导在本省旅游业发展大会上发表讲话，他讲到着力在格局上升级，形成众星拱月、月照群星的格局时用了几何学"点线面"的概念。

下面是讲话的框架结构：

◆突出"点"的品牌。要突出抓好 100 个旅游景区建设，按照世界水准、国际一流、国内领先的要求，重中选重、优中择优，推动资金、资源、人才、技术向重点地区、优势景区集中，开发一批生态环境优美、服务设施完善……

◆突出"线"的品牌。在线路设计上，要提供成龙配套的旅行线路，把珍珠串成项链。大力打造以体验黔东南苗侗民族文化、镇远古镇文化、铜仁梵净山宗教文化等为重点的东线生态文化之旅；以观赏安顺、黔西南、六盘水……

◆突出"面"的品牌。以重点旅游景区、精品旅游线路为基础，加强资源整合和区域协作，打造黔中休闲度假游、黔东南民族文化生态游、黔西南文化景观游等各具特色的旅游板块，把盆景变成园林，把点变成面，形成全域旅游格局……

"点""线""面"是几何学概念，三者是平面空间的基本元素。在通常意义下，"点"被看作零维对象，"线"被看作一维对象，"面"被看作二维对象，点动成线，线动成面。人的思维已习惯于把"点线面"合起来理解，所以将3个概念放到一起，从3个维度分析旅游发展策略，概念划分具有统一性。

※ **例2**：2022年5月22日，贵阳市委领导在媒体上发表了一篇题为《爽爽贵阳等你来》的理论文章，围绕感官体验提出"六爽"概念。

下面是文章的框架结构：

◆爽爽贵阳，贵在爽身。北纬26度、平均海拔1100米，最佳的纬度与高度在这里相拥，造就了地球上最美的风景和最适宜人居住的环境。夏季平均气温22.3℃、相对湿度76%至79%，最佳的温度与湿度在这里相遇，让人体机能良性运转、肌体活力充分焕发。负氧离子浓度每立方厘米1万多个、平均风速每秒3米以下，最佳的浓度与风度在这里相逢，让人沉浸氧海、吸氧畅游。

◆爽爽贵阳，贵在爽心。四万年前，贵州先民在高峰镇招果洞建造了"洞穴家园"，创造了中国目前发现最早的通体磨光石器之一，被考古学界誉为解开中国旧石器时代晚期技术革命之谜的一把钥匙。两千年前……一千二百年前……一千年前……六百年前……五百年前……近百年来……六十年前……

◆爽爽贵阳，贵在爽眼。看扶风山泉清树古，茂林掩名祠，奇山藏书院，体悟"雨滋苔藓侵阶绿，露洗松阴满院清"的幽静雅致。看天河潭飞瀑流湍，水自天上泻，雾从云中生，沉浸于"空山闻水声，碧潭衍飞瀑"的壮阔景致。看森林公园林木葱郁……看十里河滩水明如镜……看红枫湖一碧万顷……看高坡云顶碧草连天……

◆爽爽贵阳，贵在爽口。辣，构成了贵阳美食的底色。糟辣椒、糊辣椒、油辣椒、烧辣椒、糍粑辣椒，辣得酣畅，软糯香滑的辣子鸡、麻辣松脆的香酥鸭、行销全球的"老干妈"，成为无数游子的"乡愁"寄托。酸，勾勒了贵阳美食的特色……奇，增添了贵阳美食的亮色……鲜，体现了贵阳美食的绿色……

◆爽爽贵阳，贵在爽购。这里有贵酒黔茶。"贵山贵水迎贵客，好山好水出好酒。"酱香白酒醇香浓厚、手工米酒清香甘甜、生态果酒蜜香飘溢，"风来隔壁三家醉，雨过开瓶十里香"，贵酒已凝成时光的幽雅细腻，汇成岁月的回味悠长。这里有贵银苗绣……这里有黔药贵果……

◆爽爽贵阳，贵在爽游。这里，让莘莘学子神往，革命圣迹、儒学基地、地质公园，是感悟精神、研学心修、探索奥秘的宝地，可在"行万里路"中"读万卷书"。这里，让年轻一代心动……这里，让银发老人忘忧……

文章从身、心、眼、口、购、游 6 个维度逐一诠释"爽"的内涵，6 种体验方式都与"身体"有关，属同一类别。每个"爽"自成体系，如纬度、高度、温度、湿度、浓度、风度属于气候地理概念，辣、酸、奇、鲜属于口感，神往、心动、忘忧属于心理体验。

※ 例 3：2020 年 10 月 18 日，山东淄博市领导在淄博新经济发展大会上发表讲话，当他讲到营商环境时，从产业发展的维度讲了 6 点。

下面是该部分的框架结构：

◆我们要大力布局新赛道，搭建自由广阔的"竞技舞台"。新赛道更多来自产业的跨界融合，是诞生新经济企业的摇篮。我们立足淄博产业基础，着眼未来、紧盯前沿，首批锚定了工业互联网、智联汽车、人工智能、绿色能源、数字农业……

◆我们要全力培育新物种，锻造勇立潮头的"先锋部队"。独角兽企业、瞪羚企业、哪吒企业等新物种，是新经济发展的生力军。我们将实施高成长企业培育行动，着眼不同发展阶段、规模体量、能级特性的企业需求，坚持内培外引"两手抓"……

◆我们要全面开放新场景，开创价值实现的"蝶变空间"。应用场景是培育需求、生成数据、改进算法、迭代产品、优化模式的试验场。我们要把最优质的资源空间全盘托出，交给新经济合伙人去建设、去创新、去嫁接、去经营……

◆我们要加快夯实新基建，构筑支撑有力的"成长基座"。新基建是新经济成长发展的"底盘"。面对新经济发展的软硬件需求，我们加快布局建设5G、量子通信、人工智能、工业互联网、特高压、充换电站、加氢站等新基建……

◆我们要用心涵养新生态，打造资源丰沛的"热带雨林"。优越的发展生态，是新经济起势成势的先决条件。我们聚焦新经济发展所需的人才特别是青年人才生活创业之需，启动建设多彩有活力的青年创业友好型城市，围绕青年创新创业……

◆我们要加力重塑新治理，营造宽松和谐的"优质环境"。新模式新业态需要更多的理解与包容。我们秉承"法无禁止皆可为"原则，进一步放宽市场准入，真正做到"非禁即入"；建立实行包容审慎的监管机制，更多采取柔性监管方式……

文章用竞技舞台、先锋部队、蝶变空间、成长基座、热带雨林、优质环境6个词阐述发展新经济的6大策略："竞技舞台"讲产业发展赛道选择，"先锋部队"讲龙头企业培育，"蝶变空间"讲应用场景创新，"成长基座"讲基础设施建设，"热带雨林"讲产业生态，最后一条讲营商环境。6条策略都是从推动产业发展的维度提出来的措施，属性相同、标准统一。

※**例4：**2022年6月11日，南京大学党委书记在2022届基层就业毕业生欢送表彰大会暨"敦行计划"选调生校友高级研修班开班式上发表了题为《争做"可为"年代的"有为"选调生》的讲话，谈了5个问题。

下面是讲话的框架结构：

◆心系国家事，肩扛国家责，志在国家强

1."心系国家事"。

2."肩扛国家责"。

3."志在国家强"。

◆超越就事论事，善于就事论势，擅长就事论是

1.超越就事论事。

2.善于就事论势。

3.擅长就事论是。

◆凡事能带头，乐于吃苦头，让人有奔头

1.凡事能带头。

2.乐于吃苦头。

3.让人有奔头。

◆喝足理论"墨水"，沾满基层"泥水"，流淌实干"汗水"

1.喝足理论"墨水"。

2. 常沾基层"泥水"。

3. 常流实干"汗水"。

◆认清"本我"，做好"自我"，成就"超我"

1. 成就"超我"要擦亮底色，注意提升工作能力水平。

2. 成就"超我"要彰显本色，防止小节不保酿成大错。

3. 成就"超我"要具有成色，在履行使命中丰富人生。

其中，第四部分内容如下：

◆喝足理论"墨水"。加强理论武装是这个不确定的年代唯一确定的选择。人的思想水准，不在看见而在看穿，不在想到而在想透；人的讲话水准，不在讲多而在讲好，不在讲清而在讲精；人的领导水准，不在独揽而在放权……

◆沾满基层"泥水"。脚下沾有多少泥土，心中就沉淀多少真情。作为一名有为选调生要发扬"晴天一身土，雨天一身泥"的精神，走基层解难题、办实事、惠民生，用满身"泥土味"筑牢干群"鱼水情"，真正成为群众眼中的"自己人"……

◆流淌实干"汗水"。"干"字两横一竖，第一横表示扁担，是用来挑担子的；第二横表示天平，是用来评价的；一竖表示一根标杆，是用来做示范的。"奋斗创造历史，实干成就未来。"没有哪一项事业是轻轻松松敲锣打鼓就能完成的……

"心系国家事，肩扛国家责，志在国家强"讲理想，"超越就事论事，善于就事论势，擅长就事论是"讲思维，"凡事能带头，乐于吃苦头，让人有奔头"讲态度，"喝足理论'墨水'，沾满基层'泥水'，流淌实干'汗水'"讲方法，"认清'本我'，做好'自我'，成就'超我'"讲心理。理想、思维、态度、方法、心理 5 个方面都是人成长的维度，有相同属性。

※例 5：2022 年 6 月 20 日，山东滨州市委主要领导在第三届跨国公司领导人青岛峰会"跨国公司推介滨州专场"发表了题为《共育新动能 共享新机遇 共创新未来》的演讲，介绍了滨州的"八个与众不同"。

下面是演讲的框架结构：

◆第一个与众不同，战略机遇与众不同。滨州依河傍海、区位优越，94 公里黄河穿城而过，黄河流域生态保护和高质量发展、京津冀协同发展、环渤海经济圈等重大国家战略在这里交汇叠加……

◆第二个与众不同，人文底蕴与众不同。滨州历史悠久、人杰地灵，境内发现最早的人类活动遗址，距今已有8500年，孙武、范仲淹、杜受田、梁漱溟等名家名师，都在滨州长期生活成长、创立思想……

◆第三个与众不同，资源禀赋与众不同。滨州石油、天然气、太阳能、风能等自然资源丰富，电力、铝材、粮食、畜牧等产业资源聚集……

◆第四个与众不同，实体经济与众不同。我们始终坚持"工业立市、制造强市"，培育出高端铝业、精细化工、智能纺织、食品加工、畜牧水产五大千亿级优势产业集群，去年主营业务收入超过1.1万亿，37项产品产量或市场份额位列全球或全国第一……

◆第五个与众不同，科创生态与众不同。魏桥集团与中国科学院大学的合作，被誉为实业家、科学家、教育家"握指成拳、深度合作"的典范……

◆第六个与众不同，开放格局与众不同。滨州拥有2个国家级开发区、8个省级经济技术开发区、1个保税物流中心、1个内陆港、1个国家一类开放口岸滨州港，与186个国家和地区建立了经贸合作关系，732家企业与"一带一路"……

◆第七个与众不同，城乡品质与众不同。当前的滨州天蓝、水清、土净、人和，是国家卫生城市、国家园林城市、全国水生态文明城市，就业、社保、医保、低保水平全部稳居全省第一方阵，连续3年平安建设考核列全省第1位……

◆第八个与众不同，服务品牌与众不同。我们的服务品牌就是"滨周到"，努力做到环节最少、时间最短、成本最低、效率最高。滨州还是全省唯一、全国首批"法治政府建设示范市"……

讲话从战略机遇、人文底蕴、资源禀赋、实体经济、科创生态、开放格局、城乡品质、服务品牌8个维度介绍了滨州的"八个与众不同"，8个方面都属于营商环境范畴。

到这里，系统思维的5项修炼就讲完了，尽管还算不上"系统"，但如果你都做到了，写好日常公文绰绰有余。因为公文里的系统性要求远远没有科学研究那样"系统"，写作者只要遵循基本原理，大差不差就够了。在下一个专题里，我会讲具体的运用策略，教你在写作中灵活运用。

14　思考是门技术，也是门艺术

——修炼系统思维的 7 点建议

导读

　　在前面 5 个专题里，我从完整性、逻辑性、层次性、结构性、统一性 5 个维度谈了公文写作系统思维的 5 种修炼方法。我在公众号"一纸文章为时著"里分享这些修炼方法时，有的朋友就觉得，这几个专题道理讲得透彻，案例也很生动，让人听得懂、记得住，很过瘾。问题是，在实际运用过程中，又感觉还有这样那样的问题，对有些问题的把握还不准，让我再讲讲实际运用的注意事项。在本专题里，我提出了系统思维修炼的 7 点建议：（1）学理论，悟原理。（2）站在写作看系统。（3）站在系统看写作。（4）有框架，用框架。（5）没框架，造框架。（6）灵活运用。（7）做长期主义者。这 7 点建议既是对 5 项修炼的补充，也算是"修炼方法的修炼方法"。未尽之处，需要你在实践中把握。

　　懂得了很多道理，还是过不好这一生。

　　这是很多朋友在生活中的感慨。这种感慨，在写作中也是存在的。懂得了很多写作的道理，还是写不好一篇文章。比如，前面这 5 篇系统思维的文章，很多朋友都说好，不仅有理论分析，还有案例赏析，深入浅出，让人听得懂、记得住，感觉一下子通了。可问题是，一听就懂，一写就懵。

　　问题出在哪里？怎么办？

　　经过反思，我觉得我在这个过程中就像一个指路的人，费了很大口舌告诉别人要去哪里、该走哪几条路、如何走好路，却忘记告诉他这些路上哪里有岔、哪里有坑、哪里有坎、路有多长。其结果就是，看似有路，却难以顺利抵达。所以，我再谈谈系统思考中的几点注意事项，把这条路上的"岔""坑""坎"标出来，让后面的人好走一些。

归结起来，我想说的有 7 点。

1. 学理论，悟原理

任何一种思维方式，都有它的底层逻辑和思想精髓，如果我们不能把握其精髓，把"第一性原理"搞懂，就难以真正培养起这种思维方式，更无从谈起高效运用这种思维来思考。

不懂系统理论的系统思考，就像一个商人根本没有算账的意识和赚钱的冲动，没有投入产出的"核心算法"一样，很难说他有商业思维。一个没有商业思维的商人，自然很难赚到钱了。再比方说一个律师，如果心里没有"凡事讲规则""凡事讲权利""凡事讲证据""凡事讲程序"的职业习惯，很难说他有法律思维，也很难期待他能提供专业的法律服务，帮你打赢官司。

所以，欲练系统思维，必先掌握系统原理。而对系统的理解没有捷径可走，只能靠学习，靠阅读。

问题是，读什么？

我的建议是，读理论著作，且要读经典著作，如彼得·圣吉的《第五项修炼》，丹尼斯·舍伍德的《系统思考》，维克托·迈尔 - 舍恩伯格等的《框架思维：高手做事的方法》，刘长林的《中国系统思维》，魏宏森的《系统论：系统科学哲学》，邱昭良的《如何系统思考》等著作，都值得一读。

需要说明的是，读理论可能不会给你的写作以立竿见影的效果，但要相信它们就像我们从小吃过的饭一样，谁都很难说是哪一顿让人长高了，但你又不可否认，它们都消化成了氨基酸、葡萄糖、维生素等营养素被人体吸收了。

有很多朋友让我推荐阅读书单，说句实话，我向来不提倡吃"嗟来之食"。如果你对读书抱有强烈兴趣，就应自由而笃定地扎入书海去"淘"，因为"淘"的过程就是建构认知的过程，就是学习的过程。这个过程就像寻宝一样奇妙，值得体验。我们幸运地生在一个获取知识无比便利的时代，不仅资源多，上网也很方便。只要你有阅读的冲动，就不怕找不到书读，说直接点，只要在网购平台上输入"系统"两字，就会得到大量检索结果，你慢慢拣选就行。

可能有人会说，老师，我不知道哪本好哪本不好，怎么办？

很简单，看评论。一些书在"某瓣"上还有书评，多看总会有谱的。再说了，即便搞不清，闷头多读两本又何妨呢？

书到手后，重点学什么呢？

我觉得，关键是学系统的基本思想，把来龙去脉搞清楚，把系统思维的基本特点和规律摸清楚，这是基础工作。就像咱们小学学的汉语拼音 a、o、e、i、u、ü，也像背得滚瓜烂熟的一一得一，一二得二，直到九九八十一的"九九乘法表"，像加减乘除"四则运算"，属于"基本算法"。只有把最基本的搞清了，才谈得上应用。

2. 站在写作看系统

写作领域的系统思维同工程领域、科技领域的系统思维有区别，不能相提并论，更不能等量齐观。据我分析，之所以很多朋友感慨"懂得了很多道理，却还是不会系统思考"，原因不在别的，就在于没从写作角度理解系统，没在写作场景中审视系统，故而难以完成从"系统论"向"写作论"的知识迁移。

我向来主张，阅读者在阅读中应做到"三通"：跨界联通，知识融通，实践变通。这样做，可能会让理论变得狭隘了、不严谨了、不专业了，受到来自专家的指责，但不可否认的是，变通后的理论会变得更生动、更实用了。实践不止一次证明：任何理论研究在"深入"后，都会面临着"浅出"的使命，否则在丰富的实践中，纯粹的理论会"水土不服"。

歌德说过："经验丰富的人读书用两只眼睛，一只眼睛看到纸面上的话，另一只眼睛看到纸的背面。"我建议大家讲理论联通、融通、变通，跳出系统看系统，用写作视角看系统，其实就是教你学会用"两只眼睛"（甚至多只眼睛）看书，一只眼睛看"纯粹的理论"，另一只眼睛看"应用的理论"。这个观点，我在本书第一个专题就谈过，建议大家在写得"顺"的阶段系统学习逻辑知识，同时跳出"逻辑"学逻辑，不要机械地用形式逻辑的知识来"框"写作的逻辑，而应该回到写作实践，把写作中那些"特定顺序"当逻辑看，把文章写顺。

正是基于这样的理解，我在前面 5 篇文章里把写作系统思维窄化为 5 个方面，即完整性思考，把观点写全；逻辑性思考，把观点写顺；层次性思考，把观点写清；结构性思考，把观点写完；统一性思考，把观点写像。尽管做到这 5 个方面还远远算不上有系统性，但对公文写作来说已然足矣！毕竟，我们不是搞科学研究，而是在写材料。

3. 站在系统看写作

当我敲下这个观点时，我在想，你看了后会是什么感觉？

明明上条才让你"站在写作看系统"，这里又让你"站在系统看写作"，会不会是在玩文字游戏呢？如果真这么认为，我得告诉你，这是从不同维度思考问题，不仅不是文字游戏，反而是系统思维的灵活运用。

中国古代园林有个造景效果叫"步移景易"，或者叫"移步换景"，即每跨一步、每转一个身都有不同景观。对于学习系统思维的你来说，"系统"不就是一座摆在你前面的"知识园林"吗？当你漫步其中时，不也应该"移步换景"，从不同角度欣赏它吗？

我尝试作这样的思考，得到了两点奇妙的感受。

（1）从文章构成角度思考，发现一篇文章就是一个系统

这又需从以下两个维度来理解。

其一，文章由主题、结构、材料、语言等构成。主题好比大脑，主导人的思想；结构好比骨架，主导人的体型、身高和轮廓；语言、材料好比血肉，让人丰满、有模有样。颜之推在《颜氏家训》里就说："文章当以理致为心肾，气调为筋骨，事义为皮肤，华丽为冠冕。"把思想内容看作是文章的生命，但又要求有高尚的才气格调和讲究的形式。南宋学者吴沆也说："诗有肌肤，有血脉，有骨骼，有精神。"在人体里，每个要素各有各的功能，相互间又密切联系，构成一个精妙的系统。在文章这个系统里，情况又何尝不是这样呢？王夫之在《姜斋诗话》里就说："意犹帅也，无帅之兵，谓之乌合。"什么意思？就是说主题如同三军之帅，没有统帅的军队是乌合之众，因为主题统筹着其他要素。

其二，每篇文章都由字、词、句、段等文字单元组成，先是组字成词，继而连词变句、缀句成段，最终合段成篇。字、词、句、段本身就是不同层次的文字系统，而文章就是由这些子系统组成的大系统。这跟人体还是一样的道理，由运动系统、神经系统、内分泌系统、循环系统、呼吸系统、消化系统、泌尿系统、生殖系统等子系统组成。对于文章的系统性，写作者真得有这样的认知，然后才会自然而然地用系统思维对待每个字词、段落。

那么，把文章看成一个系统有啥好处呢？

你想想，一个写作者如果连文章构成的系统性都认识不到，怎么懂得去协调观点与材料的关系？又如何有意识去处理主题与观点的关系呢？进一步讲，如果你不把文稿当成一个系统，又如何能把内容写得有系统性、逻辑性、层次性呢？

（2）从写作过程角度思考，发现写作是个系统性工程

我反复讲过，写材料不是简单的"写"材料，它是一系列动作的集成。从领受任务开始，到构思、调研、谋篇布局、修改、校对、反馈，它们是一个环环相扣的过程。不仅如此，我感觉，写作的内涵还应包括平时的学习和积累，写前的学习积累可以称为"前写作"，而写后的修改校对等则可以称为"后写作"，缺了哪个环节，写作都是不完整的。

这样来理解又有什么意义呢？

我在《笔杆子修炼 36 堂课：公文写作精进之道》一书中讲控制文稿篇幅的方法时，谈到写作是个系统性工程，所以给文稿"减肥"，不能等到稿子"发福"后再来减，得防患于未然，在构思阶段就提前预防，并进行全过程控制。这种理念，只有你把写作过程看成环环相扣的系统，而不是一个孤立的"写"字，才能理解其妙处。

总而言之，笔杆子修炼系统思维，应从对写作过程系统性和文稿本身系统性的理解起步。如果你连这个都做不到，很难算得上有系统思维。你想想，古人讲写作理论时，为什么总喜欢将文章比作人体、建筑？说明古人已经看到了文稿的系统性，我们现代人不能没有这样的见识啊！

4. 有框架，用框架

系统虽然复杂，但人们在认识世界的过程中，会自然而然地形成结构化思考方式，一些结构化思考方式经反复检验，会形成固定框架，这种框架为人们提供了现成而可靠的思考工具。

框架能够让思考变得简单。因为有了框架，人们便如同站在巨人肩膀上，运用现成的成果，而不必凡事从头开始。事实证明，人们用框架思考和决策，可以有效地定义问题、分析问题并解决问题。比如，几何学里有个勾股定理，即直角三角形的两条直角边的平方和等于斜边的平方，那么 $a^2+b^2=c^2$ 就是一个框架，我们在使用时，没必要每次都去证明推演一番，因为它是定理，是可靠的框架，只管放心套用就行了。我们知道，一年有春夏秋冬四季、二十四节气；

一天有 24 个小时、十二个时辰；人有十二生肖属相、生辰八字；人有七情六欲、五脏六腑；天下有五湖四海、四面八方；等等。这些框架都是千百年来人类认识世界的结果，是经过实践检验、值得信赖的规律，写作中可大胆套用。

毫不夸张地说，人是靠认知框架生活着的，没有框架，人在社会里会寸步难行。倘若一个人连"红灯停，绿灯行"的认知框架都没有，很难想象他出门会是什么样子。在经济部门工作的朋友都很清楚，我们分析国民经济状况时，经常会用到"三驾马车"这个概念，实际上它就是投资、消费、出口的经济框架；当谈到旅游时，通常会讲到旅游六要素——吃、住、行、游、购、娱，这也是认知框架。这些框架都是经过理论和实践检验的，完全可以大胆套用。

"英雄之旅"这个概念来自美国著名神学家约瑟夫·坎贝尔。他发现人类历史上，无论任何文化，其神话、童话似乎都建立在这一基本框架之上。后来，好莱坞剧作家克里斯托弗·沃格勒结合约瑟夫·坎贝尔的理论和卡尔·荣格的心理学观点，在《作家之旅》一书中提出了"英雄之旅"的故事模型，并将其分成 12 个阶段。这 12 个阶段就是个框架。事实上，在好莱坞，80% 的电影情节都是按这个框架来搭建的。

《思考，快与慢》作者、认知心理学家丹尼尔·卡尼曼对人的决策心理有深入研究，他十分关心人在决策与判断时如何受框架的影响。经过大量实验分析，他与阿莫斯·特沃斯基提出了著名的心理学效应——"框架效应"，解释了人在思考时为什么需要框架。

写作中，框架无处不在。

演绎推理的"三段论"是框架，"现状—问题—措施"是框架，"起因—经过—结果"是框架，前面提到的 5W2H、SWOT、PDCA、PEST、4P、4C、FABE、4M1E、QCDMS 等都是框架。中国传统文化中的"金木水火土""天地君亲师""酸甜苦辣咸""宫商角徵羽""眼耳鼻舌身""望闻问切""四书五经""四海八荒""三纲五常""三牲五谷""阴阳八卦""五脏六腑""六神七窍""东南西北""日月星辰""天干地支"也是框架。

既然有框架，我们不用白不用。使用框架会让思考更完整、更全面、更可靠，也更高效快捷。当然，我在前面的专题里列举了很多特殊的框架，绝对不是叫你每写一篇文稿都去套用"望闻问切""酸甜苦辣咸""金木水火土"。能不能用，应根据情况而定，不是每篇文章都适用。相反，有些公文恰恰要避免框架化，以彰显其朴实庄重的一面。当然，框架也不一定是有形的，高手是在无形中彰显系统性的，表面上看没有框架，实际上很系统。

5. 没框架，造框架

有现成的框架可用，当然是好事，但很多时候是没有框架的。

当既有框架无法满足需求，又特别需要框架时，建构一个属于自己的框架就很有必要了。比如达尔文就打破了以宗教来解释生命现象的教条，创建了自己的解释框架：进化论。同样，牛顿的物理学也解释了数百年来物体的空间运动。后来，爱因斯坦重构了物理学，证明时间（长期以来被认为是恒定的）实际上是相对的，从而创造了一个全新的解释框架：相对论。

正如前面专题提到的，滨州市委书记在该市企业家协会年会上用一副对联来架构讲话，实际上就是自己创造了一个框架；安徽铜陵市长在铜陵学院为大学生作形势政策报告时用"江湖游侠"4 个字来介绍铜陵，也是创造了一个框架；滨州市委书记在第三届跨国公司领导人青岛峰会"跨国公司推介滨州专场"上作题为《共育新动能　共享新机遇　共创新未来》的演讲时总结了滨州的"8个与众不同"，同样用了自己创造的框架。

事实上，我们在写作中经常自己创造框架，如"做好三篇文章""紧盯四个重点""抓住五个关键"。笔者早年在区里参与起草的区委工作会报告，也曾创造了"十个关键所在""打好七个攻坚战"这样的框架。2022 年 6 月 22 日，在山东大学教师干部大会上，山东大学校长临别之际发表感言，说了"三句心里话"，表达对山大的深情厚谊和美好祝福。第一句话是"诚挚感谢大家的厚爱"，第二句话是"始终怀念奋斗的时光"，第三句话是"衷心祝福山大的未来"。这"三句心里话"实际上就是他创造的一个框架。

6. 灵活运用

尽管我们讲公文写作须有系统性，但这不是绝对的，因为公文写作不是科学研究，不一定要把每个问题写得天衣无缝、滴水不漏、严丝合缝。事实上，大多时候，我们反而应该舍去一些内容，有所写，有所不写，根据写作核心需要，抓住重点来写，把问题说清楚、解决掉就可以了。千万别想着要写得面面俱到，把所有问题一网打尽，那样既不现实，也没必要。

邓小平同志指出："我们开会、作报告、作决议，以及做任何工作，都是为了解决问题。"这就是说，只要把问题说清楚、讲明白、解决掉，就行了，没用的东西可以不写，没必要为了系统而系统。再说了，很多问题在短时间内很难写得天衣无缝、无所遗漏。有时候，观点哪怕表面上看起来不完整，只要该讲的讲了，就够了。毛泽东同志在八届七中全会上就讲："别的事我不讲，只讲工作方法，现在的中心问题是工作方法，要会做工作。"无独有偶，邓小平同志在 1978 年底中央工作会议闭幕会上的讲话说："今天，我主要讲一个问题，就是解放思想，开动脑筋，实事求是，团结一致向前看。"虽然他们没有面面俱到，谁又能说讲得不系统呢？可以说，"相对系统"才是公文写作最主要的法则。

就拿 2022 年国务院《政府工作报告》来说，其第一部分在回顾 2021 年工作时，只写了 7 个方面：（1）经济保持恢复发展。（2）创新能力进一步增强。（3）经济结构和区域布局继续优化。（4）改革开放不断深化。（5）生态文明建设持续推进。（6）人民生活水平稳步提高。（7）疫情防控成果持续巩固。要知道，我们偌大一个国家，一年工作用"千丝万缕"和"千头万绪"来形容是不为过的，如果报告为了追求绝对的系统性，我敢说，光总结部分一本书都写不完，即便写完了，领导三天三夜也念不完，恐怕就得开成"马拉松会议"了，于效率而言，是不允许的。

下面是某地领导在国际资本助推"十强"产业发展推介会上的主旨演讲，文章从"血液、文化、情感"3 个方面论证两地"同根同脉，同宗同源，是相亲相爱的一家人、情同手足的好兄弟"的观点。尽管还可以从其他方面展开，但在那样的场合，写到如此程度，已然足够了。

下面是文章的框架结构：

◆我们血脉里流淌的是炎黄子孙的热血。无论是香江两岸，还是黄河入海口，我们长着同样的面孔，流着同样的血液，有着同样永不褪去的 DNA。早在香港开埠之初，就有山东人在香港居住生活，现在长期在港的山东籍人士近 40 万……

◆我们骨子里传承的是中华文明的基因。香港以中华文化为主体，中西多元文化共存，对中华优秀传统文化有着天然的认同感和归宿感。山东是儒家文化的发源地、中华传统文化的重要发祥地……

◆我们心灵里熔铸的是血浓于水的亲情。在山东，很多人知道香港培新投资的杨世杭主席。20 多年来他累计捐款 4000 多万元，帮助山东上千名家庭困难学生完成学业，并设立了"精英奖学金"，每年选拔优秀学子到世界排名前 50 的大学攻读博士学位。今年夏天，我省潍坊等地发生特大暴雨灾害……

另外，某领导在一个讲话中总结上年工作时，采用并列结构，从政治、经济、生态、民生、政务 5 个维度展开，虽没把所有成绩列出来，却也是系统的。

下面是该部分的框架结构：

◆这一年的践行，让我们更有方向。相比走了多远，更重要的是方向。党的十九大标定历史方位，推动中国特色社会主义进入新时代。我们围绕"把十九大精神扎根于璧山"，推出一系列"接地气"举措……

◆这一年的劳作，让发展更有质感。发展是解决所有问题的关键。我们紧随中央"脉动"，用"高质量"标定经济方向，全力推动质量变革、效率变革、动力变革。静水深流中，保持"稳中求进"姿态，做到"换挡"不失速……

◆这一年的变革，让和美更加具象。良好的生态环境，是最公平的公共产品。我们遵循"生态优先、绿色发展"顶层设计，秉持"道法自然"理念，突出"深绿"定位，强化宜居功能，在不断拉大的城市框架中……

◆这一年的执着，让幸福更有温度。时间见证不变的坚守。我们始终坚持以人民为中心的发展思想，以每时每刻的"汗滴禾下土"，让老百姓日子过得更加舒坦。无论是 60% 以上财政收入书写民生"账本"……

◆这一年的探索，让明天更可持续。梧高凤必至，花香蝶自来。我们不遗余力营造发展环境，厚植璧山的核心竞争力，一些深刻的变化正在发生。接续实施"千人引才计划"，新引进高层次人才 298 名……

7. 做长期主义者

慢慢来，不着急。

这是笔杆子应具备的心态，也是思维修炼的基本要求。我之所以把这条作为最后一条，就是想强调长期坚持的重要性。

现实中，一些朋友虽然意识到了系统思考的重要性和必要性，也作了一些系统思考的练习，但心态不对，把问题想得太简单了，以为读上几本书、看上几篇文章、写上几篇稿子就可以拥有系统思维了。

人修炼思维不像安装电脑操作系统那样简单，找个安装盘往光驱里一放，鼠标一点，十来分钟就完成了。事实上，思维需要在长期实践中反复地、刻意地练习，内化于心、外化于形才有效果。光靠读几本书、看几篇文章是远远不够的。这就像一个司机驾驶习惯的养成，不能指望他在理论考试中考出来，也不能指望他在场地上练出来，得用公里数来堆，应在一次次停车起步、一次次爬坡上坎、一次次换挡加油中慢慢养成。

实际上，做任何事情都是这样的，你只有经历得多了，才会形成"下意识"的行为，才能养成习惯，进而进化为思维方式。我读过一本书，名叫《习惯的力量》，作者查尔斯·都希格在书里写道："习惯的本质是一种脑回路，分为暗示、惯常行为和奖赏3个步骤。一个习惯的养成，首先要有'暗示'，然后持续去做并得到反馈，久而久之才能形成习惯。"我很赞同这种洞见，任何思维方式的养成，大致都要经历"暗示—行为—反馈—习惯—思维"的过程，这是认知规律决定的。希望你在系统思维的修炼上保持定力，做长期主义者，一方面带着"暗示"刻意练习，把"系统思维的5项修炼"刻意运用到每次写作实践中；另一方面带着系统思维去透视经典案例，以内行的眼光看人家构思的"门道"，不要只顾看热闹。

我赞同罗振宇在《时间的朋友》跨年演讲里的一句话："普通人的努力，在长期主义的复利下，会积累成奇迹。"相信，只要你长期坚持，也一定能够在系统思考上创造奇迹。

15　因为系统，所以变化

——公文写作的"5 大变量"

导读

　　我在跟别人谈起写作的难处时，总会说到"三手"现象。什么是"三手"？即一般人轻易不沾手，勉强沾了手的人轻易上不了手，好不容易上了手的人关键时刻轻易脱不了手。就拿"上不了手"这个问题来说，我们身边不乏这样的人，写了七八年还是拿不下大稿子，甚至有些十多年"写龄"的老同志也常被领导批评不会写材料。于是，我就想，公文写作为什么这么难？原因到底在哪里？经过反复推敲琢磨，我终于发现公文写作是开放式写作，写作过程有很多变量，很多同志写不好稿子的原因，就是没有把握住这些变量。那么，公文写作有哪些变量呢？归结起来有 5 个：（1）"人"的变量。（2）"文"的变量。（3）"事"的变量。（4）"地"的变量。（5）"时"的变量。通过这个专题，希望你树立"柔性化写作"理念，就像现代智能工厂一样，不搞标准化生产，而是根据变化来调整"参数"，适应多元需求。

　　文稿是个系统，写作是项系统工程。

　　所以，写作过程中的"变数"很大，这里没有"常胜将军"，没有"永远的神"，没有"一劳永逸"的功夫，没有"放诸四海而皆准"的写法，没有谁能"一招鲜吃遍天"。哪怕你是久经沙场的"老笔头"，哪怕你是阅人无数的"数朝元老"，尽管你的材料一度深受领导欣赏，只要换一个新领导，之前那一套就可能不灵了，因为每个领导都有自己的"胃口"，都有自己的风格；哪怕你理论水准高，理论文章写得得心应手，若突然让你写个工作报告，恐怕也会捉襟见肘，因为每个文种都有不一样的写法；哪怕你在经济领域写得顺风顺水、无可挑剔，一旦把你调到党群口，恐怕也会愁眉不展、握笔踟蹰，因为每个领域都有自己的话语体系。所以，古人才说"文无定法"。

问题是，为啥写公文没有"定法"，你想过吗？

让我说，就是影响写作的变量太多了。我一直有个天马行空般的想象：写公文像极了中学时代数学老师课堂上教的函数 $y = f(x)$。想想也是，咱们每次为之绞尽脑汁的稿子，不就是函数要得出的"解"吗？不就是那个因变量 y 吗？这个 y 在一定的方法 f 规制下，随着自变量 x 变化而变化。探究起来，写作函数里的变量，正是"文无定法"的根源，也正是一切写作变数的滥觞。数学函数因为有自变量的存在，所以才有不同的解，公文写作也因为有自变量的存在，所以才有截然不同的写法，才有千变万化的要求。

在公文写作中，变量总是无情地让"老把式"面对"新问题"。在无数次痛苦的修改中，你的那些"忐忑不安"和"破茧成蝶"，你的那些"百转千回"和"痛的领悟"，探究起来，都发轫于变量。换言之，你的痛苦不是因为你不行，而是因为变量太多、太狡猾。可以说，变量是你困惑的"罪魁祸首"。

有时我也在想，写公文就像打靶，摆在你前面的通常不是稳妥的"固定靶"，而是变动不居的"移动靶"。你只有多因制宜、通权达变，不断调整"姿势"，才有中靶的机会。那么，在公文这个特殊"函数"里，到底有哪些写作"变量"？它们又是如何让写作"变化无常"的呢？

我的答案是：人、文、事、地、时。

1. "人"的变量

"人是万物的尺度"，这是古希腊哲学家普罗泰戈拉的名言。

在我看来，人也是文稿的尺度，因为文章是人写的，也是给人看的，离开了人，写作将不复存在，也变得毫无意义。在影响写作的所有因素中，人是最活跃、最核心的因素。人既是文章的"生产者"，也是文章的"消费者"，都对文章有塑造作用，尽管"消费者"的塑造作用是间接的、后续的、侧面的。

这种变数源自 3 种人。

（1）主笔人

握笔能做三分主，主笔人对文稿有一定主导权。虽说公文写作是"遵命写作"，一般不带写作者个人色彩，但主笔人的个性特征在一定程度上仍是存在的，比如说在谋篇布局、遣词造句、审美偏向上，或多或少都有主笔人的"影子"。

（2）领导者

单位领导在文稿写作中具有"法定作者"和"消费者"双重属性。一般说来，不管谁写的稿子，只要通过领导之手一签发，或通过领导之口在一定场合讲出来，领导就成了法定作者。写作过程中，领导往往是文稿的第一个"消费者"，面世前先得报领导阅改，所以最先"消费"文稿的就是领导。不管是作为"法定作者"还是"消费者"，领导都是文稿的主导者，起决定性作用，有权对稿子提出要求，并进行审核，这是无法否认的事实。所以，领导通常会提前提出写作要求，进行必要的修改把关，在各过程中将自己的思想观点、思维习惯、兴趣爱好和主观意图融入其中，让文稿更符合自己的"胃口"。

（3）"消费者"

消费者即稿子的受众。对公文来说，受众可能是上级，也可能是下级，还可能是不特定的人。从理论上讲，受众对文稿有逆向塑造作用，因为一篇稿子好不好，往往不是写的人说了算，而是看的人说了算。因此写作的逻辑，通常不是"表达逻辑"，而是"接受逻辑"。因此，聪明的写作者往往都是具有"用户思维"的人，他们善于倾听受众呼声，想受众之所想。

毛泽东在《反对党八股》一文中说："想一想自己的文章、演说、谈话、写字是给什么人看、给什么人听的。"这就是"用户思维"的体现。怎么理解"用户思维"？拿讲话稿来说，如果对机关干部讲，语言专业一点、书面化一点没关系，但对群众讲，就要转变一下，不要讲太多专业术语，若能适当引用大家听得懂、记得住、朗朗上口的俗语、谚语，效果会更好。

2."文"的变量

文种之于文章，如人种之于人。

人种这个概念，1775 年由德国生理和解剖学家约翰·弗里德里希·布卢门巴赫教授提出以来，加之 1785 年康德《什么是人种》的哲学化，以及达尔文进化论的推波助澜，早已被人们普遍接受。目前，理论界将现代人类分为 4 种：白色、黄色、黑色和棕色人种。不同人种有不同的肤色、眼色、发色、头型、脸型、身高等生物学特征。公文也有文种。按《党政机关公文处理工作条例》列举，有决议、决定、命令（令）、公报、公告、通告、意见、通知、通报、报告、请示、批复、议案、函、纪要 15 个文种，还不包括领导讲话、信息简报、理论文章、工作总结等，这些文种都有独特的体例范式和写作要求。

面对这么多文种，怎么办？

过去，裁缝给客人做衣服，第一件事就是量一量顾客的身高、三围，然后再裁剪布料，这叫"量体裁衣"。写公文也要量"体"裁衣，只是这里的"体"，是文体的"体"。

以请示和报告为例。请示是下级机关向上级机关请求批准的一种文体，一般按"什么工作，有什么实际困难，需上级给予什么支持"的逻辑来写，一事一文，只报一个单位，言简意赅，用"当否，请示"字样收尾。报告是下级机关向上级机关汇报工作、反映情况或回复询问的一种文体，一般按"什么工作，采取哪些措施，进展如何，存在哪些不足，如何进一步改进"的逻辑来写。与请示不同的是，报告既能同时汇报多件事情，也可向多个单位呈报，篇幅可长可短，内容可详可略，结束语是"专此报告"或"特此报告"。两种文体的写法差异很大，所以写作时要量"体"裁衣、因文而异。

3. "事"的变量

文因事而作，事委文而解。

唐代文学家白居易在《与元九书》中提出了"文章合为时而著，歌诗合为事而作"的观点，在白居易看来，不管文章还是诗歌，都不能脱离实际情况。

现代公文尤其不能脱离实际情况，不能忽略事情本身的变化而"躲进小楼成一统，管他冬夏与春秋"。因为事情是公文的客体，每篇都为解决事情而作，事是文章诞生的缘起，又是承载文章的基础。写文件、作报告、发表文章，都是为了解决问题。事之不存，文将焉附？

而事情是复杂多变的，每件事情、每项工作都有其个性特征和演化规律，起因、经过和结果都有不同程度的差异性。这就意味着，只要是不同的事情、不同的工作领域，同样的文体就会有差异性。比如，党群部门的材料，出于对党建工作自身特点的考虑，自然要体现必要的政治性，一定会多讲一些道理，谈一些认识，讲清做事情的意义在哪里。如果换成行政业务部门，情况就有所不同了，一定会基于对具体业务工作的把握，材料更具技术性、操作性，通常会用更多笔墨来讲过程，讲操作方法，谈技术要点等。

有一次，省委财经领导小组办公室给我们单位发来通知，让我们上报关于创新驱动发展方面的经验交流材料。按照要求，我们围绕"创新驱动"这个主题总结了富有单位特色的经验做法。谁曾想，稿子刚写完就接到通知，说会议主题变成了高质量发展。这让我们感到很突然，费尽"洪荒"之力打造出来的稿子，眼看就用不上了，感到十分可惜。于是我们就想，能否在现有稿子基础上进行角度的转换，"改造"出一篇新稿子来呢？如果可以，既节约时间，还不枉费之前的心血。在这个思路指引下，我们使尽浑身解数对稿子进行"变形"，重新改了一篇文章出来。然而，由于这两个主题的差异性，改头换面后的稿子总觉得不对劲，缺少了"高质量"该有的魂。材料报给领导后，毫无悬念地被否了，只得重敲锣鼓另开张，按领导要求重新来过。这件事说明，一切文章都是以事为核心的，"事"首先决定写什么，然后才是怎么写。明智的做法是文随"事"变。

4. "地"的变量

地是文稿空间维度上的变量。

任何一篇公文，都是在特定场合下应用的，如请示用在上下级之间请求解决某件事情，新闻稿用在媒体上向大众传播信息，新年贺词用来表示祝贺。场合不同，写作方法不同，正应了一句话：到什么山上唱什么歌。

问题是，到了某座"山"后，如何才能"唱"出"好声音"来呢？我的体会是，把握好两种"舞台"规则。

（1）舞台本身的总体要求

舞台不同，唱法不同。同样是总结，在动员会上，重点是写成绩，给大家加油鼓劲、提神振气；在经验交流会上，重点是写做法、经验和体会，把亮点展现给大家；在总结会上，不仅要写做法、写成绩、写经验，还要写问题、谈不足。

（2）某种舞台的细部规则

规定不同，写法不同。拿会议发言材料来说，一般每场会议都有议程，有多位发言者的，还会规定谁先讲、谁后讲、讲什么、讲多长时间。这些虽是小规则，然而却小觑不得。

这就是场合变量的重要性。

5. "时"的变量

时间是万能的催化剂，也是文稿永恒的变量。

因为任何事物都会随时间变化而改变，不管是人对事物的主观认知，还是客观的事物本身。在时间的催化下，写作主体和客体可能会发生变化，与此相应，文稿自身也要与时俱"变"。

有一年，省领导计划到单位调研，让办公厅的同志提前通知我们做好准备。哪知一切准备妥当后，办公厅来电说领导计划有变，调研推后，具体推到什么时候却没说。未知的等待是文字工作者的梦魇，意味着未来一段时间都必须随时处于"紧急状态"，随时做好改稿准备，吃不准哪一天就来了。可这一等就是3个月，其间我们可"遭了罪"。因为每到工作有新情况、新数据，单位领导就让我们改一稿。有时领导突然来了灵感，有了新思路，就让我们加进去。就这样，一遍又一遍，改了17稿之多。通过这件事情，我深刻体会到时间在文稿写作中的变数有多大。

以上是我对文稿写作规律的一些理解和体会，目的不是故弄玄虚，把写作引向虚幻和神秘，而是想让大家找准公文写作规律，多因制宜，做一个通权达变的"柔性"书写者。

第三篇

融通方法

以核心技法破解落笔之困

书有书法，文有文法。

写公文不是随心所欲乱写一通，它有规有矩、有门有道。如何在公文中讲故事？从哪些方面增强研究的本领？如何论证一个观点？如何分析问题？开头怎么开？结尾怎么结？这些都有很深的"道道"在里面。

你只有掌握了这些门道，才能在写作中把握用笔的轻重，知道哪里写什么，不写什么，写到什么程度，一切都处理得恰当得体，收放自如。

如果你还没有掌握这些方法，本篇送你 6 个锦囊，为你融通方法，以核心技法破解你的落笔之困。

◆ 故事的 8 种讲法

◆ 研究的 8 大招式

◆ 论证的 10 种方法

◆ 分析的 7 个维度

◆ 开篇的 12 种方法

◆ 收尾的 10 种方法

16　故事：写作高手的"撒手锏"
——故事的 8 种讲法

导读

有位听过我讲座的朋友发来信息说："我是大学校办的工作人员，2021 年学校组织'云岭大讲堂'时，请您来作了一次题为《笔杆子是怎样炼成的》的讲座。感觉您思维非常灵活，把好多知识都融通了，同事们都感慨：没想到公文还能这样讲！我觉得您的课特别有意思，听起来一点都不枯燥，感觉不像讲公文，倒像是讲哲学。我还记得您在讲座里说，写公文的人需要有故事思维，想写出有感染力和说服力的文章，还得会讲故事才行。我怀疑自己听错了，因为公文是很严肃的，怎能讲故事呢？所以特别希望您能讲讲故事思维，讲讲写公文时如何讲好故事。"因此，我写了这个专题，分析为什么要讲故事，提出讲故事的 8 种方法：（1）把"故事"当故事讲。（2）把"历程"当故事讲。（3）把"实例"当故事讲。（4）把"数据"当故事讲。（5）把"背景"当故事讲。（6）把"感受"当故事讲。（7）把"观点"当故事讲。（8）把"闲谈"当故事讲。

写公文能讲故事吗？

我的观点是，不仅能，还得精，因为故事有股天然吸引力，谁能把故事讲好，谁的文章就能像 502 胶水一样，牢牢黏住读者注意力。读者一旦被你黏住，就愿把问题的判断权让渡与你。正如英国诗人塞缪尔·泰勒·柯勒律治所说："当我们进入故事世界的时候，一切都变得不一样了，我们会自愿放弃怀疑。"

自古以来，写作高手都是故事高手，他们懂得给所讲道理穿上一件故事外衣，娓娓道来，让你感到舒服的同时，不知不觉成为他的拥趸。

为啥大家这么喜欢讲故事？

（1）讲故事是人类与生俱来的表达能力

我们不妨想象一下，人类祖先第一次遭遇一条眼镜蛇，肯定不知道被这家伙咬一口会是啥后果。直到有一天，某位倒霉的族人被咬身亡后，"被蛇咬会死"这个道理才会被人认知。还有理由可以相信，这个道理一开始也必定是以"某某人，某个时候，在某地被蛇咬死了"这样的故事范本流传的，直到这样的故事多了，人们才会抽象出一个道理来，进而形成共识。

我早些年曾听人说过蜜獾这种动物，说它报复心强，惹不得，但没有直观感受。自从看了电影《上帝也疯狂》后，就不同了。电影里有一个桥段：主人公不小心踢了蜜獾一脚，蜜獾非常生气，就穷追不舍，直到把主人公逼得把踢它的那只靴子脱下来让它撕碎才了事。看了这个故事，我对蜜獾的理解深刻了，具象了。

人类在漫长的演化过程中，早习惯从故事中悟道理。有调查表明，生活中的小故事和小道消息占了人们日常对话的 65%。我们都有这样的感受，听人说话时，一旦听到"有一天，我有个朋友……"便会立马精神起来。为什么？因为"有一天"一来，意味着一个故事开始了。

（2）人类的许多道理都"溶解"在故事中

人类文明的最初成果几乎都是以故事形式呈现的，如犹太人的《圣经》，古希腊的《荷马史诗》《伊索寓言》，阿拉伯的《一千零一夜》，印度的《摩诃婆罗多》《罗摩衍那》，中国的《搜神记》《山海经》《西游记》《封神榜》《三国演义》等。

以色列作家尤瓦尔·赫拉利在《人类简史》中说，人类之所以成为地球的主宰，就在于人类能创造并且相信"虚构的故事"。我在想，倘若没有罗贯中高超的讲故事能力，我们对三国历史的了解可能不会比对五代十国多。事实上，正因为大家常听"三顾茅庐""官渡之战""赤壁之战"这样的历史故事，对刘备、曹操、孙权、诸葛亮、关羽、荀彧、郭嘉的熟知程度，才比朱温、李存勖、孟知祥、冯道、王朴、安重诲高。

讲故事已经成为人类讲道理的最好手段。你看，当古希腊人想鼓励人坚持努力，就讲"龟兔赛跑"的故事；当他们想劝人忘记仇恨，就讲海格力斯的故事；当他们想让人忍受折磨，就讲西西弗斯的故事。当阿拉伯人想劝人正直、善良、知恩图报，就讲阿里巴巴和四十大盗的故事。我们中国人自古也擅长讲故事，当他们要教育年轻人孝顺父母，就讲二十四孝的故事；当他们要劝人用功读书，就讲囊萤映雪、悬梁刺股、凿壁偷光的故事；当他们要劝人尊师重教、虔诚求学，就讲程门立雪的故事……为什么大家这样热衷讲故事？根本原因就是许多道理都"溶解"在了故事中，通过讲述，能将道理萃取出来。

（3）故事符合人的认知规律和身心特点

从认知科学角度，人之所以喜欢讲故事是因为大脑对故事反应存在固定电路；从生理学角度，人们爱听故事是因为故事本身是对大脑的一种刺激，一个好故事可以使人兴奋、激动，产生幻想、认同、反驳等反应；从心理学角度，我们总能在听故事的时候产生很强的带入感，还能通过故事去深思感悟。这也是"鸿门宴""玄武门之变""杯酒释兵权"等历史事件以故事流传的原因。

当前，讲故事已成为一种穿透性极强的能力，创业要讲故事，卖产品要讲故事，做销售要讲故事，写文案要讲故事，创品牌要讲故事。讲故事能更好地表达观点，让听者产生共鸣。可以说，一个人若想把他的想法塞进别人脑袋，就必须会讲故事！

问题是，在公文里如何讲故事？

我觉得，首先要界定清楚什么是公文里的故事。要知道，公文里的故事与文学里的故事在内涵和外延上有明显区别。相对而言，公文里的故事既包括严格意义上的故事，也包括特殊意义上的故事，它的形式更丰富、更多样、更灵活。在写作中，你不仅可以讲述严格意义上的故事，如历史故事、寓言故事、神话故事、文学故事或现实生活中发生的真实故事，还可以讲述一些特殊意义上的故事，如事物发展的历程、实例、数据、背景、感受、观点等。尽管后一种故事不太像故事，但实际上，对它们的运用与讲故事有异曲同工之妙，姑且可以把它们看成是某种意义上的"故事"——一种加了引号的故事。

过去总有人认为，讲故事一定要有扣人心弦的情节，其实这是对故事的误解。一个好故事的本质，是把受众带入一个情景，让他们获得对某个问题的认知和体验。

按照这个逻辑，我归纳了 8 种讲故事的方法。

1. 把"故事"当故事讲

这种方法即在公文中真正地讲故事，讲严格意义上的故事，如历史故事、文学故事、寓言故事、神话故事或现实生活中发生的真实故事。这些故事最接近故事的本来面目，它们有时间、地点，有人物、情节，带入感很强。

※ **例 1**：2017 年 1 月 6 日，习近平总书记在第十八届中央纪律检查委员会第七次全体会议上的讲话中，讲述了《后汉书·杨震传》"四知拒金"的历史故事。

东汉人杨震做过荆州刺史，后调任东莱太守。他去东莱上任时路过昌邑，昌邑县令王密是杨震任职荆州刺史时举荐过的官员。王密听说杨震路过，为报答当年提携之情，白天空手去见了杨震，晚上则准备了十斤金子想送给杨震。王密说："现在是深夜没有人知道。"杨震却说，"天知、地知、我知、你知，怎么能说没有人知道呢？"王密听后很惭愧。杨震为官清廉，有老朋友、长辈劝他为子孙购置产业，杨震说："让以后的世人称他们是清官的子孙，我用这个留给他们，不是也很丰厚吗？"这就是一种觉悟。

※ **例 2**：2013 年 3 月 25 日，习近平总书记在坦桑尼亚尼雷尔国际会议中心演讲时，讲了一部电视剧和一对中国年轻人真实的爱情故事。

近年来，随着中非关系发展，中非人民越走越近。一些非洲朋友活跃在中国文艺舞台上，成了中国家喻户晓的明星。中国电视剧《媳妇的美好时代》在坦桑尼亚热播，使坦桑尼亚观众了解到中国老百姓家庭生活的酸甜苦辣。

我听说了一个故事，有一对中国年轻人，他们从小就通过电视节目认识了非洲，对非洲充满了向往。后来他们结婚了，把蜜月旅行目的地选在了坦桑尼亚。在婚后的第一个情人节，他们背上行囊来到了坦桑尼亚，领略了这里的风土人情和塞伦盖蒂草原的壮美。回国后，他们把在坦桑尼亚的所见所闻发布在博客上，得到了数万次的点击和数百条回复。他们说，我们真的爱上了非洲，我们的心从此再也离不开这片神奇的土地。这个故事说明，中非人民有着天然的亲近感，只要不断加强人民之间的交流，中非人民友谊就一定能根深叶茂。

2. 把"过程"当故事讲

把过程当作故事来讲，我们通常称之为谈背景、作铺垫。在这里，过程是故事的一种特殊形式，与严格意义上的故事靠得较近，可以说它是故事去掉一些元素（主要是情节）后的一种精简形式，但本质上就是故事。公文写作中经常需要说过程，因为讲述事情经过可以为文章观点的抛出起到铺垫作用。

※ **例 3**：2015 年 11 月 7 日，习近平主席在新加坡国立大学的演讲，盘点了从 15 世纪以来中国与新加坡合作的历程，虽只梳理了合作的简要过程，故事感却很强，为推进两国合作起到了铺垫作用。

中国和新加坡是一衣带水的友好邻邦，友好交往源远流长。15 世纪初，中国著名航海家郑和扬帆远航，多次到访新加坡。新加坡海事博物馆里有一艘按原尺寸复制的郑和宝船，以纪念这一伟大事件。明末清初，许多来自中国广东、福建的民众漂洋过海到南洋谋生，带来了中华文化和技术，也播下了中新友好的种子。

1978 年，邓小平先生访问新加坡，拉开了新时期中新友好合作的序幕。当时的中国正在开拓改革开放和社会主义现代化建设的新路，积极探索中国特色社会主义道路。在李光耀先生带领下，新加坡兼具东方价值观和国际视野，走出了一条符合新加坡国情的发展道路。在目睹新加坡创造的经济成就后，邓小平先生表示，中国要向新加坡学习。新加坡的实践为中国破解改革发展中的一些难题提供了宝贵借鉴，中国发展也为新加坡带来了巨大发展机遇。

现在，中新两国政治互信不断加深，务实合作深入拓展。苏州工业园区、天津生态城两个政府间合作项目成功推进，以现代互联互通和现代服务经济为主题的第三个政府间合作项目即将在中国重庆落户。

※ 例 4：2011 年 11 月 17 日，时任贵州省省长赵克志在全省产业园区发展大会上的讲话，盘点了从 20 世纪 70 年代以来我国产业园区发展的历程，尽管只是脉络性梳理，也见人见事，为深化对产业园区内涵的理解作铺垫。

我国大规模产业布局优化调整和园区建设始于 20 世纪 70 年代末。1978 年，小平同志访问新加坡，专门考察了新加坡裕廊工业园区。随后，在小平同志的大力推动下，我国相继设立了深圳、珠海、汕头、厦门四个经济特区，接下来又设立了海南等经济特区。按照小平同志的产业布局思想和中央的一系列要求，各省区市陆续设立了一大批经济技术开发区、高新技术产业开发区及其他产业园区，这些园区大多已发展成为所在省区市经济发展的中坚力量。因此，对产业园区必须放在这样一个大的时代历史背景下去理解、认识和把握，产业园区不仅仅是指工业园区，还包括一产、三产等其他产业园区。

※ 例 5：2018 年 6 月 27 日，时任浙江省省长袁家军在浙江省大通道建设推进部署会上的讲话，盘点了该省在推进大通道建设上的历史过程，从隋大运河讲到 2017 年基本建成"2 小时高速铁路交通圈"，有时间、有人物、有事件，如数家珍，为大通道建设做足了铺垫。

浙江地处中国东南沿海、长三角南翼，"七山一水二分田"，向东是大海，向西是高山。先人们很早就意识到，只有逢山开路、遇水架桥，才能实现通江达海、跨越高山远水。隋朝开凿的京杭大运河，有力地促进了中国南北地区经济大发展、文化大融合，浙江也由此成为中国南方重要的经济中心。1906 年，浙江第一条铁路江墅铁路动工建设，开启了浙江的铁路时代。1919 年，孙中山先生在《建国方略》中，提出了在浙江建设"东方大港"的宏伟构想。1937 年，茅以升主持设计的中国第一座自行设计建造的双层铁路公路两用桥钱塘江大桥建成通车。新中国建立以来特别是改革开放以来，全省上下抢抓机遇，大力推进交通等重大基础设施建设，迎来了基础设施大发展、大提升、大跨越的黄金期。1996 年，浙江第一条高速公路杭甬高速开通，陆上交通进入"时速 100 公里"时代；2002 年，我省实现了"4 小时公路交通圈"；2010 年 10 月 26 日，设计时速 350 公里的沪杭高铁通车运营，浙江进入高铁时代；2013 年，建成了省内"3 小时铁路交通圈"；2017 年，基本建成"2 小时高速铁路交通圈"。

3. 把"实例"当故事讲

把实例当作故事来讲，我们通常称之为举例子。在这里，实例是故事的一种特殊形式，它如同前面的"过程"一样，也是故事去掉一些元素（主要是时间、情节）后的一种精简形式，但本质上就是故事。在公文写作中，举例子是最常用的论证方法，这种方法用事实说话，说服力强。

※ **例 6**：习近平总书记 2020 年新年贺词列举了过去一年自己走过的许多地方、见过的许多人，有港口，有草原，有革命纪念地，有少数民族群众，有部队战士，有大学生，列举实例的过程，实际上就是总书记讲述自己亲身经历的故事，非常生动。

一年来，我去了不少地方。雄安新区画卷徐徐铺展，天津港蓬勃兴盛，北京城市副中心生机勃发，内蒙古大草原壮美亮丽，河西走廊穿越千年、历久弥新，九曲黄河天高水阔、雄浑安澜，黄浦江两岸物阜民丰、流光溢彩……祖国各地一派欣欣向荣的景象。我沿着中国革命的征程砥砺初心。从江西于都红军长征集结出发地到河南新县鄂豫皖苏区首府革命博物馆，从甘肃高台西路军纪念碑到北京香山革命纪念地，每个地方都让我思绪万千，初心和使命是我们走好新时代长征路的不竭动力。

同往常一样，我无论多忙，都要抽时间到乡亲们中走一走看一看。大家跟我说了很多心里话，我一直记在心上。云南贡山独龙族群众、福建寿宁县下党乡的乡亲、"王杰班"全体战士、北京体育大学研究生冠军班同学、澳门小朋友和义工老人，给我写了信。我在回信中肯定了大家取得的成绩，也表达了良好祝愿。

※ **例 7**：2018 年 3 月 20 日，习近平总书记在第十三届全国人民代表大会第一次会议上的讲话，接连列举了我国历史上思想巨匠、科技成果、文艺作品、伟大史诗、伟大工程 20 多个实例，这些实例就是中国文化的"故事"。

中国人民是具有伟大创造精神的人民。在几千年历史长河中，中国人民始终辛勤劳作、发明创造，我国产生了老子、孔子、庄子、孟子、墨子、孙子、韩非子等闻名于世的伟大思想巨匠，发明了造纸术、火药、印刷术、指南针等深刻影响人类文明进程的伟大科技成果，创作了诗经、楚辞、汉赋、唐诗、宋词、元曲、明清小说等伟大文艺作品，传承了格萨尔王、玛纳斯、江格尔等震撼人心的伟大史诗，建设了万里长城、都江堰、大运河、故宫、布达拉宫等气势恢弘的伟大工程。

※ **例 8**：2015 年 6 月 3 日，时任黑龙江省省长的陆昊在全省"互联网＋"推进工作会议上发表讲话，向干部推荐了 3 本书，介绍了 3 本书。这 3 本书既是实例，也是故事，是关于思想观点的故事。

第一本是凯文•凯利的《失控》。他讲了互联网经济中的一个重大战略思想，就是当极简的事物聚合到一定数量，并且行为的协同达到一定程度时，将涌现出前所未有的群体智慧，实现量变到质变，形成一个超越原有结构体系（失控）的新智能化结构体系。例如，一条鱼在深海中微不足道，但当一个巨型鱼群在深海中按着某一种规则、朝着某个方向游动时，就会形成前所未有的壮观场景，产生巨大的能量。互联网的能量就是从分散的每一个单独看很不起眼的点构成的，形成了整体性的功能网络。

第二本是凯文•凯利的《新经济新规则》。书中讲了十条新规则：一是拥抱集群，去中心化的力量，蜂群比一头狮子更重要。二是回报递增。过去传统微观经济学认为边际收益、边际效用是递减的，回报递增对传统经济学有革命性突破，认为一项事业只要干起来，达到一定程度就会不停地增加回报。三是普及，而非稀有，丰富产生的价值……十是机遇优于效率，与其解决问题，不如寻找机遇，意思是关键要多找新机会，而不是把原来的问题都做到极致。

第三本是杰里米·里夫金的《零边际成本社会：一个物联网、合作共赢的新经济时代》……

4. 把"数据"当故事讲

把列数据当成故事来讲，我们通常称之为列数据。在这里，数据是故事的一种特殊形式，虽不具备故事的任何特征，但数据里蕴含着十分丰富的内涵，把这些数据讲出来，效果同讲故事是一样的。在公文写作中，列数据是一种常用的论证方法，有了数据的稿子让人感觉真，感觉实，有说服力。有时候，真像故事一样，一个关键数据能顶一打大道理。

※ **例 9**：2018 年 11 月 1 日，习近平总书记在民营企业座谈会上的讲话，将民营经济发展的 5 个指标概括为"五六七八九"5 个数字，然后再娓娓道来，告诉大家 5 个数字代表了什么意思，讲述过程如同解密一样，具有讲故事的效果。

今年是改革开放 40 周年。40 年来，我国民营经济从小到大、从弱到强，不断发展壮大。截至 2017 年底，我国民营企业数量超过 2700 万家，个体工商户超过 6500 万户，注册资本超过 165 万亿元。概括起来说，民营经济具有"五六七八九"的特征，即贡献了 50% 以上的税收，60% 以上的国内生产总值，70% 以上的技术创新成果，80% 以上的城镇劳动就业，90% 以上的企业数量。

※ **例 10**：2021 年 1 月 26 日，某领导在省"两会"工作报告中讲了全省与全国有"两个 30 个百分点"和"三个 10 个百分点"差距，先是给出一个结论，就像讲故事的人先抛出一个悬念，然后逐一阐释，揭开数据背后的"秘密"。

我们也清醒认识到，"欠发达"仍然是 ×× 的基本省情，既有发展不平衡不充分的问题，又有与现代化差距较大的问题。与全国相比，存在"两个 30 个百分点"和"三个 10 个百分点"的差距。即：全省人均地区生产总值、居民人均可支配收入，低于全国平均水平 30 个百分点左右，这"两个 30 个百分点"说明了我们的巨大差距；工业增加值占地区生产总值比重、常住人口城镇化率、中等收入群体比重，低于全国平均水平 10 个百分点左右，这"三个 10 个百分点"分别代表了"产、城、人"三个经济社会发展中的关键因素，说明了差距的重要原因。

5. 把"背景"当故事讲

在这里，背景是故事的一种特殊形式，虽然故事特征不明显，但也有很多"故事"（如人、事、物）在里面，因此讲背景也相当于讲故事。讲背景是讲话稿的一种常用手法，有时候，需要先交代事情发展背景，作好铺垫后才抛出观点，这同讲故事过程相似。

※ **例** 11：2011 年 11 月 17 日，时任贵州省省长赵克志在全省产业园区发展大会上的讲话开头交代了会议的背景，讲到观摩产业园区，描述了大家观摩的状态和感受，还介绍了会议过程，这种描述背景的过程，实际上是讲述这次会议的故事。

几天来，我们一起现场观摩了安顺市、黔西南州、六盘水市的 12 个产业园区，实地感受了三个市州加快产业园区发展、强力推进项目建设的火热场面，相信大家都看有所思、听有所悟。和大家一样，我也是边看边想，边思考、边与一些同志进行交流，总的感受是……

刚才，省经信委、省商务厅主要负责同志作了很好的发言，××同志作了很好的点评。一会，××同志将作重要讲话，我们要深入学习领会，认真抓好落实。下面，我先讲四点意见。

※ **例** 12：2015 年 6 月 3 日，时任黑龙江省省长陆昊在全省"互联网＋"推进工作会议上的讲话，讲了召开会议的 4 点考虑，这些考虑实际上就是召开这次会议的背景，把这些考虑讲出来，就如同一个讲故事的人在人物出场前对环境进行描写、渲染一样。

今天召开全省"互联网＋"推进工作会议，主要是有几点考虑：

第一，一个地区经济发展强不强，归根结底要看企业的市场竞争力强不强。我省经济结构仅靠大庆油田、三大动力等占工业绝对比重的大型国有企业是扛不下去的，必须培育新的经济增长点。

第二，一个地区要保持经济持续健康发展，政府与产业界之间的关系不能太简单。政府的功能不仅仅是行政审批和分配资源，面对国内地区之间的激烈竞争，需要政府与企业经常交流研究经济社会发展中的一系列重大问题，共同寻找对策。

……

6. 把"感受"当故事讲

在这里，感受是故事的一种特殊形式，虽然故事特征不明显，但它是一个人内心的矛盾冲突，有一定的故事性。一个人能把藏在自己内心的感受说出来，具有解密的味道，能迎合人们猎奇的心理。有感而发的话之所以惹人喜欢，就因为感受像故事一样，具体、生动，有感染力。

※ **例 13**：我们为单位领导起草的在工信系统干部培训班开班仪式上的动员讲话，开始讲了领导到单位工作的时间、开班前的请示过程、对办班的想法，以及办班的 3 点考虑。这些都是大家不知道的"内幕"，把它讲出来，会让听的人一下子觉得有人、有事、有情节、有过程，俨然一个生动的故事。

从 3 月 19 日开始，我到省工信厅工作近一个月了，前几日办公室报告请我参加开班式，希望我给大家作些鼓励、提些要求，我欣然接受，主要是有三方面的考虑：一是基层工作非常辛苦，特别是去年规模以上工业增加值增长 11.8%，增速实现近 5 年来最高，位居全国第 2 位，这归功于大家艰苦卓绝的努力，所以借此机会来看望大家，对同志们平日的辛勤工作、默默付出表示感谢，同时为大家加油鼓劲，希望你们再接再厉、力争上游。二是各位的工作非常重要，今年要实现规上工业增长 11%、全部工业迈上 5000 亿元台阶的目标，全要靠大家的不懈努力，因此，经厅党组认真研究，决定举办全省工信系统局长轮训班，就是要用一两年时间培训全省工信系统基层领导干部，不断增强"八种本领"，切实做到"五个过硬"，努力锻造一支"云岭工业铁军"，不断提高推动工业和信息化高质量发展的能力和水平……

※ **例 14**：前面提到的赵克志在全省产业园区发展大会上的讲话，开篇谈自己的 4 点感受。这种感受就是讲话者几天以来所看到的、听到的、想到的情景再现，通过谈感受，讲话者扮演了一个故事讲述者的角色，他讲述的是各地发展的一个个创业故事。

和大家一样，我也是边看边想，边思考、边与一些同志进行交流，总的感受是"四有"：一是有干劲。三个市州都是在真干、实干、快干、大干，干部群众、投资企业和项目业主的劲头和精气神都很足。"五加二""白加黑""三班倒"等在很多园区已成常态。这是弥足珍贵的精神财富。二是有亮点。12 个园区各具特色、各有千秋。特别是安顺夏云、黔西南郑鲁万、六盘水红桥等产业园区，能做到那样的程度，非常不容易。六盘水市、黔西南州短短 9 个月时间投入园区基础设施建设资金分别达 23.7 亿元和 12.3 亿元，这在以前是不可想象的。三是有差距……四是有希望……

7. 把"观点"当故事讲

在这里，观点是故事的一种特殊形式，同上面谈感受的方法相似，观点是一个人内心的故事。一个人把自己的观点表达出来或引用别人的观点，同样符合讲故事的基本逻辑，能迎合人们猎奇的心理。这就是一篇引经据典、有真知灼见的文章备受读者青睐的原因。

※ **例 15**：2018 年 5 月 10 日，时任山东省委书记刘家义在全省海洋强省建设工作会议上的讲话，引用习近平总书记的讲话来说明走向海洋的必要性。在人们潜意识里，故事的底层逻辑无非就是"某某人干了什么事或说了什么话，产生了什么结果"。所以，我们可以认为，公文将"某某人说：……"这样的句式引用别人的话，本质上就是在讲被引用人的故事。

习总书记深刻指出："纵观世界经济发展的历史，一个明显的轨迹，就是由内陆走向海洋，由海洋走向世界，走向强盛。"这一重要论断，既揭示了人类社会发展的规律，又阐明了当今世界发展的趋势。山东是我国东部沿海省份，陆地海岸线约占全国的 1/6，毗邻海域 15.95 万平方公里，有海岛 589 个、海湾 200 余处。"浮云连海岱，平野入青徐"，山东自古就与海洋经济有不解之缘，海洋经济发展源远流长。

※ **例 16**：2022 年 4 月 8 日，习近平总书记在北京冬奥会、冬残奥会总结表彰大会上的讲话，引用一位护旗手的话，让人觉得真实、可感，实际上也是在讲述奥运的故事。

爱国情怀充分彰显，汇聚起实现中华民族伟大复兴的强大力量。北京冬奥会、冬残奥会是中国人民爱国热情的激扬展示。海内外中华儿女热情关注、大力支持这场在中国举办的冬奥盛会，纷纷为冬奥健儿加油喝彩、为伟大祖国加油喝彩。赛场上，我国体育健儿不畏强手、顽强拼搏、为国争光，五星红旗高高飘扬，每一位中华儿女都倍感荣光。一位护旗手说："我站在奥运会的升旗台，心中满满的自豪感，想到祖国如今的繁荣昌盛是多么来之不易，那是一种说不出的骄傲与热爱，泪水就夺眶而出了……"

8. 把"闲谈"当故事讲

在这里，闲谈是故事的一种特殊形式，一般是在切入正题前宕开一笔，然后不知不觉将受众带入"彀中"。因为谈的大多是大家普遍关心的、熟悉的内容（如生活场景、社会热点、现场情况、天气等），有鼻子有眼，所以也是在讲故事。

※ **例** 17：2017 年 5 月 20 日，时任江苏省委书记李强在首届江苏发展大会开幕式上发表了题为《共同谱写江苏未来的锦绣篇章》的主旨演讲，开篇从剧院、人员说起，一直聊到《常回家看看》这首歌曲上，看似是闲谈，实则为铺垫，属于讲故事的一种方法。

今天的江苏大剧院，群贤毕至，少长咸集。1200 多位原籍江苏或曾经在江苏工作生活过的知名乡贤，在这里如约相聚，共叙乡情友谊，共话江苏发展。首先，我谨代表中共江苏省委、江苏省人民政府和 8000 万江苏人民，向各位嘉宾表示热烈的欢迎和诚挚的敬意！向所有海内外的江苏人致以家乡的亲切问候！

大家都记得，有一首歌叫《常回家看看》，唱遍了大江南北。我们举办江苏发展大会，就是向海内外的江苏人发出"回家看看"的邀约，也契合了在外游子的心声。围绕"约在江苏，共筑梦想"的主题，本次大会安排了一系列活动，我们期待着大家为江苏发展建言献策，贡献智慧和力量，也希望大家能多走走、多看看。在这里，我谈三点感受和想法。

※ **例** 18：云南昭通市委组织部领导在全市新录用大学生村官和选调生示范培训班上的讲话，开篇讲了大学生村官计划实施的时间，然后讲述了三部很"燃"的电影的故事，闲谈中把道理萃取出来。

十年如一日，似水流年。从 2008 年全国全面实施大学生村官计划起，今年已是第十个年头。十年来，我一直为这个活力四射的群体服务，见证着一批批的大学生村官成长成才成功，心生荣幸与欣慰。年轻，没有什么不可以，任何时候任何境地都得保持积极向上的心态、怀揣永不褪色的梦想。

此时此刻，与新时代全市第一批大学生村官和选调生交流，先与大家分享一下近期三部很"燃"的电影。第一部是《芳华》，不管网络上一些人看了以后如何探讨"人性"，我的直感还是"正青春""正能量"：一个人的力量在时代变革中是微不足道的，但一定要有最朴实的生活和最遥远的梦想，哪怕明天是天寒地冻、路遥马亡。第二部是《至爱凡·高·星空之谜》，这是一部由65000 多幅全手绘油画制作而成的电影，让人目眩神迷。凡·高有三幅杰出而伟大的作品《麦田群鸦》《向日葵》和《星夜》，其中《麦田群鸦》体现了内心的不安、迷惘和浮躁，像年轻时的我们；《向日葵》表达了向上、向善和向好，似奋斗时的我们；《星夜》描绘了星空的深邃、璀璨和永恒，如未来的我们。第三部是动画片《寻梦环游记》，是一个关于"爱与梦想"的故事，影片中说"人有两次死亡，第一次是肉体的消亡，第二次是被在世的人忘记。"还有一句你们应该会喜欢的，"在爱的记忆消失前，请记住我！"……

有人说：讲故事将会成为 21 世纪最应具备的基本技能之一。公文写作中不仅可以讲故事，还有必要讲好故事，讲故事是最好的说服方式。故事的讲述方法多种多样，除了上述 8 种，你也可以总结。最重要的是理解讲故事的重要性，掌握基本的讲述方法，进一步深化对讲故事的认知，养成讲故事的思维。

17 研究：发掘写作的源头活水
——研究的 8 大招式

导读

在本书专题 3 里，我讲了什么是研究、为什么要研究、研究的 3 个维度，还给出了几点建议，目的是希望大家涵养研究意识。本专题给大家讲讲具体方法，主要有 8 个方面，简称为"研究八式"：（1）记得住数据。（2）说得清细节。（3）分得出条理。（4）形得成总体。（5）找得准位置。（6）厘得清过程。（7）搞得懂逻辑。（8）看得透规律。研究不仅仅是一种意识和态度，更是一种方法和学问。在我看来，这 8 种方法是笔杆子应知应会的基本功，每一式都值得反复领会并刻意练习。在公文写作的实践中，每个笔杆子都应该成为研究的专家，既深刻洞见研究的重要性，也熟稔研究的方法技巧，因为只有这样才能真正把问题写清楚、解决掉，倘若只是浮于文字表面，深入不到工作中，那写作就真成了"花拳绣腿"。

写作无捷径，研究有门道。

研究不仅是写作意识和态度，更是方法和学问。那么，咱们在公文写作中，该从哪些方面研究呢？这是问题的关键。

你应该听过，西方有句格言："对于盲目的船来说，所有的风都是逆风。"意思是说，不管做任何事情，如果目标不明确，就很难有所进步。所以，做好写作方面的研究，同样需要有明确的目标需求，因为人一旦有了某种需求，就会想方设法去满足它。这就是恩格斯所谓"社会一旦有技术上的需要，这种需要就会比十所大学更能把科学推向前进"的心理学逻辑。

所以，如果你很想找到写作的研究方法，我的建议是：写作前，心里要怀有一种对所写事物"很想知道"的强烈愿望，因为只有你对所写内容产生兴趣，才会整天心心念念，想尽办法去研究它、琢磨它，就像遇到心仪的对象那样，整个人打满鸡血，做起事来想方设法、挖空心思。

可以说，需求是写作之船正确启航、写作之旅正确出发的前提。

问题是，需求怎么定呢？

很简单，先给自己一个心理暗示，把自己设想成一个专业的人，一个有思想、有见地、有水平的人，一个让领导说你"行"的人。在此基础上，可以把这个总需求拆解成 8 个具体需求：记得住数据、说得清细节、分得出条理、形得成总体、找得准位置、厘得清过程、搞得懂逻辑、看得透规律。你不妨将这 8 种需求当成 8 个"导游"，跟着它们一起出发，朝着写作目标一步一步向前行。这令我想起法国作家安东尼·德·圣埃克苏佩里《小王子》里的一句话："如果你想造一艘船，你首先需要做的不是催促工人收集木材，也不是忙着分配工作和发布号令，而是激起他们对浩瀚大海的向往。"不管是心理暗示还是 8 个具体需求，目的就在于激起你对学问之海的向往。

如果你赞同我的观点，现在就可以怀着对学问之海的向往，跟我一起出发了。

第 1 式：记得住数据

记数据是写作的基本功。公文写作中，写作者不仅在文稿中随时会用到数据，由于离领导近，还可能会在意想不到的场合被领导询问到有关数据。

试想，某天，你和领导正在电梯里，领导突然问你："小张，去年全市工业增加值是多少？"你怎么办？如果你是个善于研究的人，会自信地回答："领导，去年咱们的工业增加值是 ××× 亿元。"倘若研究足够深入，还能把数据精确到小数点后两位。研究的高手，不仅要做到领导问什么都能对答如流，还能举一反三。当你回答了工业增加值有多少亿元后，还可以补充回答这些问题：与去年同比增长多少？完成年初目标与否？与全省平均水平相比如何？在最近几年是什么水平？在兄弟地区中排名第几？一些兄弟地区是多少？倘若你对每项工作都能把这些问题研究透彻，可以肯定，领导问你一次、两次、三次后，必然对你另眼相看。慢慢地，你在领导心中的地位就提升了，你给外界塑造了一个"博学""专业""有见地"的形象。

事实上，能记住数据的人，不仅能在别人不知所措的时候帮人解围，还能在侃侃而谈中展示自己的水平，可以说是一种"撒手锏"级别的能力，可不能小看。你看咱们身边那些厉害之人，谁不是对数据敏感，信手拈来、侃侃而谈之人？

为什么？因为数据是研究的基础，对事物的认识，"量"是一个核心维度。

搞研究的人是离不开数据的。格雷戈尔·孟德尔（Gregor Mendel）被誉为现代遗传学之父，我们最熟悉的就是他的豌豆实验。他在摩拉维亚的修道院里，用了 8 年时间，孜孜不倦地对 34 个豌豆品种进行实验，培植了 1 万株豌豆，掌握了大量数据，最终才发现遗传学的分离规律和自由组合规律。写公文虽然不是科学研究，但道理是一样的。现实中那些专业的写作者都是心中有"数"的人，他们心中的"数"不是天赋的，而是通过研究得来的，他们那种"如数家珍"的效果都是在数据堆里浸泡出来的。

写到这里，我想起早年热播电视剧《康熙王朝》里的一个桥段：三藩叛乱前，康熙南巡山西，在阳城召见三晋官员。在谈话过程中，晋城知县王吉贞在现场等候时，因"内急"憋得太久，竟然昏了过去，从而引起了康熙的注意。

康熙问道："朕想问问你，晋城有多少户、多少口、多少丁？"

"禀皇上，全县两万七千五百余户，十万三千九百余口，在册丁壮三万八千二百二十人。"王吉贞把每个数据都记得清清楚楚。

康熙接着问："有多少水浇地、旱地？果林是多少？在县衙里吃俸禄的人是多少？"

王吉贞毫不迟疑，答道："全县的水浇地仅八十亩，旱地三十万五千八百亩，全县所有的果林有九万两千余亩，县衙吃俸禄者，连臣在内，总共六十四人。"

康熙见王吉贞对答如流，禁不住称赞道："朕瞧你也是干吏啊！怎么叫一泡尿给憋昏过去了？"

你看，王吉贞对数字多敏感，咱们得向他学习。倘若王吉贞记不住这些数据，皇帝一定会认为他是庸官，恐怕他就要倒大霉了。自古以来，职场上不乏因记得数据而获得发展机会的例子，也不缺因一问三不知而丢了饭碗的。现在虽说时代不同了，但对工作情况的研究是不变的，古代官员如此，当今公务人员也应如此。

第 2 式：说得清细节

公文写作中的事情都是鲜活的、有特定场景的。这意味着，仅记住一些冰冷的数据还不够，还需要掌握生动的细节。这里说的细节，就是事件的起因、经过、结果，以及涉及的单位、人员，发生的时间、地点，依据、标准等。

有道是"天下大事，必作于细。"（老子《道德经》）读公文的人向来不喜欢抽象空洞的论述，而喜欢具体、生动、实用的细节。这是人性使然，也是公文"应用性"决定的。你看，在各种会议现场，高明的领导即便手中有讲话稿，也会在文稿之外补充一些生动的细节。领导讲题外话时，往往也是受众听得最专心的时候。比如当听到领导说："有一次，我……"的时候，听众的精神就会很集中，因为这意味着领导要讲细节了。

读过梭罗《瓦尔登湖》的朋友可能还有印象，在第一篇"生计"里，梭罗花了太多笔墨写自己对生活的理解，其中很多是抽象的观点和"空洞"的议论。说实话，看到这些文字，我实在打不起精神来，大有合卷弃读的念头，直到第28页方有所改观。当我看到"1845年3月，我借了把斧头，走进了瓦尔登湖边的森林，当时我选了几个准备盖房子的地方。到了之后，我就开始砍伐几株又高又细、尚在青春期的白松……"这段文字时，阅读兴趣才重新被点燃，因为后面的文字有模有样有细节，生动具体不空洞。这就是细节的妙处。

在《我的兄弟叫顺溜》这部电视剧里，有个桥段值得一说。

有一次，新四军六分区司令陈大雷奉命到国军师部研究联合对日作战方案。对方汇报了作战预案，陈大雷听后发现漏洞百出，当即指出了预案的疏漏之处：

第一，松井联队主力并不在淮阴城，而在别处，淮阴城只是联队司令部，用来囤积粮草辎重和少量作战部队。第二，松井联队的士官数量占了总人数的三分之一，且都有5年以上战场经验，配备的重火器比其他部队多一倍，战斗力非同一般。第三，日军进军速度分2种，轻装前进每天80里，骑兵、装甲每天行200里以上。第四，战区有一座南河大桥，之前已被山洪冲垮了，一直未被修复，若是进兵，只能从东南20里的王家沟通过，因为那里的水深不足一米，步骑无碍。第五，南阳镇是日军的重要据点，没有城墙，也没战壕，但是有4座碉楼，每座高5层，配备4挺机枪、2门钢炮，上三层驻日军，下两层驻伪军，约30人，火力范围能覆盖方圆十里，战斗一旦打响，敌人投入兵力可达4000人左右，理由是，日军驻地距战区500里之内……

这些细节，制定预案的国军都没掌握，所以方案漏洞百出，完全是不可行的。听陈大雷一说，国军佩服得五体投地，不得不重新制定预案。

仔细想想，陈大雷之所以能指出这么多问题，按他的说法是："这个地图上的每一个山坡、每一条河流，还有这个村镇、田野我都去过，就是闭着眼睛，我都能摸得着。"可以说他对细节了若指掌，而国军的预案问题就出在细节上，完全不切实际，用陈大雷的话说，"好得就像是在做梦"。这虽是电视剧虚构的，却很有启发性。倘若我们写作中也能像陈大雷一样，对问题的细节了然于心，心中一本账，何愁没东西可写呢？又何愁提不出可行的方案呢？

《影响力》一书的作者，美国社会心理学家罗伯特·西奥迪尼写过一本书叫《细节：如何轻松影响他人》，作者认为在人际沟通中，细节往往是最有说服力，也是备受关注的点。领导自然也深谙这一点，所以他们可能在你回答了某项工作的数据之后，还会过问一些细节。

比方说，某一天你报一个项目推进会讲话稿给领导，很有可能领导会突然针对某个项目问你：这个项目是哪个部门在牵头？进展如何了？上次协调会后的那几个问题解决了吗？什么时候能建成？有时甚至还问得更细、更具体，如果你对项目没有研究，肯定答不上来，只有敷衍的份儿了。也许领导不会太为难你，但你却因此失去了一次同领导对话的机会。要知道，领导心里特别希望你能跟他仔细言说一番，告诉他关于这个项目的若干细节。如果你研究过，就可以侃侃而谈、娓娓道来、滔滔不绝，诸如这些项目的股票最近是涨还是跌，最近网上有他们的什么趣闻，近期在哪里有新项目布局，甚至是项目推进过程中哪些领导何时去调研过，哪些部门专门开了会之类的。这些细节，只有反复去关注、调查、跟踪才会掌握，而调研、跟踪都是"研究"的题中之意。

第 3 式：分得出条理

职场中人可能都会注意到一个现象：在会议发言或文稿中，但凡有水平的人总是能够头头是道，不管什么事都可以说出个"一二三"来，就像百货大楼卖衣服，一套一套的。

其中的秘诀在哪里？

很多朋友把这种现象归因为口才好、有才华，这显然没有说到点子上。不否认，人家说得好，自然口才也不差，但这种表现在很大程度上是对问题深入研究后的结果。肚里有东西才说得出来呀。换句话说，口才只是表象，"脑才""肚才"才是本质，"腹有诗书气自华"嘛！

一个人的才华横溢源自哪里呢？

不错，源自学习研究。从某种意义上讲，第一式、第二式只是研究的起手式、预备式，是研究的初级阶段，而对数据、情况进行分析则是研究的关键技法。

分析能力对研究来说实在太重要了。分析如同一把思想的雕刻刀，可以把混沌的东西切割得界限分明，把凌乱的东西梳理得井井有条，把整体划分得细致入微。有时候，我们通常将分析与研究、思考这样的词连起来用，可见分析在研究中的地位和作用。

在公文写作中，我们不仅要掌握数据，更多时候还要对这些数据进行分析，就像磨玉米一样，把笼统的东西掰开了、揉碎了，发现问题的原因，预测事件的影响，解构事物的组成。比如，在经济工作中，对于未来的工作，通常要分析面临的形势，而 SWOT 就是一种分析方法。如果经济运行指标出现下滑或者上扬，就要从各种维度分析其原因。对于某些关键影响因素，还要分析它可能导致的影响。有时候，为了让问题更透彻一些，还要分析经济指标的构成。拿工业来说，会从三大门类、41 个大类的产业去分析，到底哪些涨了，哪些跌了。不仅如此，为了掌握各地发展态势，还会分析各地情况。

总之，分析的维度非常多，简单说，你只要按某种标准将笼统的东西条分缕析地讲出来，就算是分析了。

2016 年，我随同厅领导赴外省考察工业园区，回来后领导安排我主笔起草考察报告。在报告中，谈到园区管理体制时，我作了如下分类。

从国内外产业园区发展的实践来看，开发主体逐步多元化，基于不同的开发主体，按照园区发展的初期、中期和成熟三个阶段，可将园区管理体制分为"政府主导型""政企共建型""企业主导型"三种模式。

（一）政府主导型开发模式……

（二）政企共建型开发模式……

（三）企业主导型开发模式……

在提对策的时候，我按照分层的思想，有针对性地提出国家级园区该怎么办，省级园区该怎么办，州市级园区该怎么办。

前不久，按厅主要领导的安排，我协助兄弟处室对一个关于施工面积超过 1 平方公里的重大项目建设情况进行总结，形成专报。在对项目概况进行描述时，兄弟部门的初稿写得比较笼统，用了一句话："初步梳理，目前我省推进的施工面积在 1 平方公里左右项目约 13 个，主要是……"后面罗列各项目的名称。

我力主对项目进行分类，立体反映总体情况，修改如下：

"经梳理，目前全省施工面积超 1 平方公里的重大项目共 15 个（×、×等 6 个项目超 5 平方公里）。从地域分布看，昆明（滇中新区）4 个，曲靖、玉溪、文山各 2 个，昭通、红河、保山、楚雄、大理各 1 个。从产业分布看，绿色硅（重点是硅光伏）产业项目 5 个、绿色铝产业项目 3 个、新能源电池产业项目 2 个、绿色钢铁转型项目 2 个，生物医药、电子信息、新材料项目各 1 个。15 个项目总投资 × 亿元，今年计划完成 × 亿元，全部投产后，预计新增工业产值约 × 亿元，上缴税收约 × 亿元，增加就业 × 万人。"

在这段文字中，"从地域分布看""从产业分布看"，就是分析。事实证明，通过分析，项目情况就显得井然有序，报审时顺利通过。

第 4 式：形得成总体

如果说上一式是把整体的东西分解成不同部分，那么这一式就是将零散的东西粘合成一个整体。这种方法叫综合、归纳、概括，是研究的经典方法。

一个专业的研究者，总能从凌乱的现象中发现共性，从零散的东西中得出自己的见解。这个过程就像人们将小麦碾细后，用思维作为粘合剂，将面粉揉成面团，进而形成思想的美食。

仍以上面工业园区调研报告为例，我在分析了本省园区面临的各种困难后，归纳概括道：

总体来说，产业园区是改革开放的产物，并在不断探索创新中逐步成长壮大，在发展进程中面临许多新情况、新问题、新挑战是必然的。通过分析发现，以上这些问题的产生，追根溯源，除一些是由于客观形势变化外，主要是由于"顶层设计"不到位而派生出来的，如园区的定位、主体资格、开发模式、管理边界、运行机制，以及随着机构"行政化"而产生的机构规格、人员编制、干部提拔使用等问题，归根结底都是顶层设计的缺失而导致的。因此，要解决好园区管理体制机制的问题，必须要从产业园区的顶层设计着手。

在分析了 3 种模式后，我用了很多笔墨概括总结。

以上三种模式，在一定程度上有前后递进发展关系，但是，却没有绝对的优劣之分，关键要看园区发展到哪一个阶段，需要实事求是，需要因地因时制宜。通过分析，我们认为：在园区发展的初创阶段，政府主导型更能体现出较大的优势；随着园区开发建设趋于成熟，园区发展的职能进入服务运营阶段，则政企共建型,甚至是企业主导型模式较为符合经济发展的规律和时代发展的趋势。但是,我们也注意到,产业园区管理模式也并非完全按照三个阶段递进发展……

在研究过程中,我发现,3种园区模式"在一定程度上有前后递进关系",这就是在"分"的基础上形成一个"总"。同时,我也发现,尽管3种模式存在某种递进关系,但"产业园区管理模式也并非完全按照三个阶段递进发展",实际上,这又是另一个维度上的"总"。

下面是我们起草的一个内部文稿中的一段。

通过纵向横向分析,我们不难发现,我省经济发展动力不足,主要是工业支撑带动力不足,云南工业与一产三产相比发展慢了,与全国平均水平相比发展慢了,与其他省份相比发展慢了。特别是远慢于2万亿和3万亿阵营省份,在区域竞争的赛道中,我们已经处于慢车道,后面追兵越来越少,前面标兵越来越远,别人敢想敢闯,奋斗不息,如果我们稍有懈怠,就有可能在新一轮区域竞争中落后。可以说,云南工业发展形势已处于"被逼到墙角退无可退"的境地,唯有奋起直追,放开手脚大胆干,以等不起的紧迫感、慢不得的危机感、坐不住的责任感,闻鸡起舞、日夜兼程,努力创造出无愧历史、无愧时代、无愧人民、无愧革命先烈的更大业绩,才能赶超,实现现代化。

本段文字之前,文稿对云南工业从纵横两个方向进行了分析,接着用一个段落来总结,得出总体判断。通过这些例子,我想说的是:咱们做研究的人,既要"分得出条理",还要"形得成总体"。

第5式:找得准位置

与分析、综合并列的,还有一种方法:对比。

对比是研究的核心技法。在文学作品中,对比是一种常用写作手法,是把具有明显差异、矛盾和对立的双方安排在一起,进行对照比较,让读者在比较中分清好坏、辨别是非。这种手法有利于充分揭示事物的矛盾,突出被表现事物的本质特征,加强文章的艺术效果和感染力。比如:"亲贤臣,远小人,此先汉所以兴隆也;亲小人,远贤臣,此后汉所以倾颓也。"(《出师表》)就是两种用人策略的效果比较。

俗话说:不比不知道,一比吓一跳。数据的大小、多少、高低、增减、优劣,往往要在特定时空维度中通过对比才能显现出来。比较,可分为横向比较和纵向比较，横向是看在兄弟单位中的位置，纵向是看与前期相比有什么进步，离目标还有多大差距。比如，在一个讲话稿中，我们对全省工业作了纵横对比：

从历史的维度看，云南经济社会发展呈现典型的工业牵引规律，工业发展快，则经济发展快，工业发展慢，则经济发展慢。改革开放以来，我省以"烟糖茶胶"为代表的轻工业及冶金、煤炭、化工、机械等重工业相继崛起，涌现出"五朵金花"等知名品牌，全省工业不断发展。1987 年至 1996 年间，伴随着烟草产业的高速增长，全省工业年均增长 12.4%，带动 GDP 年均增长 9.8%。1997 年至 2002 年，烟草工业发展速度减缓，"五朵金花"凋敝，工业增长的步伐放缓，年均增速仅为 7.4%，GDP 年均增速仅为 8%。2003 年至 2012 年，我省逐渐形成了"一烟二电三有色"的支柱产业格局，工业年均增速达 13.4%，带动 GDP 年均增长 11.3%。近年来，全省经济成功跻身全国 GDP"两万亿俱乐部"，工业功不可没。特别是党的十八大以来，云南工业快速发展，连上三个千亿元台阶，全部工业增加值从 2012 年的 3450.72 亿元增长至 2021 年的 6555.76 亿元，推动我省 GDP 全国排名从第 24 位上升至第 18 位，基本与 GDP 保持同步，工业化进程从初期进入中期的前半阶段，工业创造了全省 1/5 还多的经济总量、近一半的税收、1/10 以上的就业，成为全省经济的重要支撑、税收的主要来源、就业岗位的重要渠道，在全省经济社会发展中的地位和作用日益突出。

这一部分是从历史的角度进行了纵向对比。同时，还进行了横向对比：

看云南工业，不能只跟过去比，要把云南放在全国的大坐标中来分析。2021 年我省 GDP 总量为 2.71 万亿元，全国 GDP 超过 4 万亿元的省份共 13 个，2 万~3 万亿元阵营共 8 个，按照对标一流、追赶先进的原则，我们从中找广东、江西、重庆 3 个省市对比分析，看看我省工业和他们有多少差距。从规模看，2021 年我省规模以上工业增加值达 6555.76 亿元，仅为广东的 17.5%，与 GDP 同处 2 万亿阵营的重庆、江西相比，我省 GDP 的差距分别为 747 亿元、2473 亿元，而工业增加值的差距却达到约 1300 亿元、4217 亿元，且两地工业占 GDP 比重分别为 28.3%、36.4%。差距在哪里？差距就在工业。从工业投资看，"十三五"期间，我省工业投资年均增长仅 3.5%，年均下降 7.8%，总投资 1.3 万亿左右，工业投资占固定资产投资的比重仅在 15.5% 左右，制造业投资比重仅 9.6%，工业投资对全省投资的支撑严重不足。同期广东固定资产投资年均增长 10.5%，制造业投资年均增长 2.4%，占整体投资比重 22.3%。江西年均增长

13.5%、高出全国平均 9 个百分点，技改投资年均增长 41.4%。重庆年均增长 8.8%，技术改造投资年均增长 9.3%，规模工业研发投入年均增长 12.5%。从产业发展看，目前我省仅烟草、电力、信息等 9 个产业超过千亿元。广东已经形成新一代电子信息、绿色石化、智能家电等 7 个产值超万亿元的产业集群。江西超千亿级产业 13 个，战略性新兴产业、高新技术产业占规模以上工业比重分别为 22.1%、38.2%。重庆规模以上工业战略性新兴产业、高新技术产业占规模以上工业产值比重分别达 32%、28%。从市场主体看，我省民营经济增加值总量小，虽然突破一万亿，但占 GDP 比重始终在 47% 左右徘徊，比全国平均水平低十几个百分点，也低于发达省市和周边省市。我省民营经济户数刚突破 350 万户，仅为广东 1384.85 万户的 25%。我省规模以上企业 4556 家，比江西（13710）少 9154 家，比重庆（6800 家）少 2244 家，我省高新技术企业约 1500 家，低于广东 5 万家、江西 5115 家。从园区承载看，广东共有 32 家国家级开发区和 100 家省级开发区，到 2022 年要打造 20 个以上产值超千亿元工业园区。江西超千亿开发区与我省同为 5 个，但全省开发区营业收入突破 3 万亿元，占规模以上工业比重 85% 以上，集聚效应明显。反观我省千亿级园区仅 5 个，全国先进制造业百强园区仅 1 个上榜，而广东有 10 个，产业集聚区综合竞争力和辐射带动力都不强。

这段话从工业总量、工业投资、重点产业、市场主体、产业园区 5 个维度进行横向对比，通过对比发现了差距、找准了位置。

第 6 式：厘得清过程

厘得清过程即搞清事物发展变化的过程，实际上就是能用历史的思维来分析问题。

举个例子来说。2018 年底，中央召开民营企业座谈会，习近平总书记在会上作了重要讲话。会后，省里组织全省民营企业家能力提升培训班，由于工信是民营经济主管部门，主办方就请厅主要领导去讲课。前期，主办处室连续报了几次初稿，都被厅领导否了，原因是分析不到位，没把民营经济发展情况讲清楚，临时让我参加进来。讨论中，我建议将全省改革开放以来民营经济发展过程、阶段梳理出来，告诉大家云南民营经济是怎么走过来的，便于从历史中汲取经验教训。

通过分析，我们将 40 年的民营发展史分成了 4 个阶段：

改革开放 40 年，我省民营经济从无到有、由弱到强，大致经历了四个阶段：

第一阶段：从无到有，初步发展阶段（1978—1992 年）……

第二阶段：从少到多，快速发展阶段（1992—2002 年）……

第三阶段：从小到大，蓬勃发展阶段（2002—2012 年）……

第四阶段：从弱到强，提质发展阶段（2012 年至今）……

每个阶段发生了什么大事，有哪些代表性的人物和事件，取得了哪些里程碑式的成果，一清二楚。讲的人满意了，听的人也有获得感。这种方法，在为领导准备的一个到高校的巡回宣讲报告中也采用了。

我们将云南现代工业发展历程总结成了"5 个阶段、4 次转型"。

云南工业历史悠久，纵观云南工业发展历程，可大致分为"五个阶段、四次转型"。

第一阶段（20 世纪以前）：延续了我省传统加工业，主要特点是：以有色金属、盐等特色资源为基础，进行传统加工生产……

第二阶段（20 世纪初至建国前）：推动了我省工业的第一次转型——现代化转型。主要特点是：随着电力运用，实现了传统工业向现代工业的转型……

第三阶段（建国后到改革开放初）：推动了我省工业第二次转型——产业链延伸。主要特点是：工业化水平逐步提高……

第四阶段（从改革开放到 21 世纪初）：推动了我省工业第三次转型——特色化转型。主要特点是：重工业继续整合，资源、能源型产业开始出现，烟、糖、茶等特色产业绽放异彩……

第五阶段（21 世纪以来）：推动我省工业第四次转型——高端化、信息化……

研究过程其实就是研究历史，搞清事物发展的来龙去脉，这与第五式提到的纵向对比有相似之处。研究过程很有必要，2013 年 3 月 1 日，习近平总书记在中央党校建校 80 周年庆祝大会暨 2013 年春季学期开学典礼上讲道："要了解我们党和国家事业的来龙去脉，汲取我们党和国家的历史经验，正确了解党和国家历史上的重大事件和重要人物。这对正确认识党情、国情十分必要，对开创未来也十分必要，因为历史是最好的教科书。"咱们公文写作者也应该有这样的历史思维，善于分析过程、研究历史，从历史中汲取智慧。

第 7 式：搞得懂逻辑

写作是一种思维活动，想把问题说清楚、讲明白，就得有科学的思维方式。而判断思维方式是否科学，不看别的，就看思考问题是否符合逻辑规律，看概念、判断和推理是否科学、是否经得住推敲。

我还记得电视剧《神探狄仁杰》中，狄仁杰将他的断案经验总结为"三断"，即判断、推断、果断。我觉得，"三断"不仅可以用到断案中，也可以用到做事的任何场景中，因为这是一种普适性的经验。

就公文写作实际看，我们通过各种方式掌握的数据或情况很多是二手的，有时候不仅数据、情况真实性存疑，就连观点和结论都是片面的、狭隘的，甚至是错误的。怎么办？高明的写作者应该回归问题的本源，对问题进行一番逻辑推演，得出自己的判断。

怎么推演？

这就需要我们以科学的态度、研究的精神，像一个探案高手一样，对数据或情况的准确性、真实性、典型性进行研究、考证，对观点、结论进行推演、论证。

有时候，我们需要像柯南·道尔笔下的福尔摩斯，能从案发现场的脚印推断凶手的身高和衣着，从来客袖口的磨损程度判断他的职业，凭对方裤脚上的红土指认他到过某处，由一个线索推演出另一个线索……

有时候，还要像阿加莎笔下的波洛在《东方快车谋杀案》《尼罗河上的惨案》中那样，以极其细腻的观察、分析，从杂乱的证据中找到真相。用波洛的话来说就是："这些寻找指纹、头发、烟灰等的现场搜证工作，应该交由专业的警方来处理，没必要亲自出马。"而他所做的，就是坐下来，动动"脑子里的灰色小细胞"，分析罪犯的动机、心理，再配合那些现场证物，找出最终的答案。

有时候，咱们也要像钱雁秋笔下的狄仁杰，能够洞察秋毫，观察案件的细节，从蛛丝马迹中获得破案的机会，推理还原事情发生的过程。他经常说："我们只是在推理事情发生的过程，至于原因，需要经过进一步的分析……"当李元芳提出凶手这么做不合理时，他会提醒道："不要妄自忖度。现在我们先提出问题，下一步才是怎样解决它。"

达尔文是 19 世纪英国杰出的生物学家，他找到了生物发展的规律，成为进化论的奠基人。他从剑桥大学毕业后，经人推荐，搭上了"贝格尔号"军舰开始了历时 5 年的环球考察，积累了大量的资料。考察中，达尔文开始思考：自然界的奇花异树、人类万物究竟是怎么产生的？为什么会千变万化？彼此之间有什么联系？这些问题在他的脑海里越来越深刻，大量物种变异的事实逐渐使他对神创论和物种不变论产生了怀疑。通过对采集到的各种动物标本和化石进行比较分析，他发现，原来物种是可变的。经过 20 多年研究，他终于写成《物种起源》一书，提出"进化论"思想，即物种在不断变化中，是由低级到高级、由简单到复杂的演变过程，推翻了"神创论"和物种不变的理论。这就叫"大胆假设，小心求证"。

公文写作者在大量数据面前，同样需要有自己的判断、推断。对于手中的数据和结论，一定要有质疑精神，静下心来考证一番，检查其逻辑的合理性，看看它们是否符合常理。否则，我们可能会在人云亦云中得出荒谬的结论。

第 8 式：看得透规律

研究的最高境界就是透过现象看本质、洞见事物发展规律。

写公文的终极目标是解决问题，而解决问题就得找到事物发展的规律，因为只有洞见事物发展的规律，提出的对策才会是合理的、管用的，才能是促进事物发展的。所以，写材料的朋友需要养成琢磨的习惯，凡事都往深处想想，把规律找出来。

《我的兄弟叫顺溜》这部电视剧中有这样一幕：新四军六分区司令陈大雷率部在小黄庄击溃了日本坂田中队，随后用缴获的牛肉罐头招待一分区司令员刘强。谁知刘强尝了以后，发现牛肉味道不对。这时，一旁的文书翰林接过话茬说："这个军用罐头，说是牛肉的，其实就是杂粮加牛血做的。"刘强恍然大悟。没想，陈大雷却说："这个，翰林他只看到表面。""从这个罐头上，你就能看出，鬼子资源有限，国内穷得叮当响，这仗他们必败。"刘强听后，觉得有理，赞道："我就喜欢你这点，凡事爱琢磨。你说就这么一个罐头，你就能琢磨出一个道道来。"不得不说，陈大雷爱琢磨的精神是值得我们学习的。他这种透过现象看本质、发现事物发展规律的认知水平，是写作的高级境界。

事实上，战争是经济实力的比拼。打仗打什么？说到底就是打经济，所以《孙子兵法·作战篇》才说："凡用兵之法，驰车千驷，革车千乘，带甲十万，千里馈粮，则内外之费，宾客之用，胶漆之材，车甲之奉，日费千金，然后十万之师举矣。"翻译过来就一句话：一支军队的吃喝拉撒需要大量的钱，否则没法打仗。毛泽东同志之所以在《论持久战》一文里提出抗日战争的"最后胜利是中国的"，其中一个理由就是"日本国度比较地小，其人力、军力、财力、物力均感缺乏，经不起长期的战争"。所以，我们不妨学学电视剧中的陈大雷，培养那种能从一盒罐头中琢磨出一个道道来的能力，能从大量现象中发现事物发展本质和规律的能力。

再以前面提到的园区调研报告为例，我在分析产业园区发展情况的过程中，发现了 4 个趋势：

综合分析当前国内外产业园区发展的特点，主要呈现出以下几个方面的趋势，这种趋势对园区管理的体制机制具有决定性作用。

（一）园区形态趋于多样化。主要表现在三个方面：一是园区类型越来越多。改革开放 30 余年来，我国从经济特区开始，延伸到后来的经济技术开发区，高新技术产业开发区，再到后来的各类型工业园区、农业园区、旅游度假区，加之近年来设立的综合保税区、出口加工区、边境经济合作区、跨境经济合作区、重点开发开放试验区等，园区形态已达 10 余种，各种园区的管理部门、享受的政策优惠各不相同，管理体制也不一样。二是园区融合发展趋势明显。各类型的产业园区都有向综合型园区发展的趋势，农业园区可以向工业园区、旅游度假区，或者综合保税区、边境经济合作区等发展。三是园区的空间形态越来越多样化。随着我国经济转型升级和新型城镇化战略的推进，产业园区在空间形态上也出现不同的形式，如产业新城、产业综合体、专业产业园等。

（二）投资模式趋向市场化……

（三）管理体制趋向企业化……

（四）服务模式趋向社会化……

正是基于这个洞见，我在对策建议部分分别针对投资模式、管理体制和服务模式提出了相应对策建议。果然，后来省里陆续针对园区形态和管理体制机制分别出台了几个政策文件，说明我当时对趋势的把握是准确的。

2018 年底，省政府召开年度务虚会，厅主要领导要在会上发言，让我们提前准备发言材料。根据通知要求，这个发言就讲两个问题：一是对来年工作怎么看，二是工作怎么干。

第一个问题相对容易，因为大形势中央、省委已有明确判断，工业经济形势部里也有定论，我们要做的就是把本省的账算清楚，比如本年工业增加值能完成多少亿元、支撑在哪里、各自是多少，交好当年的卷。写到第二个问题时，困难就来了，因为里面涉及来年工业经济指标问题，比如增速多少、总量达多少。必要时，还要根据各种不确定因素影响制订不同方案，最好情况达多少、中等情况达多少、最糟糕情况又是多少。

问题是，这些指标都还没定。怎么办？只能先研究。

通过分析研究，我们大胆提了一个目标：力争全部工业增加值突破 5000 亿元大关。这是一个里程碑式的数据，省领导必然很感兴趣（事实证明是对的，后来这个目标写入了政府工作报告）。我们通过对 20 年工业经济数据的研究分析发现：我省全部工业增加值在 2003 年首次突破 1000 亿元，2008 年突破 2000 亿元，2011 年突破 3000 亿元，2016 年突破 4000 亿元。也就是说，近 20 年间，每 3~5 年就上一个千亿元台阶，并且随着基数越来越大，上台阶的速度会越来越快。于是，我们大胆预测 2019 年全部工业增加值可以突破 5000 亿元。果不其然，年底数据一出来，全部工业增加值从 4483.96 亿元增长到 5301.51 亿元。

这个判断不是拍脑袋拍出来的，而是基于对长周期的数据分析，结合项目盘点得出的判断，这个过程是一个严谨的分析研究过程。

从哲学的角度讲，写公文就是认识世界的过程，而公文执行后，就成了改造世界的过程。如果我们把握不住事物发展的规律，是很难有效改造世界的。可以说，把握规律是研究的终极境界。

写到这里，"研究八式"就讲完了。需要补充的是，以上这 8 个研究招式，实际上是 8 种目标需求，它们就像导游一样，能够给我们指引方向。有了这些目标和需求，我们的研究就不会盲目。歌德说得好："我们的生活就像旅行，理想是导游者；没有导游者一切都会停止，目标会丧失力量也会化为乌有。"因此，我们要跟着导游向目标出发，并且"向着某一天终于要达到的那个终极目标迈步还不够，还要把每一步骤看成目标，使它作为步骤而起作用"。

古希腊神话里有个人叫皮格马利翁（Pygmalion），据说他不仅是塞浦路斯国王，还是个雕塑家。他用象牙精心雕塑了一位美丽可爱的少女，并给雕塑取名为盖拉蒂。由于雕刻得太过优美，以至于他自己都深深地爱上了雕像。他给雕像穿上美丽的长袍，禁不住拥抱它、亲吻它，做梦都是盖拉蒂也爱上了他。但他知道，盖拉蒂毕竟只是一尊雕像，永远不可能感受到他的爱，这让皮格马利翁感到绝望。他受不了单相思的煎熬，于是就带着丰盛的祭品来到爱与美的女神阿佛洛狄忒的神殿，祈求女神能赐给他一位如盖拉蒂一样优雅、美丽的妻子。幸运的是，他的真诚感动了阿佛洛狄忒女神，女神决定帮他。皮格马利翁回到家，再次深情地凝视着雕像。这时，奇迹发生了，雕像的脸颊慢慢地呈现出血色，眼睛开始释放光芒，嘴唇缓缓张开，露出了甜蜜的微笑。盖拉蒂化成了真人，缓缓向皮格马利翁走来，并用充满爱意的目光看着他，浑身散发出温柔的气息。就这样，皮格马利翁的雕塑成了他的妻子。1968 年，美国心理学家罗森塔尔（Robert Rosenthal）提出了一个著名的心理学理论，即"皮格马利翁效应"，又称罗森塔尔效应，即强烈期望什么，就会得到什么。

这就是我为什么建议大家在研究之前找到以上 8 种研究需求的底层原因。我坚信，只要你有强烈的研究期待，何愁不会把问题研究透彻？如果你同意我的观点，那么，现在你就开始期望你自己是个博学多才的人吧！就像皮格马利翁一样执着而强烈。只要你足够虔诚，你也会得到你的"盖拉蒂"。

18 论证：让读者读你信你服你
——论证的 10 种方法

导读

　　写公文的过程本质上是论证的过程。实践证明：写作高手都是论证高手，谁掌握了论证方法，谁的观点和结论就有说服力，谁的写作目的就容易达成。问题是，我们该向谁学习论证技巧呢？毫无疑问，毛泽东就是学习的榜样，他的文章不仅让人感受到伟大政治家、思想家、革命家的宏大格局、深邃思想、科学思维，还蕴藏着高超的写作技巧。《毛泽东选集》和《毛泽东文集》不仅是思想的宝库，也是公文写作的典范，论证方法变化多端、充满说服力。我对两套著作进行了深入研究，从中精选了 50 个例子，归纳成 10 种方法：（1）举例子。（2）列数据。（3）说故事。（4）摆事实。（5）推逻辑。（6）讲道理。（7）引名言。（8）打比方。（9）作对比。（10）释内涵。

　　写公文的过程，本质上是论证的过程。

　　关于写作的方法实质就是论证的方法，因为任何一篇公文都想让读者认同自己的观点和结论，而实现这个目标的前提是观点和结论有说服力。如果观点和结论不能说服读者，那你就白忙活了。

　　那么，观点和结论的说服力又从哪里来呢？

　　当然不是靠蛮力去强迫别人，而是靠智慧从推演论证中来。如果证据真实可靠、论证过程严谨规范、论证方法合情合理，那结论的可信度就高、说服力就强。从这个意义上讲，写作高手实际上就是论证高手。比如，毛泽东就是写作高手，通读他的《毛泽东选集》和《毛泽东文集》，每每在抛出一个观点和结论后，或举例子、列数据、说故事、摆事实，或推逻辑、讲道理、引名言，或打比方、作对比、释内涵，无不充满吸引力、震撼力和说服力。

　　本专题从中精选了 50 个例子，归纳成以下 10 种方法。

1. 举例子

举例子的方法，就是在抛出一个观点（结论）后，以鲜活、具体、真实、确凿的例子论证其合理性和真实性。这种论证方法常会使用"例如""比如""譬如"等词。换句话说，当一篇文章里出现上述这些词，意味着作者开始举例了，当然也不是绝对的，有时也不用标志性词语，而是直接举例子。

※ **例**1：《实践论》一文在谈到认识的第一阶段特点时，举"外人到延安考察的具体感受"的实例论证。

【观点】原来人在实践过程中，开始只是看到过程中各个事物的现象方面，看到各个事物的片面，看到各个事物之间的外部联系。【例子】例如有些外面的人们到延安来考察，头一二天，他们看到了延安的地形、街道、屋宇，接触了许多的人，参加了宴会、晚会和群众大会，听到了各种说话，看到了各种文件，这些就是事物的现象，事物的各个片面以及这些事物的外部联系。这叫做认识的感性阶段，就是感觉和印象的阶段。也就是延安这些各别的事物作用于考察团先生们的感官，引起了他们的感觉，在他们的脑子中生起了许多的印象，以及这些印象间的大概的外部的联系，这是认识的第一个阶段。

※ **例**2：《论持久战》一文举例论证主观指导的作用。

【观点】主观指导的正确与否，影响到优势劣势和主动被动的变化，观于强大之军打败仗、弱小之军打胜仗的历史事实而益信。【例子】中外历史上这类事情是多得很的。中国如晋楚城濮之战，楚汉成皋之战，韩信破赵之战，新汉昆阳之战，袁曹官渡之战，吴魏赤壁之战，吴蜀彝陵之战，秦晋淝水之战等等，外国如拿破仑的多数战役，十月革命后的苏联内战，都是以少击众，以劣势对优势而获胜。都是先以自己局部的优势和主动，向着敌人局部的劣势和被动，一战而胜，再及其余，各个击破，全局因而转成了优势，转成了主动。

※ **例**3：1942年5月在延安文艺座谈会上的讲话，举了法捷耶夫写《毁灭》的例子鼓励文艺工作者为"大后方"读者写作。

【观点】有的同志想：我还是为"大后方"的读者写作吧，又熟悉，又有"全国意义"。这个想法，是完全不正确的。"大后方"也是要变的，"大后方"的读者，不需要从革命根据地的作家听那些早已听厌了的老故事，他们希望革命根据地的作家告诉他们新的人物，新的世界。所以愈是为革命根据地的群众而写的作品，才愈有全国意义。【例子】法捷耶夫的《毁灭》，只写了一支很小的游击队，它并没有想去投合旧世界读者的口味，但是却产生了全世界的影响，至少在中国，像大家所知道的，产生了很大的影响。

※**例 4**：《别了，司徒雷登》一文通过闻一多、朱自清和伯夷等人的例子论证中国人是有骨气的。

【观点】我们中国人是有骨气的。许多曾经是自由主义者或民主个人主义者的人们，在美国帝国主义者及其走狗国民党反动派面前站起来了。【例子】闻一多拍案而起，横眉怒对国民党的手枪，宁可倒下去，不愿屈服。朱自清一身重病，宁可饿死，不领美国的"救济粮"。唐朝的韩愈写过《伯夷颂》，颂的是一个对自己国家的人民不负责任、开小差逃跑、又反对武王领导的当时的人民解放战争、颇有些"民主个人主义"思想的伯夷，那是颂错了。我们应当写闻一多颂，写朱自清颂，他们表现了我们民族的英雄气概。

※**例 5**：1942 年 5 月 28 日在中央学习组会议上的报告举了苏联作家高尔基的例子，说明文艺工作者要同工农结合。

【观点】我们的总方针是争取文学家、艺术家中的大多数人和工农结合，使得他们看中低级的东西，看中普通的文艺工作者。专门家有责任指导普通的文艺工作者。是不是只有指导的责任呢？不是的，还要学习，要从普通的文艺工作者那里，从人民身上吸收养料，不然便要悬在空中，这是非常危险的。【例子】高尔基很高，但他和下面有着广泛的联系。他和农村有通讯联系。他看到一个十三岁小孩的信非常欢喜，改了几个字把它发表出来，在《海上述林》中便有。

举例子这种方法的关键在于例子的选择和利用上，因此写作过程中要注意几点：一是注意事例的准确性，观点能否成立，关键在例子是否真实，如果事例本身是虚假的，那论点就失去了支撑，无法使人信服。二是事例的典型性，所选事例要有代表性、普遍性。三是列举多个事例时排比铺陈详略得当、张弛有度。

2. 列数据

数据是一种特殊的"例子"，从这个意义上讲，列数据属于举例论证的一个特例，方法是在抛出一个观点后用数据来证明，让数据"说话"。我们经常鼓励公文写作用数据来说话，原因是数据规范、严谨，能够非常准确地描述事物的"量度"，一篇善于列数据的文章往往具有强大说服力和可信度。

※ **例 6**：《团结到底》一文用数据论证投降分子、反共分子占少数。

【观点】而所谓坚决的投降分子、反共分子，在任何地方都只占少数。【数据】我调查了一个地方政府的成分，在那里办事的有一千三百人，其中坚决反共的只有四十至五十人，即是说，不足百分之四，其余都是希望团结抗战的。

※ **例 7**：1942 年 2 月 1 日在中共中央党校开学典礼上的演说，用数字论证了"共产党员和党外人士相比是少数"的观点。

【观点】我们的同志必须懂得一条真理：共产党员和党外人员相比较，无论何时都是占少数。【数据】假定一百个人中有一个共产党员，全中国四亿五千万人中就有四百五十万共产党员。即使达到这样大的数目，共产党员也还是只占百分之一，百分之九十九都是非党员。我们有什么理由不和非党人员合作呢？

※ **例 8**：1944 年 10 月 30 日在陕甘宁边区文教工作者会议上的讲演，用数字说明了解放区的文化还有落后的方面。

【观点】解放区的文化已经有了它的进步的方面，但是还有它的落后的方面。解放区已有人民的新文化，但是还有广大的封建遗迹。【数据】在一百五十万人口的陕甘宁边区内，还有一百多万文盲，两千个巫神，迷信思想还在影响广大的群众。这些都是群众脑子里的敌人。

※ **例 9**：《论联合政府》用大量数据论证解放区战场是抗日重要战场。

【观点】在这几年内，国民党战场实际上没有严重的战争。日本侵略者的刀锋，主要地向着解放区。【数据】到一九四三年，侵华日军的百分之六十四和伪军的百分之九十五，为解放区军民所抗击；国民党战场所担负的，不过日军的百分之三十六和伪军的百分之五而已……然而就在我做这个报告的时候，在侵华日军（满洲的未计在内）四十个师团，五十八万人中，解放区战场抗击的是二十二个半师团，三十二万人，占了百分之五十六；国民党战场抗击的，不过十七个半师团，二十六万人，仅占百分之四十四。

※ **例 10**：《中国军事形势的重大变化》一文，用数据论证了中国军事形势已进入转折点。

【观点】中国的军事形势现已进入一个新的转折点，即战争双方力量对比已经发生了根本的变化……【数据】国民党军队在战争的第二年底，即今年六月底，总数约计尚有三百六十五万人……最近则起了一个突变。经过战争第三年度的头四个月，即今年七月一日至十一月二日沈阳解放时，国民党军队即丧失了一百万人……现在只有二百九十万左右的人数。人民解放军，则由一九四六年六月的一百二十万人，增至一九四八年六月的二百八十万人，现在又增至三百余万人。

这里讲列数据，当然不是简单的"列"数据，而是很有讲究的，这个过程中包括必要的数字计算，比如相加、相减。这还不够，有时还要对数据进行必要的对比，可以横向比，也可以纵向比，否则数据太多、太乱了，就难以帮你"说"好话了。另外，数据的挑选也很讲究，所选数据务必真实准确、来源可靠，这样的数据才有说服力和支撑性。

3. 说故事

故事同数据一样，也是一种特殊的"例子"。因此，说故事本质上还是例证法的一种。需要说明的是，同前两种方法比起来，说故事的论证力相对弱一些，因为故事可能是虚构的故事，如神话传说、文学故事，也可能是历史故事，虽然真实，但离现实比较遥远，论证力相对就弱。所以咱们要明白，讲故事的目的只在于揭示道理，至于现实如何，逻辑上没有必然性联系。

※ **例 11**：《矛盾论》用《水浒传》"三打祝家庄"的故事说明片面看问题的害处。

【观点】可是我们的同志看问题，往往带片面性，这样的人就往往碰钉子。【故事】《水浒传》上宋江三打祝家庄，两次都因情况不明，方法不对，打了败仗。后来改变方法，从调查情形入手，于是熟悉了盘陀路，拆散了李家庄、扈家庄和祝家庄的联盟，并且布置了藏在敌人营盘里的伏兵，用了和外国故事中所说木马计相像的方法，第三次就打了胜仗。《水浒传》上有很多唯物辩证法的事例，这个三打祝家庄，算是最好的一个。

※ **例 12**：《斯大林是中国人民的朋友》一文为论证"谁是我们的朋友"这个问题，讲了"口蜜腹剑"的历史故事。

【观点】一类所谓朋友，他们自称是中国人民的朋友；中国人中间有些人也不加思索地称他们做朋友。但是这种朋友，只能属于唐朝的李林甫一类。【故事】李林甫是唐朝的宰相，是一个有名的被称为"口蜜腹剑"的人。现在这些所谓朋友，正是"口蜜腹剑"的朋友。这些人是谁呢？就是那些口称同情中国的帝国主义者。另一类朋友则不然，他们是拿真正的同情给我们的，他们是把我们当做弟兄看待的。

　　※ **例13**：《一个极其重要的政策》一文，用《西游记》中孙悟空战胜铁扇公主和"黔驴技穷"的故事说明"以小胜大"的道理。

　　【观点】若说：何以对付敌人的庞大机构呢？那就有孙行者对付铁扇公主为例。【故事】铁扇公主虽然是一个厉害的妖精，孙行者却化为一个小虫钻进铁扇公主的心脏里去把她战败了。柳宗元曾经描写过的"黔驴之技"，也是一个很好的教训。一个庞然大物的驴子跑进贵州去了，贵州的小老虎见了很有些害怕。但到后来，大驴子还是被小老虎吃掉了。我们八路军新四军是孙行者和小老虎，是很有办法对付这个日本妖精或日本驴子的。目前我们须得变一变，把我们的身体变得小些，但是变得更加扎实些，我们就会变成无敌的了。

　　※ **例14**：《愚公移山》一文，通过寓言故事告诉全党同志"下定决心，不怕牺牲，排除万难，去争取胜利"。

　　【观点】我们宣传大会的路线，就是要使全党和全国人民建立起一个信心，即革命一定要胜利……【故事】中国古代有个寓言，叫做"愚公移山"。说的是古代有一位老人，住在华北，名叫北山愚公。他的家门南面有两座大山挡住他家的出路，一座叫做太行山，一座叫做王屋山。愚公下决心率领他的儿子们要用锄头挖去这两座大山。有个老头子名叫智叟的看了发笑，说是你们这样干未免太愚蠢了，你们父子数人要挖掉这样两座大山是完全不可能的。愚公回答说：我死了以后有我的儿子，儿子死了，又有孙子，子子孙孙是没有穷尽的。这两座山虽然很高，却是不会再增高了，挖一点就会少一点，为什么挖不平呢？愚公批驳了智叟的错误思想，毫不动摇，每天挖山不止。这件事感动了上帝，他就派了两个神仙下凡，把两座山背走了。

　　※ **例15**：新华社1949年新年献词——《将革命进行到底》，用"农夫和蛇"的寓言故事告诉大家反动派不值得同情。

　　【观点】应该怎样来对付这些君子国的先生们呢？【故事】这里用得着古代希腊的一段寓言："一个农夫在冬天看见一条蛇冻僵着。他很可怜它，便拿来放在自己的胸口上。那蛇受了暖气就苏醒了，等到回复了它的天性，便把它的恩人咬了一口，使他受了致命的伤。农夫临死的时候说：我怜惜恶人，应该受这个恶报！"外国和中国的毒蛇们希望中国人民还像这个农夫一样地死去，希望中国共产党，中国的一切革命民主派，都像这个农夫一样地怀有对于毒蛇的好心肠。

还值得一提的是，故事尽管论证力没有实例和数据强，但表现力、感染力却很强大，因为读者喜欢听故事，青睐那些善于讲故事的文章。然而，这也不是绝对的，讲故事不能"一招鲜吃遍天"，有些场合也不适用，比如报给上级的报告中就不适合，因为说故事在本质上是讲道理，一般说来，上行文不适合讲道理，更适合举例子、列数据、摆事实。

4. 摆事实

摆事实在理论上叫归纳法，是一种由"个别"推导出"一般"的论证方法。它从若干个别事例归纳出其共性，从而得出一个一般性的结论。例如，根据各个地区、各个历史时期生产力不发展所导致的社会生活面貌落后，可以得出结论说，生产力发展是社会进步的动力，这正是从对于个别事物的研究得出一般性结论的推理过程，即归纳推理。

※ **例 16**：1940 年 2 月 1 日在延安民众讨汪大会上的讲演，以摆事实的方式揭露汪精卫破坏国共合作的行径。

【观点】他们就利用国民党内部的顽固派，到处放火。【事实】在湖南就闹平江惨案，在河南就闹确山惨案，在山西就闹旧军打新军，在河北就闹张荫梧打八路军，在山东就闹秦启荣打游击队，在鄂东就闹程汝怀杀死五六百个共产党员，在陕甘宁边区就闹内部的"点线工作"、外部的"封锁工作"，并且还准备着军事进攻。此外，又逮捕了一大批进步青年送进集中营；又雇请玄学鬼张君劢提出取消共产党、取消陕甘宁边区、取消八路军新四军的反动主张，雇请托洛茨基分子叶青等人做文章骂共产党。

※ **例 17**：《学习与时局》通过历史事实来说明骄傲是要吃亏的。

【观点】我党历史上曾经有过几次表现了大的骄傲，都是吃了亏的。【事实】第一次是在一九二七年上半年。那时北伐军到了武汉，一些同志骄傲起来，自以为了不得，忘记了国民党将要袭击我们。结果犯了陈独秀路线的错误，使这次革命归于失败。第二次是在一九三〇年……第三次是在一九三一年……第四次是在一九三八年。抗战起来了，统一战线建立了，又有一些同志骄傲起来，自以为了不得，结果犯了和陈独秀路线有某些相似的错误。这一次，又使得受这些同志的错误思想影响最大的那些地方的革命工作，遭到了很大的损失。

※ **例** 18：《游击区也能够进行生产》一文用事实证明游击区也能进行生产。

【观点】我们在敌后解放区中那些比较巩固的根据地内，能够和必须发动军民的生产运动的问题，早已解决了，不成问题了。但是在游击区中，在敌后之敌后，是否也能够这样，在过去，在许多人的思想中，还是没有解决的，这是因为还缺少证明的缘故。【事实】根据一月二十八日《解放日报》所载张平凯同志关于晋察冀游击队的生产运动的报道，晋察冀边区的许多游击区内，已于一九四四年进行了大规模的生产，并且收到了极好的成绩……然而他们仍然能够于战争的间隙，进行了生产。其结果："使得大家的给养有了改善，每人每日增加到五钱油和盐，一斤菜，每月斤半肉。而且几年没有用过的牙刷、牙粉和识字本，现在也都齐全了。"

※ **例** 19：《敦促杜聿明等投降书》用事实说明对方已到了山穷水尽的地步。

【观点】你们现在已经到了山穷水尽的地步。【事实】黄维兵团已在十五日晚全军覆没，李延年兵团已掉头南逃，你们想和他们靠拢是没有希望了。你们想突围吗？四面八方都是解放军，怎么突得出去呢？你们这几天试着突围，有什么结果呢？你们的飞机坦克也没有用。我们的飞机坦克比你们多，这就是大炮和炸药，人们叫这些做土飞机、土坦克，难道不是比较你们的洋飞机、洋坦克要厉害十倍吗？你们的孙元良兵团已经完了，剩下你们两个兵团，也已伤停过半。

※ **例** 20：1949 年 3 月 5 日在七届二中全会上的报告，用事实论证了"召集政治协商会议和成立民主联合政府的一切条件均已成熟。"

【观点】召集政治协商会议和成立民主联合政府的一切条件，均已成熟。【事实】一切民主党派、人民团体和无党派民主人士都站在我们方面。上海和长江流域的资产阶级，正在同我们拉关系。南北通航通邮业已开始。陷于四分五裂的国民党，已经脱离了一切群众。我们正在准备和南京反动政府进行谈判。

总的说来，归纳推理是从认识研究个别事物到总结、概括一般性规律的推断过程。在归纳和概括的时候，不单纯运用归纳推理，同时也运用演绎法。在人们的思维中，归纳和演绎是互相联系、互相补充、不可分割的。

5. 推逻辑

首先要说明的是，所谓"推逻辑"就是演绎法，也叫演绎推理，是由"一般"到"特殊"的推理方法，通常从一般性前提出发，推导（演绎）得出具体结论。这种方法与摆事实（归纳法）正好相对。另外，归纳法的事实和结论间没有必然性，但演绎法不同，其推论前提与结论之间的联系是必然的，是一种确实性推理。

※ **例** 21：《关心群众生活，注意工作方法》一文先讲当前的中心任务是革命战争，而革命战争是群众战争，只有动员群众、依靠群众才能进行战争。最后得出结论：关心群众生活。这是一个层层推演的逻辑论证过程。

【前提】我们现在的中心任务是动员广大群众参加革命战争，以革命战争打倒帝国主义和国民党，把革命发展到全国去，把帝国主义赶出中国去。谁要是看轻了这个中心任务，谁就不是一个很好的革命工作人员。我们的同志如果把这个中心任务真正看清楚了，懂得无论如何要把革命发展到全国去，【结论】那末，我们对于广大群众的切身利益问题，群众的生活问题，就一点也不能疏忽，一点也不能看轻。因为革命战争是群众的战争，只有动员群众才能进行战争，只有依靠群众才能进行战争。

※ **例** 22：《中国革命战争的战略问题》一文用演绎推理方法——三段论，先讲大前提，后讲小前提，最后得出结论。

【大前提】战争的规律——这是任何指导战争的人不能不研究和不能不解决的问题。革命战争的规律——这是任何指导革命战争的人不能不研究和不能不解决的问题。中国革命战争的规律——这是任何指导中国革命战争的人不能不研究和不能不解决的问题。【小前提】我们现在是从事战争，我们的战争是革命战争，我们的革命战争是在中国这个半殖民地的半封建的国度里进行的。【结论】因此，我们不但要研究一般战争的规律，还要研究特殊的革命战争的规律，还要研究更加特殊的中国革命战争的规律。

※ **例** 23：《纪念白求恩》一文也用"三段论"论证白求恩的国际主义精神和共产主义精神，与上例的区别是先讲结论，后讲大前提、小前提。

【结论】白求恩同志是加拿大共产党员，五十多岁了，为了帮助中国的抗日战争，受加拿大共产党和美国共产党的派遣，不远万里，来到中国。去年春上到延安，后来到五台山工作，不幸以身殉职。一个外国人，毫无利己的动机，把中国人民的解放事业当作他自己的事业，这是什么精神？这是国际主义的精神，这是共产主义的精神，每一个中国共产党员都要学习这种精神。【大前提】列宁主义认为：资本主义国家的无产阶级要拥护殖民地半殖民地人民的解放斗争，殖民地半殖民地的无产阶级要拥护资本主义国家的无产阶级的解放斗争，世界革命才能胜利。【小前提】白求恩同志是实践了这一条列宁主义路线的。

※例24：《整顿党的作风》一文，对"读了许多马克思列宁主义的书籍，能不能就算是有了理论家"这个问题进行逻辑推理。

我们读了许多马克思列宁主义的书籍，能不能就算是有了理论家呢？不能这样说。【大前提】因为马克思列宁主义是马克思、恩格斯、列宁、斯大林他们根据实际创造出来的理论，从历史实际和革命实际中抽出来的总结论。【小前提】我们如果仅仅读了他们的著作，但是没有进一步地根据他们的理论来研究中国的历史实际和革命实际，没有企图在理论上来思考中国的革命实践，【结论】我们就不能妄称为马克思主义的理论家。

※例25：《为人民服务》一文，用演绎方法论证张思德同志牺牲的意义。

【大前提】人总是要死的，但死的意义有不同。中国古时候有个文学家叫做司马迁的说过："人固有一死，或重于泰山，或轻于鸿毛。"为人民利益而死，就比泰山还重；替法西斯卖力，替剥削人民和压迫人民的人去死，就比鸿毛还轻。【小前提】张思德同志是为人民利益而死的，【结论】他的死是比泰山还要重的。

运用演绎法论证问题，必须正确掌握作为指导思想或依据的一般原理、原则，全面了解所要研究的课题、问题的实际情况和特殊性，然后才能推导出结论。在实际运用过程中，演绎方法除了三段论外，还有假言推理和选言推理等。

6. 讲道理

在文稿中先讲大家普遍认同的科学原理、定理、规律、公式及生活常理，继而把这种道理与所论证的事物联系起来，最后得出与道理相契合的结论。这种论证方法是从"一般"到"特殊"的过程，因此在本质上还是属于演绎法。

※例26：《星星之火，可以燎原》一文，用星火燎原的道理论证革命可以由小到大并蓬勃发展的观点。

【观点】一九二七年革命失败以后，革命的主观力量确实大为削弱了。剩下的一点小小的力量，若仅依据某些现象来看，自然要使同志们（作这样看法的同志们）发生悲观的念头。但若从实质上看，便大大不然。【道理】这里用得着中国的一句老话："星星之火，可以燎原。"这就是说，现在虽只有一点小小的力量，但是它的发展会是很快的。它在中国的环境里不仅是具备了发展的可能性，简直是具备了发展的必然性，这在五卅运动及其以后的大革命运动已经得了充分的证明。我们看事情必须要看它的实质，而把它的现象只看作入门的向导，一进了门就要抓住它的实质，这才是可靠的科学的分析方法。

※ **例 27**：《新民主主义论》一文通过"有饭大家吃"的常理揭露资产阶级专政的不合理性。

【道理】中国有一句老话："有饭大家吃。"这是很有道理的。【观点】既然有敌大家打，就应该有饭大家吃，有事大家做，有书大家读。那种"一人独吞"、"人莫予毒"的派头，不过是封建主的老戏法，拿到二十世纪四十年代来，到底是行不通的。

※ **例 28**：《一个极其重要的政策》一文，用衣服要跟着季节变化的道理来论证形势变了方法也要变的观点。

【道理】气候变化了，衣服必须随着变化。每年的春夏之交，夏秋之交，秋冬之交和冬春之交，各要变换一次衣服。但是人们往往在那"之交"不会变换衣服，要闹出些毛病来，这就是由于习惯的力量。【观点】目前根据地的情况已经要求我们褪去冬衣，穿起夏服，以便轻轻快快地同敌人作斗争，我们却还是一身臃肿，头重脚轻，很不适于作战。

※ **例 29**：《组织起来》一文，用"脸上有灰尘要洗脸、地上有灰尘要扫地"的道理来说明人有缺点要改正。

【道理】我们脸上有灰尘，就要天天洗脸，地上有灰尘，就要天天扫地。【观点】尽管我们在地方工作中的官僚主义倾向，在军队工作中的军阀主义倾向，已经根本上克服了，但是这些恶劣倾向又可以生长起来的。我们是处在日本帝国主义和中国反动势力的层层包围之中，我们是处在散漫的小资产阶级的包围之中，极端恶浊的官僚主义灰尘和军阀主义灰尘天天都向我们的脸上大批地扑来。因此，我们决不能一见成绩就自满自足起来。我们应该抑制自满，时时批评自己的缺点，好像我们为了清洁，为了去掉灰尘，天天要洗脸，天天要扫地一样。

※ **例30**：《党委会工作方法》用"弹钢琴"的道理论证统筹兼顾的重要性。

【道理】弹钢琴要十个指头都动作，不能有的动，有的不动。但是，十个指头同时都按下去，那也不成调子。要产生好的音乐，十个指头的动作要有节奏，要互相配合。【观点】党委要抓紧中心工作，又要围绕中心工作而同时开展其他方面的工作。我们现在管的方面很多，各地、各军、各部门的工作，都要照顾到，不能只注意一部分问题而把别的丢掉。凡是有问题的地方都要点一下，这个方法我们一定要学会。

讲道理需注意两点：首先，所讲道理自身要站得住脚，如果讲的全是"歪理"，只会给人强词夺理的感觉，无论讲得如何天花乱坠，也无济于事。所谓"站得住脚"，可以理解为被科学证明，如定律、规律，也可理解为被人普遍认同，如生活常识。其次，道理和观点间要有关联性，或者说所论证的事物本身符合这种规律，否则道理对论点就没有用。

7. 引名言

引名言也叫引用论证，即引用名言警句、谚语俗语证明自己的观点。这种方法本质上同讲道理一样，也是演绎法，因为不管是直接讲道理也好，引用名言也罢，都是从一般道理推导具体道理的过程。引名言同讲道理比起来，论证力相对弱一些，因为科学原理、规律是普遍正确的，而名言则不然，它只是名人的"一己之见"，论证所利用的是名人的权威性。同讲故事一样，引名言不仅能论证观点，还能增强文采，所以被广泛运用。

※ **例31**：《矛盾论》一文，引用《孙子兵法》、唐代魏徵和列宁的话驳斥片面看问题的观点。

【观点】一句话，不了解矛盾各方的特点。这就叫做片面地看问题。或者叫做只看见局部，不看见全体，只看见树木，不看见森林。这样，是不能找出解决矛盾的方法的，是不能完成革命任务的，是不能做好所任工作的，是不能正确地发展党内的思想斗争的。【引用】孙子论军事说："知彼知己，百战不殆。"他说的是作战的双方。唐朝人魏徵说过："兼听则明，偏信则暗。"也懂得片面性不对……列宁说："要真正地认识对象，就必须把握和研究它的一切方面、一切联系和'媒介'。我们决不会完全地做到这一点，可是要求全面性，将使我们防止错误，防止僵化。"我们应该记得他的话。

※ **例 32**：《统一战线中的独立自主问题》一文，引用孟子和黑格尔的观点论证应该相互帮助和让步的观点。

【观点】彼此不挖墙脚，彼此不在对方党政军内组织秘密支部；在我们方面，就是不在国民党及其政府军队内组织秘密支部，使国民党安心，利于抗日。【引用】"有所不为而后可以有为"，正是这种情形。没有红军的改编，红色区域的改制，暴动政策的取消，就不能实现全国的抗日战争。让了前者就得了后者，消极的步骤达到了积极的目的。"为了更好的一跃而后退"，正是列宁主义。把让步看作纯消极的东西，不是马克思列宁主义所许可的。

※ **例 33**：《学习与时局》一文，引用孟子的话和俗语来说明思考和分析的重要性。

【引用】孟子说："心之官则思。"他对脑筋的作用下了正确的定义。凡事应该用脑筋好好想一想。俗话说："眉头一皱，计上心来。"就是说多想出智慧。【观点】要去掉我们党内浓厚的盲目性，必须提倡思索，学会分析事物的方法，养成分析的习惯。这种习惯，在我们党内是太不够了。如果我们既放下了包袱，又开动了机器，既是轻装，又会思索，那我们就会胜利。

※ **例 34**：《别了，司徒雷登》一文，引用老子的名言说明中国人不怕死。

【观点】多少一点困难怕什么。封锁吧，封锁十年八年，中国的一切问题都解决了。中国人死都不怕，还怕困难吗？【引用】老子说过："民不畏死，奈何以死惧之。"美帝国主义及其走狗蒋介石反动派，对于我们，不但"以死惧之"，而且实行叫我们死。闻一多等人之外，还在过去的三年内，用美国的卡宾枪、机关枪、迫击炮、火箭炮、榴弹炮、坦克和飞机炸弹，杀死了数百万中国人。现在这种情况已近尾声了，他们打了败仗了，不是他们杀过来而是我们杀过去了，他们快要完蛋了。

※ **例 35**：《论人民民主专政》一文，引用朱熹的名言论证对待反动派的态度。

【引用】宋朝的哲学家朱熹，写了许多书，说了许多话，大家都忘记了，但有一句话还没有忘记："即以其人之道，还治其人之身。"【观点】我们就是这样做的，即以帝国主义及其走狗蒋介石反动派之道，还治帝国主义及其走狗蒋介石反动派之身。如此而已，岂有他哉！

引用论证好比请权威人士"帮自己说话"，因此引用过程中，一要有的放矢，体现针对性，用到最恰当的语言环境中，因为每句名言都有特定语境。二要紧扣观点，"引""证"结合，避免重"引"轻"证"，甚至只"引"不"证"，要恰当加以阐释，引而有证，引而有说，将引语同观点紧密结合起来。三要"引"为"证"用，适可而止，不可追求语言华丽而堆砌引语，喧宾夺主。

8. 打比方

打比方本质上属于对比论证和归纳推理，即根据两个对象在某些属性上的相同或相似，推论两者在其他属性上也有相同或相似，逻辑形式为：A具有a、b、c、d的属性，B具有a、b、c的属性，所以B可能具有d的属性。打比方是一种从特殊到特殊、从个别到个别的偶然性推理论证方式，结论不一定为真，只有一定程度上的可靠性。

※ **例36**：《星星之火，可以燎原》一文，将中国革命比作一只航船、一轮朝日和一个婴儿。

【观点】我所说的中国革命高潮快要到来，决不是如有些人所谓"有到来之可能"那样完全没有行动意义的、可望而不可即的一种空的东西。【类比】它是站在海岸遥望海中已经看得见桅杆尖头了的一只航船，它是立于高山之巅远看东方已见光芒四射喷薄欲出的一轮朝日，它是躁动于母腹中的快要成熟了的一个婴儿。

※ **例37**：《关心群众生活，注意工作方法》一文，把任务比为过河，把方法比为桥和船。

【观点】在这里，工作方法的问题，就严重地摆在我们的面前。我们不但要提出任务，而且要解决完成任务的方法问题。【类比】我们的任务是过河，但是没有桥或没有船就不能过。不解决桥或船的问题，过河就是一句空话。不解决方法问题，任务也只是瞎说一顿。

※ **例38**：《整顿党的作风》用箭与靶来比喻理论和实际的关系。

【观点】马克思列宁主义理论和中国革命实际，怎样互相联系呢？【类比】拿一句通俗的话来讲，就是"有的放矢"。"矢"就是箭，"的"就是靶，放箭要对准靶。马克思列宁主义和中国革命的关系，就是箭和靶的关系。有些同志却在那里"无的放矢"，乱放一通，这样的人就容易把革命弄坏。有些同志则仅仅把箭拿在手里搓来搓去，连声赞曰："好箭！好箭！"却老是不愿意放出去。这样的人就是古董鉴赏家，几乎和革命不发生关系。马克思列宁主义之箭，必须用了去射中国革命之的。

　　※ **例 39**：《整顿党的作风》把揭发错误、评判缺点比作医生治病救人。

　　【类比】我们揭发错误、批判缺点的目的，好像医生治病一样，完全是为了救人，而不是为了把人整死。一个人发了阑尾炎，医生把阑尾割了，这个人就救出来了。【观点】任何犯错误的人，只要他不讳疾忌医，不固执错误，以至于达到不可救药的地步，而是老老实实，真正愿意医治，愿意改正，我们就要欢迎他，把他的毛病治好，使他变为一个好同志。

　　※ **例 40**：《抗日战争胜利后的时局和我们的方针》一文，用摘桃子说明抗战果实该归谁的问题。

　　抗战胜利的果实应该属谁？这是很明白的。【类比】比如一棵桃树，树上结了桃子，这桃子就是胜利果实。桃子该由谁摘？这要问桃树是谁栽的，谁挑水浇的。蒋介石蹲在山上一担水也不挑，现在他却把手伸得老长老长地要摘桃子。他说，此桃子的所有权属于我蒋介石，我是地主，你们是农奴，我不准你们摘。我们在报上驳了他。我们说，你没有挑过水，所以没有摘桃子的权利。【观点】我们解放区的人民天天浇水，最有权利摘的应该是我们。同志们，抗战胜利是人民流血牺牲得来的，抗战的胜利应当是人民的胜利，抗战的果实应当归给人民。

　　※ **例 41**：《关于重庆谈判》一文，把共产党人比为种子，把人民比为土地，以论证党员要到人民中去。

　　【观点】有许多本地的干部，现在要离乡背井，到前方去。还有许多出生在南方的干部，从前从南方到了延安，现在也要到前方去。所有到前方去的同志，都应当做好精神准备，准备到了那里，就要生根、开花、结果。【类比】我们共产党人好比种子，人民好比土地。我们到了一个地方，就要同那里的人民结合起来，在人民中间生根、开花。

　　通过以上例子可以发现，写作中的打比方富于启发性，它深入浅出，使读者易于领悟抽象的道理，可使文章简练生动，但这种方法的核心在于找准类比对象间相同的特点，因此要注意可比性。

9. 作对比

　　作对比是对比论证的一种，属于求异思维的范畴，通过比较而揭示两者的异同，然后判断高下是非。需要说明的是，对比可以是两个对象间的比较，也可以是同一对象前后不同阶段间的比较，前者称为横向比较，后者称为纵向比较。对比论证运用范围广，因为可比的事物很多，中与外、古与今、大与小、强与弱等都可以比。

※ **例42**：《矛盾论》一文，对比了形而上学与辩证法的不同。

所谓形而上学的或庸俗进化论的宇宙观，就是用孤立的、静止的和片面的观点去看世界。这种宇宙观把世界一切事物，一切事物的形态和种类，都看成是永远彼此孤立和永远不变化的。如果说有变化，也只是数量的增减和场所的变更……

和形而上学的宇宙观相反，唯物辩证法的宇宙观主张从事物的内部、从一事物对他事物的关系去研究事物的发展，即把事物的发展看做是事物内部的必然的自己的运动，而每一事物的运动都和它的周围其他事物互相联系着和互相影响着。

※ **例43**：《青年运动的方向》一文，将延安的学生与其他学生作对比。

延安的青年们干了些什么呢？他们在学习革命的理论，研究抗日救国的道理和方法。他们在实行生产运动，开发了千亩万亩的荒地。开荒种地这件事，连孔夫子也没有做过。孔子办学校的时候，他的学生也不少，"贤人七十，弟子三千"，可谓盛矣。但是他的学生比起延安来就少得多，而且不喜欢什么生产运动。他的学生向他请教如何耕田，他就说："不知道，我不如农民。"又问如何种菜，他又说："不知道，我不如种菜的。"中国古代在圣人那里读书的青年们，不但没有学过革命的理论，而且不实行劳动。现在全国广大地方的学校，革命理论不多，生产运动也不讲。只有我们延安和各敌后抗日根据地的青年们根本不同，他们真是抗日救国的先锋，因为他们的政治方向是正确的，工作方法也是正确的。

※ **例44**：《新民主主义论》一文，对比了三民主义和共产主义的异同。

第一，相同部分。这就是两个主义在中国资产阶级民主革命阶段上的基本政纲。一九二四年孙中山重新解释的三民主义中的革命的民族主义、民权主义和民生主义这三个政治原则，同共产主义在中国民主革命阶段的政纲，基本上是相同的。由于这些相同，并由于三民主义见之实行，就有两个主义两个党的统一战线。忽视这一方面，是错误的。

第二，不同部分。则有：（一）民主革命阶段上一部分纲领的不相同。共产主义的全部民主革命政纲中有彻底实现人民权力、八小时工作制和彻底的土地革命纲领，三民主义则没有这些部分……（二）有无社会主义革命阶段的不同……（三）宇宙观的不同……（四）革命彻底性的不同……

※ **例 45**：《改造我们的学习》一文，对主观主义和马克思列宁主义的态度进行了全方位对比。

第一种：主观主义的态度。在这种态度下，就是对周围环境不作系统的周密的研究，单凭主观热情去工作，对于中国今天的面目若明若暗。在这种态度下，就是割断历史，只懂得希腊，不懂得中国……

第二种：马克思列宁主义的态度。在这种态度下，就是应用马克思列宁主义的理论和方法，对周围环境作系统的周密的调查和研究。不是单凭热情去工作，而是如同斯大林所说的那样：把革命气概和实际精神结合起来……

※ **例 46**：《论联合政府》一文，从武器、兵源各方面对国共两党作对比。

国民党拥有广大的人力资源，但是在它的错误的兵役政策下，人力补充却极端困难。中国解放区处在被敌人分割和战斗频繁的情况之下，因为普遍实施了适合人民需要的民兵和自卫军制度，又防止了对于人力资源的滥用和浪费，人力动员却可以源源不竭。

国民党拥有粮食丰富的广大地区，人民每年供给它七千万至一万万市担的粮食，但是大部分被经手人员中饱了，致使国民党的军队经常缺乏粮食，士兵饿得面黄肌瘦。中国解放区的主要部分隔在敌后，遭受敌人烧杀抢"三光"政策的摧残，其中有些是像陕北这样贫瘠的区域，但是却能用自己动手、发展农业生产的方法，很好地解决了粮食问题。

对比论证需注意两点：第一，比较的对象要有可比性。第二，必须有合理的共同参照系，否则无法比较，即便比较了，结论也不一定可靠。参照系是用来衡量和确定双方优劣长短的标准，这样的标准必须具有客观性。

10. 释内涵

释内涵虽不是理论上的论证方法，但作者有针对性、有倾向性地对一个概念、观点作出解释说明，客观上起到了论证的作用，因为在解释说明中已然让读者对概念、观点有了进一步理解，所以会自然而然地顺着作者的引导向观点靠拢。

这种论证起的是"牵线搭桥"作用，属于间接论证的范畴。

※ **例 47**：《矛盾论》一文，对矛盾同一性内涵进行说明。

所谓矛盾在一定条件下的同一性，就是说，我们所说的矛盾乃是现实的矛盾，具体的矛盾，而矛盾的互相转化也是现实的、具体的。神话中的许多变化，例如《山海经》中所说的"夸父追日"，《淮南子》中所说的"羿射九日"，《西游记》中所说的孙悟空七十二变和《聊斋志异》中的许多鬼狐变人的故事等等，这种神话中所说的矛盾的互相变化，乃是无数复杂的现实矛盾的互相变化对于人们所引起的一种幼稚的、想象的、主观幻想的变化，并不是具体的矛盾所表现出来的具体的变化。

※ **例 48**：《论持久战》一文，谈到战争的灵活性原则时作了解释。

古人所谓"运用之妙，存乎一心"，这个"妙"，我们叫做灵活性，这是聪明的指挥员的出产品。灵活不是妄动，妄动是应该拒绝的。灵活，是聪明的指挥员，基于客观情况，"审时度势"（这个势，包括敌势、我势、地势等项）而采取及时的和恰当的处置方法的一种才能，即是所谓"运用之妙"。基于这种运用之妙，外线的速决的进攻战就能较多地取得胜利，就能转变敌我优劣形势，就能实现我对于敌的主动权，就能压倒敌人而击破之，而最后胜利就属于我们了。

※ **例 49**：《改造我们的学习》一文，对"有的放矢"和"实事求是"作了解释。

这种态度，就是有的放矢的态度。"的"就是中国革命，"矢"就是马克思列宁主义。我们中国共产党人所以要找这根"矢"，就是为了要射中国革命和东方革命这个"的"的。这种态度，就是实事求是的态度。"实事"就是客观存在着的一切事物，"是"就是客观事物的内部联系，即规律性，"求"就是我们去研究。

※ **例 50**：《党委会工作方法》详细说明胸中有"数"的表现。

胸中有"数"。这是说，对情况和问题一定要注意到它们的数量方面，要有基本的数量的分析……例如，要进行土地改革，对于地主、富农、中农、贫农各占人口多少，各有多少土地，这些数字就必须了解，才能据以定出正确的政策。对于何谓富农，何谓富裕中农，有多少剥削收入才算富农，否则就算富裕中农，这也必须找出一个数量的界限。在任何群众运动中，群众积极拥护的有多少，反对的有多少，处于中间状态的有多少，这些都必须有个基本的调查，基本的分析，不可无根据地、主观地决定问题。

通常，任何一个作者在写作中的解释，都不是"客观地"、泛泛地、面面俱到地解释，而是根据自己论证的需要，有针对性、选择性、倾向性地作出解释。

总而言之，以上是写作中较为常用的 10 种方法，不管哪一种，它的基本原理都是逻辑论证，这个过程包括三大要素：论点、论据和论证方法。论点就是作者对事物作出的判断（观点、结论），为了支撑这个判断，找到若干权威的论据（如实例、数据、故事、名言、规律、定理、常识等），然后用一定的方法来推理。因此，提升公文写作能力，还得修炼逻辑推理能力才行！

19　分析：一个"剥柚子"的过程
——分析的 7 个维度

导读

　　分析是一个人认识事物的重要能力，也是写作的一项重要能力。很多朋友正因为没有掌握分析方法，拿到一个题目后不知从哪些维度展开，搞不清写几个层次，经常问怎么提升分析能力。让我说，根本方法还是把底层逻辑搞清楚。分析问题其实很像剥柚子。你看，一个又大又圆的柚子摆在面前，你不知从何处下口，必须把皮剥开，按特定结构把果肉一瓣一瓣掰开，直至果粒这种细度。这个过程的底层逻辑就是分析，将笼统的概念掰成若干子概念，将一个标题分为若干子标题。历史证明，毛泽东是分析问题的高手，他分析问题方法多样、不拘一格。本专题从《毛泽东选集》《毛泽东文集》中精选了 42 个案例，归纳成 7 种方法：（1）分析构成。（2）分析原因。（3）分析结果。（4）分析类别。（5）分析形势。（6）分析对错。（7）分析要素。

　　写文章的本质就是把一个笼统的东西掰开了给人看。

　　这个过程很像剥柚子。试想一下，一个又大又圆的柚子摆在你面前，你想吃它，怎么办？当然是先把皮剥开，按照柚子特定的结构，把果肉一瓣一瓣掰开，必要时可以掰成果粒。再想想写文章，面临的任务通常也是笼统的，像一个圆圆的柚子，你要做的就是把它掰开，掰成一个一个的子概念，最终把一个标题分解为若干子标题，这就是分析的底层逻辑。在写作中，谁掌握了分析方法，谁就能层层展开思维扇面，以开阔的视野、丰满的角度，把问题说清、说透、说立体。否则，写作就会捉襟见肘，不知写什么、写几个层次，从哪些维度展开。

　　分析是一个人认识事物的重要能力，也是写作的一项重要能力。一个专业的笔杆子必须掌握"剥柚子"的本领，学着将笼统的概念掰开、揉碎，让读者能接受、可消化。毛泽东不仅强调分析的重要性，他本人也是分析问题的高手。

在他的文章中，或分析事物的构成、原因、类型，或分析事物的利弊、形势，或分析事物发展的趋势、影响要素和对错，方法多样、不拘一格。本专题从《毛泽东选集》《毛泽东文集》中精选了 42 个经典案例，归纳成以下 7 种方法。

1. 分析构成

将一个整体分成若干组成部分，用数学公式可以表达为：$A=B+C+D$。以计算机组成为例，可分为控制器、运算器、存储器、输入设备、输出设备 5 个部分。

※ **例 1**：《中国社会各阶级的分析》一文，用马克思主义阶级分析法将当时的社会分为地主和买办阶级、中产阶级、小资产阶级、半无产阶级、无产阶级、游民无产者等阶级。中产阶级又分为左右两翼，右翼会反革命，左翼会加入革命。小资产阶级分为 3 部分，对革命分别持怀疑、中立、积极的态度。半无产阶级包含绝大部分自耕农、贫农、小手工业者、店员、小贩等。无独有偶，《怎样分析农村阶级》一文将农村阶级分为地主、富农、中农、贫农、工人 5 个层次。

※ **例 2**：1941 年 10 月在西北局高级干部会议上的报告分析了延安社会。

譬如要分析延安的社会，首先应分做自然的与社会的两方面。自然界包括地理、山水、植物、矿产，连野草、沙子、石头都在内。社会方面就是各阶级及其政治组织，延安主要可分党政军三大系统。得了这个大概分析后，又可以专拿一个部门来加以研究，如研究军事系统，从留守处着手。留守处可分为军事部门与政治部门，政治部门又可以分成组织、宣传等四部。丢开各部专找一部，一部又分几科，如锄奸部中有侦察、逮捕、审讯、处罚等四个部分。分析研究了这四个部分，再把锄奸部综合起来。研究了锄奸部后，再研究其他部，然后再把整个留守处综合起来。研究了留守处，再研究边区政府、西北局，然后再把延安的社会综合为统一的整体，得出它的结论。又如研究边区，首先要从老百姓、乡政府、区政府，一步一步研究起，然后你才知道边区确是抗日的民主的根据地。

※ **例 3**：《整顿党的作风》一文，对知识的构成进行了分析。

什么是知识？自从有阶级的社会存在以来，世界上的知识只有两门，一门叫做生产斗争知识，一门叫做阶级斗争知识。自然科学、社会科学，就是这两门知识的结晶，哲学则是关于自然知识和社会知识的概括和总结。此外还有什么知识呢？没有了……什么是比较完全的知识呢？一切比较完全的知识都是由两个阶段构成的：第一阶段是感性知识，第二阶段是理性知识，理性知识是感性知识的高级发展阶段。

※ **例 4**：《在延安文艺座谈会上的讲话》一文，对人民大众的构成进行了分析。

那末，什么是人民大众呢？最广大的人民，占全人口百分之九十以上的人民，是工人、农民、兵士和城市小资产阶级。所以我们的文艺，第一是为工人的，这是领导革命的阶级。第二是为农民的，他们是革命中最广大最坚决的同盟军。第三是为武装起来了的工人农民即八路军、新四军和其他人民武装队伍的，这是革命战争的主力。第四是为城市小资产阶级劳动群众和知识分子的，他们也是革命的同盟者，他们是能够长期地和我们合作的。这四种人，就是中华民族的最大部分，就是最广大的人民大众。

※ **例 5**：1944 年 10 月 30 日在陕甘宁边区文教工作者会议上的讲演，将统一战线分成了教育、艺术和医药 3 个方面。

为了进行这个斗争，不能不有广泛的统一战线。而在陕甘宁边区这样人口稀少、交通不便、原有文化水平很低的地方，加上在战争期间，这种统一战线就尤其要广泛。因此，在教育工作方面，不但要有集中的正规的小学、中学，而且要有分散的不正规的村学、读报组和识字组。不但要有新式学校，而且要利用旧的村塾加以改造。在艺术工作方面，不但要有话剧，而且要有秦腔和秧歌。不但要有新秦腔、新秧歌，而且要利用旧戏班，利用在秧歌队总数中占百分之九十的旧秧歌队，逐步地加以改造。在医药方面，更是如此。陕甘宁边区的人、畜死亡率都很高，许多人民还相信巫神。在这种情形之下，仅仅依靠新医是不可能解决问题的。新医当然比旧医高明，但是新医如果不关心人民的痛苦，不为人民训练医生，不联合边区现有的一千多个旧医和旧式兽医，并帮助他们进步，那就是实际上帮助巫神，实际上忍心看着大批人畜的死亡。

※ **例 6**：《目前形势和我们的任务》一文，对新中国经济的构成进行了分析。

总起来说，新中国的经济构成是：（1）国营经济，这是领导的成分；（2）由个体逐步地向着集体方向发展的农业经济；（3）独立小工商业者的经济和小的、中等的私人资本经济。这些，就是新民主主义的全部国民经济。

2. 分析原因

分析原因属于因果分析的一个维度，即从结果反推原因。通常来说，原因又可分为多种类别，如直接原因和间接原因、主观原因和客观原因、主要原因和次要原因、内因和外因、政治原因、经济原因和技术原因，等等，分析时要避免眉毛胡子一把抓，不分类别地罗列。

※ 例 7：《纪念巴黎公社的重要意义》一文，分析了巴黎公社快速失败的原因。

巴黎公社存在不过七十二天，何以失败这样快呢？有两个主要原因：（一）没有一个统一的集中的有纪律的党作指挥——我们欲革命成功，必须势力集中行动一致，所以有赖于一个有组织有纪律的党来发号施令。当时巴黎公社，因为没有一个统一的政党，以致内部意见纷歧，势力分散，而予敌人以可乘之机，这是失败的第一个原因。（二）对敌人太妥协太仁慈——我们对敌人仁慈，便是对同志残忍。一九一七年俄国十月革命的成功，十四年国民政府打倒杨、刘肃清反革命派的胜利，全赖对于敌人取绝对严厉的手段，不丝毫妥协，因为我们不用严厉的手段对付敌人，敌人便要用极残酷的手段对付我们了。

※ 例 8：《中国的红色政权为什么能够存在？》一文，分析了中国红色政权发生和存在的 5 点原因。

一国之内，在四围白色政权的包围中，有一小块或若干小块红色政权的区域长期地存在，这是世界各国从来没有的事。这种奇事的发生，有其独特的原因。而其存在和发展，亦必有相当的条件。第一，它的发生不能在任何帝国主义的国家，也不能在任何帝国主义直接统治的殖民地，必然是在帝国主义间接统治的经济落后的半殖民地的中国……第二，中国红色政权首先发生和能够长期地存在的地方，不是那种并未经过民主革命影响的地方，例如四川、贵州、云南及北方各省，而是在一九二六和一九二七两年资产阶级民主革命过程中工农兵士群众曾经大大地起来过的地方，例如湖南、广东、湖北、江西等省……第三，小地方民众政权之能否长期地存在，则决定于全国革命形势是否向前发展这一个条件……

※ 例 9：《星星之火，可以燎原》一文，分析了中国革命高潮为什么很快就会到来的原因。

因为外货的压迫、广大工农群众购买力的枯竭和政府赋税的加重，使得国货商人和独立生产者日益走上破产的道路。因为反动政府在粮饷不足的条件之下无限制地增加军队，并因此而使战争一天多于一天，使得士兵群众经常处在困苦的环境之中。因为国家的赋税加重，地主的租息加重和战祸的日广一日，造成了普遍于全国的灾荒和匪祸，使得广大的农民和城市贫民走上求生不得的道路。因为无钱开学，许多在学学生有失学之忧；因为生产落后，许多毕业学生无就业之望。如果我们认识了以上这些矛盾，就知道中国是处在怎样一种皇皇不可终日的局面之下，处在怎样一种混乱状态之下。就知道反帝反军阀反地主的革命高潮，是怎样不可避免，而且是很快会要到来。

※ **例**10：《抗日游击战争的战略问题》一文，分析了游击战争的战略问题原因。

游击战争的战略问题是在这样的情况之下发生的：中国既不是小国，又不像苏联，是一个大而弱的国家。这一个大而弱的国家被另一个小而强的国家所攻击，但是这个大而弱的国家却处于进步的时代，全部问题就从这里发生了。在这样的情况下，敌人占地甚广的现象发生了，战争的长期性发生了。敌人在我们这个大国中占地甚广，但他们的国家是小国，兵力不足，在占领区留了很多空虚的地方，因此抗日游击战争就主要地不是在内线配合正规军的战役作战，而是在外线单独作战；并且由于中国的进步，就是说有共产党领导的坚强的军队和广大的人民群众存在，因此抗日游击战争就不是小规模的，而是大规模的；于是战略防御和战略进攻等等一全套的东西都发生了……

※ **例**11：《论联合政府》一文，分析了中国共产党领导的抗日军队有力量的原因。

这个军队之所以有力量，是因为所有参加这个军队的人，都具有自觉的纪律；他们不是为着少数人的或狭隘集团的私利，而是为着广大人民群众的利益，为着全民族的利益，而结合，而战斗的。紧紧地和中国人民站在一起，全心全意地为中国人民服务，就是这个军队的唯一的宗旨……

这个军队之所以有力量，还由于有人民自卫军和民兵这样广大的群众武装组织，和它一道配合作战。在中国解放区内，一切青年、壮年的男人和女人，都在自愿的民主的和不脱离生产的原则下，组织在抗日人民自卫军之中。自卫军中的精干分子，除加入军队和游击队者外，则组织在民兵的队伍中。没有这些群众武装力量的配合，要战胜敌人是不可能的。

※ **例**12：《关于重庆谈判》一文，论述了让出八个解放区的理由。

有些同志问，为什么要让出八个解放区？让出这八块地方非常可惜，但是以让出为好。为什么可惜？因为这是人民用血汗创造出来的、艰苦地建设起来的解放区。所以在让出的地方，必须和当地的人民解释清楚，要作妥善的处置。为什么要让出呢？因为国民党不安心。人家要回南京，南方的一些解放区，在他的床旁边，或者在他的过道上，我们在那里，人家就是不能安心睡觉，所以无论如何也要来争。在这一点上我们采取让步，就有利于击破国民党的内战阴谋，取得国内外广大中间分子的同情。

3. 分析结果

分析结果属于因果分析的另一个维度，即从原因正推结果。从结果的性质来说，可能是正面的、积极的，也可能是负面的、消极的，或者可以认为分析结果就是分析利弊。

※ **例** 13：《反对自由主义》一文，分析了自由主义的种种危害。

革命的集体组织中的自由主义是十分有害的。它是一种腐蚀剂，使团结涣散，关系松懈，工作消极，意见分歧。它使革命队伍失掉严密的组织和纪律，政策不能贯彻到底，党的组织和党所领导的群众发生隔离。这是一种严重的恶劣倾向。

※ **例** 14：《战争和战略问题》一文，分析了"由国内战争后期的正规战争转变为抗日战争前期的游击战争"的 18 条好处。

综合其利，有如下十八项：（一）缩小敌军的占领地；（二）扩大我军的根据地；（三）防御阶段，配合正面作战，拖住敌人；（四）相持阶段，坚持敌后根据地，利于正面整军；（五）反攻阶段，配合正面，恢复失地；（六）最迅速最有效地扩大军队；（七）最普遍地发展共产党，每个农村都可组织支部；（八）最普遍地发展民众运动，全体敌后人民，除了敌人的据点以外，都可组织起来；（九）最普遍地建立抗日的民主政权……（十七）最迅速最有效地创造出大批的领导干部；（十八）最便利于解决给养问题。

※ **例** 15：《改造我们的学习》一文，分析了主观主义的危害。

这种作风，拿了律己，则害了自己；拿了教人，则害了别人；拿了指导革命，则害了革命。总之，这种反科学的反马克思列宁主义的主观主义的方法，是共产党的大敌，是工人阶级的大敌，是人民的大敌，是民族的大敌，是党性不纯的一种表现。

※ **例** 16：《反对党八股》一文，分析了党八股的危害。

一个人写党八股，如果只给自己看，那倒还不要紧。如果送给第二个人看，人数多了一倍，已属害人不浅。如果还要贴在墙上，或付油印，或登上报纸，或印成一本书，那问题可就大了，它就可以影响许多的人。

如果我们今天不反对新八股和新教条主义，则中国人民的思想又将受另一个形式主义的束缚。至于我们党内一部分（当然只是一部分）同志所中的党八股的毒，所犯的教条主义的错误，如果不除去，那末，生动活泼的革命精神就不能启发，拿不正确态度对待马克思主义的恶习就不能肃清，真正的马克思主义就不能得到广泛的传播和发展；而对于老八股和老教条在全国人民中间的影响，以及洋八股和洋教条在全国许多人中间的影响，也就不能进行有力的斗争，也就达不到加以摧毁廓清的目的。

※ 例 17：《论军队生产自给，兼论整风和生产两大运动的重要性》一文，分析了军队生产自给的六大好处。

军队生产自给，不但改善了生活，减轻了人民负担，并因而能够扩大军队，而且立即带来了许多副产物。这些副产物就是：（一）改善官兵关系。官兵一道生产劳动，亲如兄弟了。（二）增强劳动观念。我们现行的，既不是旧式的募兵制，也不是征兵制，而是第三种兵役制——动员制。它比募兵制要好些，它不会造成那样多的二流子；但比征兵制要差些。我们目前的条件，还只许可我们采取动员制，还不能采取征兵制。动员来的兵要过长期的军队生活，将减弱他们的劳动观念，因而也会产生二流子和沾染军阀军队中的若干坏习气。生产自给以来，劳动观念加强了，二流子的习气被改造了……（六）促进人民的大生产运动。军队生产了，机关生产更显得必要，更有劲了；全体人民的普遍增产运动，当然也更显得必要，更有劲了。

4. 分析类型

这种分析维度是将一个事物分成若干有相同属性的类别，用数学公式来表示，就是将 A 分为 A1、A2、A3。以苹果为例，按颜色能分为绿苹果、红苹果、黄苹果等；按品种可分为红富士、秦冠、金冠、金帅等。需要说明的是，分析类型最关键的是找准合适的维度，因为不同维度分析能分出不同类型。

※ **例 18**：《新民主主义论》一文，将世界各国的政治体制分为 3 种类型。

全世界多种多样的国家体制中，按其政权的阶级性质来划分，基本地不外乎这三种：（甲）资产阶级专政的共和国；（乙）无产阶级专政的共和国；（丙）几个革命阶级联合专政的共和国。

第一种，是旧民主主义的国家。在今天，在第二次帝国主义战争爆发之后，许多资本主义国家已经没有民主气息，已经转变或即将转变为资产阶级的血腥的军事专政了。某些地主和资产阶级联合专政的国家，可以附在这一类。

第二种，除苏联外，正在各资本主义国家中酝酿着。将来要成为一定时期中的世界统治形式。

第三种，殖民地半殖民地国家的革命所采取的过渡的国家形式。各个殖民地半殖民地国家的革命必然会有某些不同特点，但这是大同中的小异。……

※ **例 19**：《反对党八股》一文，分析了五四运动以后的两种潮流。

五四运动的发展，分成了两个潮流。一部分人继承了五四运动的科学和民主的精神，并在马克思主义的基础上加以改造，这就是共产党人和若干党外马克思主义者所做的工作。另一部分人则走到资产阶级的道路上去，是形式主义向右的发展。

※ **例 20**：《组织起来》一文，分析了合作社的 4 种类型。

除了这种集体互助的农业生产合作社以外，还有三种形式的合作社，这就是延安南区合作社式的包括生产合作、消费合作、运输合作（运盐）、信用合作的综合性合作社，运输合作社（运盐队）以及手工业合作社。

※ **例 21**：《论联合政府》一文，分析了抗日战争中的"两条路线""两个战场""两种前途"。

中国的抗日战争，一开始就分为两个战场：国民党战场和解放区战场……

从整个形势看来，从上述一切国际国内的实际情况的分析看来，我请大家注意，不要以为我们的事业，一切都将是顺利的，美妙的。不，不是这样，事实是好坏两个可能性、好坏两个前途都存在着。继续法西斯独裁统治，不许民主改革；不是将重点放在反对日本侵略者方面，而是放在反对人民方面；即使日本侵略者被打败了，中国仍然可能发生内战，将中国拖回到痛苦重重的不独立、不自由、不民主、不统一、不富强的老状态里去。这是一个可能性，这是一个前途……

但是，另一方面，同样是从整个形势看来，从上述一切内外情况的分析看来，使我们更有信心地更有勇气地去争取第二个可能性，第二个前途。这就是克服一切困难，团结全国人民，废止国民党的法西斯独裁统治，实行民主改革，巩固和扩大抗日力量，彻底打败日本侵略者，将中国建设成为一个独立、自由、民主、统一和富强的新国家。

※**例 22**：在新华社 1949 年新年献词——《将革命进行到底》中，分析了美国的两种政策。

美国政府的政策，已经由单纯地支持国民党的反革命战争转变为两种方式的斗争：第一种，组织国民党残余军事力量和所谓地方势力在长江以南和边远省份继续抵抗人民解放军；第二种，在革命阵营内部组织反对派，极力使革命就此止步；如果再要前进，则应带上温和的色彩，务必不要太多地侵犯帝国主义及其走狗的利益。英国和法国的帝国主义者，则是美国这一政策的拥护者。这种情形，现在许多人还没有看清楚，但是大约不要很久，人们就可以看得清楚了。

※**例 23**：1949 年 3 月 5 日在七届二中全会上的报告开头分析了天津、北平和绥远 3 种解决国民党军队的模式。

今后解决这一百多万国民党军队的方式，不外天津、北平、绥远三种。用战斗去解决敌人，例如解决天津的敌人那样，仍然是我们首先必须注意和必须准备的。人民解放军的全体指挥员、战斗员，绝对不可以稍微松懈自己的战斗意志，任何松懈战斗意志的思想和轻敌的思想，都是错误的。按照北平方式解决问题的可能性是增加了，这就是迫使敌军用和平方法，迅速地彻底地按照人民解放军的制度改编为人民解放军。用这种方法解决问题，对于反革命遗迹的迅速扫除和反革命政治影响的迅速肃清，比较用战争方法解决问题是要差一些的……绥远方式，是有意地保存一部分国民党军队，让它原封不动，或者大体上不动，就是说向这一部分军队作暂时的让步，以利于争取这部分军队在政治上站在我们方面，或者保持中立，以便我们集中力量首先解决国民党残余力量中的主要部分，在一个相当的时间之后（例如在几个月，半年，或者一年之后），再去按照人民解放军制度将这部分军队改编为人民解放军……

5. 分析形势

分析形势是公文写作的一个重要任务，在讲话稿、理论文章和工作报告等综合性文稿中甚至是"规定动作"，是必写的部分。实际写作中通常从不同维度分为不同类型，如从空间维度分为国际形势、国内形势、地区形势等，从时间维度分为当前态势（特点、表现）和未来可能性，从性质维度分为有利形势（机遇）和不利形势（挑战），从工作类别维度分为政治形势、经济形势，等等。

※ **例 24**：《上海太原失陷以后抗日战争的形势和任务》一文，分析了上海、太原陷落后的形势。

上海太原失陷后的形势是这样的：

1. 在华北，以国民党为主体的正规战争已经结束，以共产党为主体的游击战争进入主要地位。在江浙，国民党的战线已被击破，日寇正向南京和长江流域进攻。国民党的片面抗战已表现不能持久。

2. 英、美、法等国政府为它们自己的帝国主义的利益表示援助中国，还限于口头上的同情，而没有什么实力的援助。

3. 德意法西斯竭力援助日本帝国主义。

4. 国民党对于它的用以进行片面抗战的一党专政及其对民众的统制政策，还不愿意作原则上的改变。

这些是一方面的情形。

另一方面则表现：

1. 共产党和八路军的政治影响极大地极快地扩大，"民族救星"的声浪在全国传布着。共产党和八路军决心坚持华北的游击战争，用以捍卫全国，钳制日寇向中原和西北的进攻。

2. 民众运动开展了一步。

3. 民族资产阶级的左倾。

4. 国民党中主张改革现状的势力正在增长。

5. 世界人民反对日本和援助中国的运动正在发展。

6. 苏联正在准备用实力援助中国。

这些是又一方面的情形。

※ **例 25**：《目前抗日统一战线中的策略问题》开头分析了 1940 年的政治形势。

目前的政治形势是：（1）日本帝国主义受了中国抗日战争的严重打击，已经无力再作大规模的军事进攻，因而敌我形势已处在战略相持阶段中；但敌人仍然坚持其灭亡中国的基本政策，并用破坏抗日统一战线、加紧敌后"扫荡"、加紧经济侵略等方法，实行这种政策。（2）英法在东方的地位因欧战削弱，美国则继续采取坐山观虎斗的政策，故东方慕尼黑会议暂时无召集的可能。（3）苏联的对外政策取得了新的胜利，对中国抗战依然取积极援助政策……（6）共产党领导之下的无产阶级、农民和城市小资产阶级的进步力量，最近时期有一个大的发展，基本上已经奠定了抗日民主政权的根据地。他们在全国工人、农民和城市小资产阶级中的影响是很大的，在中间势力中亦有相当影响。

※ **例 26**：《评国民党十一中全会和三届二次国民参政会》一文分析了形势。

国民党人亦感到了这个变化。他们在这一形势面前，一则以喜，一则以惧。喜的是他们以为欧洲解决，英美可以腾出手来替他们打日本，他们可以不费气力地搬回南京。惧的是三个法西斯国家一齐垮台，世界成了自有人类历史以来未曾有过的伟大解放时代，国民党的买办封建法西斯独裁政治，成了世界自由民主汪洋大海中一个渺小的孤岛，他们惧怕自己"一个党，一个主义，一个领袖"的法西斯主义有灭顶之灾。

文章还分析了 3 种可能性：

十一中全会后国民党人可能打什么主意呢？不外三种：（一）投降日本帝国主义；（二）照老路拖下去；（三）改变政治方针。

※ **例 27**：《论联合政府》一文，分析了国际国内形势。

目前的国际形势是怎样的呢？目前的军事形势是苏军已经攻击柏林，英美法联军也正在配合打击希特勒残军，意大利人民又已经发动了起义。这一切，将最后地消灭希特勒。希特勒被消灭以后，打败日本侵略者就为时不远了……

目前的国内形势是怎样的呢？中国的长期战争，使中国人民付出了并且还将再付出重大的牺牲；但是同时，正是这个战争，锻炼了中国人民。这个战争促进中国人民的觉悟和团结的程度，是近百年来中国人民的一切伟大的斗争没有一次比得上的……

※ **例 28**：《抗日战争胜利后的时局和我们的方针》一文，分析了内战爆发的可能性。

公开的全面的内战会不会爆发？这决定于国内的因素和国际的因素。国内的因素主要是我们的力量和觉悟程度。会不会因为国际国内的大势所趋和人心所向，经过我们的奋斗，使内战限制在局部的范围，或者使全面内战拖延时间爆发呢？这种可能性是有的。

蒋介石要放手发动内战也有许多困难。第一，解放区有一万万人民、一百万军队、二百多万民兵。第二，国民党统治地区的觉悟的人民是反对内战的，这对蒋介石是一种牵制。第三，国民党内部也有一部分人不赞成内战。目前的形势和一九二七年的时候是大不相同了。特别是我党目前的情况和一九二七时候的情况大不相同。那时候的党是幼年的党，没有清醒的头脑，没有武装斗争的经验，没有针锋相对的方针。现在党的觉悟程度已经大大地提高了。

除了我们的觉悟，无产阶级先锋队的觉悟问题以外，还有一个人民群众的觉悟问题。当着人民还不觉悟的时候，把革命果实送给人家是完全可能的。这种事在历史上曾经有过。

※ **例29**：1949 年 6 月 15 日在新政治协商会议筹备会上的讲话，分析了敌人可能采取的措施。

在这里，我认为有必要唤起人们的注意，这即是：帝国主义者及其走狗中国反动派对于他们在中国这块土地上的失败，是不会甘心的。他们还会要互相勾结在一起，用各种可能的方法，反对中国人民。例如，派遣他们的走狗钻进中国内部来进行分化工作和捣乱工作。这是必然的，他们决不会忘记这一项工作。例如，唆使中国反动派，甚至加上他们自己的力量，封锁中国的海港。只要还有可能，他们就会这样做。再则，假如他们还想冒险的话，派出一部分兵力侵扰中国的边境，也不是不可能的。所有这些，我们都必须充分地估计到。

6. 分析对错

这种分析维度即辨别事物是非、分清事物对错，多用在一些理论文章和讲话稿中，因为这些文稿经常要谈认识、讲看法，对有争议的观点或行为进行辨析，作出正确的判断。

※ **例30**：《反对本本主义》一文，对两种典型的本本主义思想进行辨析。

以为上了书的就是对的，文化落后的中国农民至今还存着这种心理。不谓共产党内讨论问题，也还有人开口闭口"拿本本来"。我们说上级领导机关的指示是正确的，决不单是因为它出于"上级领导机关"，而是因为它的内容是适合于斗争中客观和主观情势的，是斗争所需要的。不根据实际情况进行讨论和审察，一味盲目执行，这种单纯建立在"上级"观念上的形式主义的态度是很不对的。

我们说马克思主义是对的，决不是因为马克思这个人是什么"先哲"，而是因为他的理论，在我们的实践中，在我们的斗争中，证明了是对的。我们的斗争需要马克思主义。我们欢迎这个理论，丝毫不存什么"先哲"一类的形式的甚至神秘的念头在里面。读过马克思主义"本本"的许多人，成了革命叛徒，那些不识字的工人常常能够很好地掌握马克思主义。马克思主义的"本本"是要学习的，但是必须同我国的实际情况相结合。

※ **例31**：1933年8月，在江西南部十七县经济建设工作会议上所作的演说，强调"必须注意经济工作"时辨析了两种错误认识。

过去有些同志认为革命战争已经忙不了，哪里还有闲工夫去做经济建设工作，因此见到谁谈经济建设，就要骂为"右倾"。他们认为在革命战争环境中没有进行经济建设的可能，要等战争最后胜利了，有了和平的安静的环境，才能进行经济建设。同志们，这些意见是不对的……我们如果不把这些困难克服，革命战争不是要受到很大的影响吗？盐很贵，有时买不到。谷子秋冬便宜，春夏又贵得厉害。这些情形，立即影响到工农的生活，使工农生活不能改良。这不是要影响到工农联盟这一个基本路线吗？工农群众如果对于他们的生活发生不满意，这不是要影响到我们的扩大红军、动员群众参加革命战争的工作吗？所以，这种以为革命战争的环境不应该进行经济建设的意见，是极端错误的。

……

因此也就明白，在现在的阶段上，经济建设必须是环绕着革命战争这个中心任务的。革命战争是当前的中心任务，经济建设事业是为着它的，是环绕着它的，是服从于它的。那种以为经济建设已经是当前一切任务的中心，而忽视革命战争，离开革命战争去进行经济建设，同样是错误的观点。只有在国内战争完结之后，才说得上也才应该说以经济建设为一切任务的中心。在国内战争中企图进行和平的，为将来所应有而现在所不应有的，为将来的环境所许可而现在的环境不许可的那些经济建设工作，只是一种瞎想。当前的工作是战争所迫切地要求的一些工作。这些工作每件都是为着战争，而不是离开战争的和平事业。

※ **例32**：《在延安文艺座谈会上的讲话》结论部分辨析了"讨论文艺问题应该从实际出发还是从定义出发"的问题。

我们讨论问题，应当从实际出发，不是从定义出发。如果我们按照教科书，找到什么是文学、什么是艺术的定义，然后按照它们来规定今天文艺运动的方针，来评判今天所发生的各种见解和争论，这种方法是不正确的。我们是马克思主义者，马克思主义叫我们看问题不要从抽象的定义出发，而要从客观存在的事实出发，从分析这些事实中找出方针、政策、办法来。我们现在讨论文艺工作，也应该这样做。

※ **例 33**：《经济问题与财政问题》一文，辨析了不能单纯强调边区政府施行"仁政"的问题。

有些同志不顾战争的需要，单纯地强调政府应施"仁政"，这是错误的观点。因为抗日战争如果不胜利，所谓"仁政"不过是施在日本帝国主义身上，于人民是不相干的。反过来，人民负担虽然一时有些重，但是战胜了政府和军队的难关，支持了抗日战争，打败了敌人，人民就有好日子过，这个才是革命政府的大仁政。

※ **例 34**：《必须学会做经济工作》一文，辨析了部队可以生产和作战、训练相互促进。

有人说：部队生产，就不能作战和训练了；机关生产，就不能工作了。这种说法是不对的。最近几年，我们边区部队从事大量的生产，衣食丰足，同时又进行练兵，又有政治和文化学习，这些都比从前有更大的成绩，军队内部的团结和军民之间的团结，也比从前更好了。在前方，去年一年进行了大规模的生产运动，可是去年一年作战方面有很大的成绩，并且普遍地开始了练兵运动。机关因为生产，工作人员生活改善了，工作更安心、更有效率，边区和前方都是这样。

※ **例 35**：《抗日战争胜利后的时局和我们的方针》一文，纠正了部分人对原子弹在战争中作用的错误认知。

我们有些同志也相信原子弹了不起，这是很错误的。这些同志看问题，还不如一个英国贵族。英国有个勋爵，叫蒙巴顿。他说，认为原子弹能解决战争是最大的错误。我们这些同志比蒙巴顿还落后。这些同志把原子弹看得神乎其神，是受了什么影响呢？是资产阶级的影响。这种影响是从哪里来的呢？是从资产阶级的学校教育中来的，是从资产阶级的报纸、通讯社来的。有两种世界观、方法论：无产阶级的世界观、方法论和资产阶级的世界观、方法论。这些同志把资产阶级的世界观、方法论，经常拿在手里；无产阶级的世界观、方法论，却经常丢在脑后。我们队伍中的唯武器论，单纯军事观点，官僚主义、脱离群众的作风，个人主义思想，等等，都是资产阶级的影响。

※ **例36**：1949年3月5日在七届二中全会上的报告批评了一些错误观点。

在城市斗争中，我们依靠谁呢？有些糊涂的同志认为不是依靠工人阶级，而是依靠贫民群众。有些更糊涂的同志认为是依靠资产阶级。在发展工业的方向上，有些糊涂的同志认为主要地不是帮助国营企业的发展，而是帮助私营企业的发展；或者反过来，认为只要注意国营企业就够了，私营企业是无足轻重的了。我们必须批判这些糊涂思想。我们必须全心全意地依靠工人阶级，团结其他劳动群众，争取知识分子，争取尽可能多的能够同我们合作的民族资产阶级分子及其代表人物站在我们方面，或者使他们保持中立，以便向帝国主义者、国民党、官僚资产阶级作坚决的斗争，一步一步地去战胜这些敌人。同时即开始着手我们的建设事业，一步一步地学会管理城市，恢复和发展城市中的生产事业。

7. 分析要素

这里讲的"要素"其实是分析的其他维度，如下面例子中提到的分析影响因素、作战方针、支撑条件、历史阶段等。

※ **例37**：《上海太原失陷以后抗日战争的形势和任务》一文，分析了国际国内不可投降的因素。

依目前形势看来，国内国际不许可投降主义得势的因素，占着优势。这些因素是：日本坚决灭亡中国的方针使中国处于非战不可的地位，共产党和八路军的存在，中国人民的要求，国民党内多数党员的要求，英、美、法顾虑到国民党投降对于它们利益的损失，苏联的存在及其援助中国的方针，中国人民对于苏联的深切希望（这种希望不是空的）等等。如果把这些因素好好地组织起来，不但将克服投降和分裂的因素，也将克服停顿于片面抗战的因素。

※ **例38**：《抗日游击战争的战略问题》一文，分析了抗日战争中保存或发展自己和消灭敌人的6个方针。

总的说来，主要的方针有下列各项：（一）主动地、灵活地、有计划地执行防御战中的进攻战，持久战中的速决战和内线作战中的外线作战；（二）和正规战争相配合；（三）建立根据地；（四）战略防御和战略进攻；（五）向运动战发展；（六）正确的指挥关系。这六项，是全部抗日游击战争的战略纲领，是达到保存和发展自己，消灭和驱逐敌人，配合正规战争，争取最后胜利的必要途径。

※ **例 39**：《目前抗日统一战线中的策略问题》一文，分析了争取中间势力需要具备的 3 个条件。

争取中间势力是我们在抗日统一战线时期的极严重的任务，但是必须在一定条件下才可能完成这个任务。这些条件是：（1）我们有充足的力量；（2）尊重他们的利益；（3）我们对顽固派作坚决的斗争，并能一步一步地取得胜利。没有这些条件，中间势力就会动摇起来，或竟变为顽固派向我进攻的同盟军；因为顽固派也正在极力争取中间派，以便使我们陷于孤立。

※ **例 40**：1945 年 4 月 23 日，在中国共产党第七次全国代表大会上的开幕词，分析了"光明之中国"命运可以实现的 4 个基础条件。

我们的希望能不能实现？我们认为是能够实现的。这个可能性是存在的，因为我们现在已经具备了这样几个条件：

第一，有一个经验丰富和集合了一百二十一万党员的强大的中国共产党；

第二，有一个强大的解放区，这个解放区包括九千五百五十万人口，九十一万军队，二百二十万民兵；

第三，有全国广大人民的援助；

第四，有全世界各国人民特别是苏联的援助。

※ **例 41**：《在晋绥干部会议上的讲话》中，就"过去一年中共中央晋绥分局领导的区域内的土地改革工作和整党工作是成功的"分析了两方面理由。

这是从两方面来看的。一方面，晋绥的党组织反对了右的偏向，发动了群众斗争，在全区三百多万人口的二百几十万人口中，完成了或者正在完成着土地改革工作和整党工作。另一方面，晋绥的党组织又纠正了在运动中发生的几个"左"的偏向，因而使全部工作走上了健全发展的轨道。从这两方面来看，晋绥解放区的土地改革工作和整党工作，我认为是成功的。

※ **例 42**：在新华社 1949 年新年献词——《将革命进行到底》中，分析了战争经历的几个阶段。

战争的第一年（一九四六年七月至一九四七年六月）表现为国民党的进攻和人民解放军的防御……战争在第二年（一九四七年七月至一九四八年六月）

发生了一个根本的变化。已经消灭了大量国民党正规军的人民解放军，在南线和北线都由防御转入了进攻，国民党方面则不得不由进攻转入防御……战争第三年的头半年（一九四八年七月至十二月）发生了另一个根本的变化。人民解放军在数量上由长期的劣势转入了优势。

最后，需要说明的是，所谓分析，就是分而析之，核心在一个"分"字上。写作中没有固定的维度。我的理解，你只要把一个笼统的东西掰开了、揉碎了，不管分析原因、结果、构成也好，分析利弊、对错也罢，甚至分析阶段、层次都可以，只要能像剥柚子一样，一瓣一瓣地掰开，一二三地列出来，让读者便于理解、容易消化，就达到目的了。

20 开头：写作里的"迎宾之道"
——开篇的 12 种方法

导读

　　人们做事情经常会提到"好的开端是成功的一半"这句话。对于写文章，这句话也是贴切的，可以说：好的开篇是文章成功的一半。为什么这么说呢？因为开头是每篇文章的门面、前台，决定着读者是否愿意读下去，是否能顺利读下去。问题是，我们该向谁学习？开头的方法有哪些？事实证明，毛泽东的文章开头灵活多变、生动有趣，或在设疑发问中点破主题，或在阐述背景中铺垫造势，或在驳斥谬误中宣扬观点，充满感染力、吸引力、说服力和艺术性。本专题从《毛泽东选集》《毛泽东文集》中精选了 60 篇经典范文，归纳成 12 种方法：（1）设疑发问。（2）阐述背景。（3）驳斥谬误。（4）归纳概括。（5）界定概念。（6）作出评价。（7）阐明目的。（8）呼应主题。（9）询问原因。（10）阐述形势。（11）点明任务。（12）说明意义。

　　好的开头是写作成功的关键。

　　因为开头是一篇文章的门面，读者在阅读过程中，只需短短几秒钟，便能决定是否继续读下去。开头之于文章，犹如大门之于景区，游客游览得顺不顺利，很大程度上看大门怎么设置。开头像宾馆的前台，客人能否顺利入住，关键看前台服务是否人性化。从这个意义上讲，写文章本质上是一种营销行为，开头是一种接待艺术，体现的是迎宾之道。因此，好的开头能吸引读者游览的兴趣，指引读者以最佳线路"游览"文字的"景区"；好的开头能以人性化的服务吸引读者住下来，找到自己的房间，享受作者的盛情"款待"。

　　怎样学习开头技巧呢？

　　不妨向毛泽东学习。他的文章开头灵活多变、生动有趣，或在设疑发问中点破主题，或在阐述背景中铺垫造势，或在驳斥谬误中宣扬观点，或在归纳概括中引导读者，充满感染力、吸引力、说服力和艺术性。本专题从《毛泽东选集》和《毛泽东文集》中精选了 60 篇范文，归纳成以下 12 种方法。

1. 设疑发问

设问即以问句的形式开头，进而展开分析，最后得出结论。这种开头有个好处，就是通过疑问开篇破题、引发思考，抓住读者关注的核心问题。

※ 例 1：《中国社会各阶级的分析》开头用经典问句摆出主题。

谁是我们的敌人？谁是我们的朋友？这个问题是革命的首要问题。中国过去一切革命斗争成效甚少，其基本原因就是因为不能团结真正的朋友，以攻击真正的敌人。革命党是群众的向导，在革命中未有革命党领错了路而革命不失败的。我们的革命要有不领错路和一定成功的把握，不可不注意团结我们的真正的朋友，以攻击我们的真正的敌人。我们要分辨真正的敌友，不可不将中国社会各阶级的经济地位及其对于革命的态度，作一个大概的分析。

※ 例 2：《反对本本主义》全文 7 个部分有 4 个部分以问句开头，可以说是把设疑发问这种方法用到了极致。第一部分一个段落连续 3 处设问，观点鲜明，引人深思，充满说服力。

你对于某个问题没有调查，就停止你对于某个问题的发言权。这不太野蛮了吗？一点也不野蛮。你对那个问题的现实情况和历史情况既然没有调查，不知底里，对于那个问题的发言便一定是瞎说一顿。瞎说一顿之不能解决问题是大家明了的，那末，停止你的发言权有什么不公道呢？许多的同志都成天地闭着眼睛在那里瞎说，这是共产党员的耻辱，岂有共产党员而可以闭着眼睛瞎说一顿的吗？

这样的开头不仅用在调查报告里，还用在理论文章里。

※ 例 3：1941 年 5 月 16 日，《解放日报》发刊词也用了这种开篇方法。

本报之使命为何？团结全国人民战胜日本帝国主义一语足以尽之。这是中国共产党的总路线，也就是本报的使命。在目前的国际国内形势下，这一使命是更加严重了。

※ 例 4：《一九四五年的任务》一文，开头就问一九四五年的任务是什么，要特意去做什么，一针见血。这种方法一直延续到后来。

一九四四年快要完结了，我们在一九四五年的任务是什么呢？我们有些什么工作在明年要特别注意去做呢？整个反法西斯战争有很大的胜利，打倒希特勒明年就可以实现。

※**例5**：《人的正确思想是从哪里来的？》一文将这种方法发挥得淋漓尽致，文章劈头就是 3 个问句，如连珠炮一般振聋发聩。

人的正确思想是从哪里来的？是从天上掉下来的吗？不是。是自己头脑里固有的吗？不是。人的正确思想，只能从社会实践中来，只能从社会的生产斗争、阶级斗争和科学实验这三项实践中来。

这种以问句开头的方法在调研报告、理论文章中特别实用，因为这种方法扣题紧、破题快、有黏性，且能引发思考，吸引读者注意力。

2. 阐述背景

阐述背景即在文稿开头先讲故事、说过程、述背景，做好铺垫后才自然而然地引出观点，让表达过程娓娓道来、循循善诱，在暖场中拉近距离、打动读者。这种方法通常用在调研报告、应景性讲话和公开演讲中。

※**例6**：《湖南农民运动考察报告》没像《中国社会各阶级的分析》一样开篇就发问，而是讲述考察了什么地方、如何调查研究、获得了什么调查感受等，然后才讲具体的问题。

我这回到湖南，实地考察了湘潭、湘乡、衡山、醴陵、长沙五县的情况。从一月四日起至二月五日止，共三十二天，在乡下，在县城，召集有经验的农民和农运工作同志开调查会，仔细听他们的报告，所得材料不少。许多农民运动的道理，和在汉口、长沙从绅士阶级那里听得的道理，完全相反。许多奇事，则见所未见，闻所未闻。我想这些情形，很多地方都有。所有各种反对农民运动的议论，都必须迅速矫正。革命当局对农民运动的各种错误处置，必须迅速变更。这样，才于革命前途有所补益。因为目前农民运动的兴起是一个极大的问题。

实际上，这种方法在演讲稿里最常用。

※**例7**：《在抗大应该学习什么？》开头就像拉家常一样，谈学员远道而来，求学不容易，相互又不认识，又讲学习时间短，最后才讲到学习内容上。

诸同学不避艰苦，从很远的地方，风尘跋涉，来此学习，这种精神，这种决心，是很好的。我们彼此都不认识，但也可以说又都认识，因为我们在政治上是站在一条战线上的，从政治上说，从精神上说，我们是彼此贯通的，是相识的。你们在这里学习的时间很短，只有几个月，学不到很多的东西，不像别的大学可以学几多年，但你们可以学一样东西，一样很重要的东西，就是学一个宗旨，这个宗旨也就是全国的全中华民族的宗旨——抗日救国。这是我们学校的总的方针，也是全国人民的要求。具体地说，你们在这里应当学到以下几样东西：

……

※ **例8**：《在延安在职干部教育动员大会上的讲话》开头讲会议筹备过程，讲学习情况，铺垫得差不多了才步入正题。

同志们：我们这个会筹备了很久，早就要开的，因为生产运动的关系，拖延到今天才开。现在各机关的同志，响应中央关于学习运动的号召，组织了学习小组，有的已经开始学习，而且有了相当的成绩，这是很好的。今天开这个会，把有关学习运动的几个问题来讲一下。

※ **例9**：《在中央党校第二部开学典礼上的讲话》也先说党校学员的背景及学习的兴趣爱好，接着才提出核心观点。

中央党校第二部今天开学。同志们大多是从前方来的，从战场上回来的；一部分是从边区各地来的，从工作中来的；还有一部分是在延安的，离开工作来学习的。现在大家在一个学校里学习，要有一个一致的意见、统一的思想，要达到一个统一的目的。否则，有人要学经济学，有人要学哲学，有人想看小说，有人想学外国文，那末，我们的学校就不好办，也办不好。我们全党要统一，学校里的学习和各种活动也要统一，要有一致的意见。今天开学，我主要地来做这样一个宣传。

※ **例10**：《在抗大七分校的讲话》一文开头也用了相同的方法，先讲抗大七分校同志从哪里来，干了什么，以后要到哪里去，与1943年《在中央党校第二部开学典礼上的讲话》的开头如出一辙。

同志们：抗大七分校的学员同志都是从边区、从华北来的，在各地做过工作，有许多人还打过仗，在抗日中有功劳。你们到七分校来学习已经很久了，现在就要到前方去了，所以我们在这里开大会欢迎你们，又欢送你们。

※ **例11**：《时局问题及其他》一文开头描述了报告会的发起过程。

同志们：今天这个报告会是中央党校五部、六部发起的。五部、六部的同志们以及许多别的同志到延安很久了，我一次话也没有来讲过。今天就是专为五部、六部的同志们开这样的会，此外还有许多别的同志参加。今天要讲的题目是同志们给我出的：一个时局问题，一个山头主义问题，一个审查干部问题。此外，我还想讲一点其他的问题。

以上方法在今天公文写作中很常用，但凡写过讲话稿、总结发言稿的朋友都知道，对背景、过程的描述是很有必要的，因为这样能设身处地为受众考虑，拉近与受众的距离，挠到读者的痒处。

3. 驳斥谬误

驳斥谬误即在开篇表明自己的态度，支持什么、反对什么，开门见山不含糊。这种方法多用在评论性文章中，态度鲜明地驳斥错误观点或不正确现象。

※ 例 12：《星星之火，可以燎原》开篇即指出："在对于时局的估量和伴随而来的我们的行动问题上，我们党内有一部分同志还缺少正确的认识。"可谓一针见血。

在对于时局的估量和伴随而来的我们的行动问题上，我们党内有一部分同志还缺少正确的认识。他们虽然相信革命高潮不可避免地要到来，却不相信革命高潮有迅速到来的可能。因此他们不赞成争取江西的计划，而只赞成在福建、广东、江西之间的三个边界区域的流动游击，同时也没有在游击区域建立红色政权的深刻的观念，因此也就没有用这种红色政权的巩固和扩大去促进全国革命高潮的深刻的观念。他们似乎认为在距离革命高潮尚远的时期做这种建立政权的艰苦工作为徒劳，而希望用比较轻便的流动游击方式去扩大政治影响，等到全国各地争取群众的工作做好了，或做到某个地步了，然后再来一个全国武装起义，那时把红军的力量加上去，就成为全国范围的大革命。

※ 例 13：《实践论》一文开头讲了马克思以前的唯物论在处理认识与实践关系上存在的问题，从而引出马克思主义的实践论。

马克思以前的唯物论，离开人的社会性，离开人的历史发展，去观察认识问题，因此不能了解认识对社会实践的依赖关系，即认识对生产和阶级斗争的依赖关系。

※ 例 14：《新民主主义论》开头同样点问题，毫不客气地点出了社会上出现的"妥协空气，反共声浪"，目的很明显，就是纠正这些错误动向。

抗战以来，全国人民有一种欣欣向荣的气象，大家以为有了出路，愁眉锁眼的姿态为之一扫。但是近来的妥协空气，反共声浪，忽又甚嚣尘上，又把全国人民打入闷葫芦里了。特别是文化人和青年学生，感觉锐敏，首当其冲。于是怎么办，中国向何处去，又成为问题了。因此，趁着《中国文化》的出版，说明一下中国政治和中国文化的动向问题，或者也是有益的。

※**例15**：在《解放日报》的一篇社论——《一个极其重要的政策》，开篇也使用了相同的手法。

自从党中央提出精兵简政这个政策以来，许多抗日根据地的党，都依照中央的指示，筹划和进行了这项工作。晋冀鲁豫边区的领导同志，对这项工作抓得很紧，做出了精兵简政的模范例子。但是还有若干根据地的同志们因为认识不够，没有认真地进行。这些地方的同志们还不理解精兵简政同当前形势和党的各项政策的关系，还没有把精兵简政当作一个极其重要的政策看待。关于这件事，《解放日报》曾多次讨论，今愿更有所说明。

※**例16**：《游击区也能够进行生产》开头指出了过去许多人思想中还存在"游击区不能进行生产"的错误认知。

我们在敌后解放区中那些比较巩固的根据地内，能够和必须发动军民的生产运动的问题，早已解决了，不成问题了。但是在游击区中，在敌后之敌后，是否也能够这样，在过去，在许多人的思想中，还是没有解决的，这是因为还缺少证明的缘故。可是现在有了证据了。根据一月二十八日《解放日报》所载张平凯同志关于晋察冀游击队的生产运动的报道，晋察冀边区的许多游击区内，已于一九四四年进行了大规模的生产，并且收到了极好的成绩。

以上5篇文章有两篇社论、一篇演讲、一封信、一篇理论文章，无一例外地在开篇针锋相对，在驳斥中确立正确观点。

4. 归纳概括

归纳概括即开篇对讲话观点进行概括，把讲几点、几条、几个问题，交代得清清楚楚、明明白白。这样的开头便于读者理解，就像一个导游在进入景区时告诉游客这个景区有多少个景点一样，让读者一听，心里顿时就有了底。

※**例17**：《在中国共产党第七次全国代表大会上的结论》开头归纳了自己要讲国际形势、国内形势、党内若干思想政策3个问题。

同志们！我的结论讲三个问题：国际形势，国内形势，党内若干思想政策问题。同志们在讨论中提出的问题和意见，大体上可以归纳为这三个问题。

※ **例 18**：《在杨家沟中共中央扩大会议上的讲话》开头同样直言讲 3 个问题。

今天讲一讲敌我形势、统一战线、英美苏关系三个问题。

※ **例 19**：《关于时局的四条分析》开头也是这样。

关于时局，有四条分析要说一说，大家看看是否恰当，这些也是过去一贯的看法，现在看来，似乎还不很定型。时局确实在动荡不定之中，影响着各个国家。有很多人问第三次世界大战会不会打起来，虽然我们被问到的人都说现在打不起来，但是担心的人还是不少。我想讲四条：

……

※ **例 20**：《在中共中央政治局会议上的报告和结论》开头讲会议要解决的问题有 8 条。

我们这次会议要解决的问题有八条。

※ **例 21**：《论十大关系》开头归纳了自己要讲的内容"共有十个问题，也就是十大关系"。有了这个归纳，当读者读到这里时，已基本掌握了全文的梗概。

最近几个月，中央政治局听了中央工业、农业、运输业、商业、财政等三十四个部门的工作汇报，从中看到一些有关社会主义建设和社会主义改造的问题。综合起来，一共有十个问题，也就是十大关系。

※ **例 22**：在莫斯科共产党和工人党代表会议上的讲话，开头说自己想讲两个问题。

同志们：我讲几句话。请同志们允许我即席讲话。因为我在几年前害过一次脑贫血症，最近一两年好了一些，站起来讲话还有些不方便。我想讲两个问题：形势问题，团结问题。

※ **例 23**：1962 年 1 月在扩大的中央工作会议上的讲话，开头归纳自己讲 6 点，中心是民主集中制。

同志们，我现在讲几点意见，一共讲六点，中心是讲一个民主集中制的问题，同时也讲到一些其他问题。

以上 7 种开头方法在讲话稿中特别常用，比如，先阐述会议目的或过程，然后说："下面，我讲 × 点意见。"也有不讲目的过程而直接讲"就 ×× 问题，我讲 × 点意见"的。

5. 界定概念

界定概念即开头对有关概念进行界定，阐述"是什么"，以达到立论的效果，然后展开论证。这种开头多用在理论文章中。

※**例24**：《矛盾论》开头指出了矛盾法则的实质以及研究这个问题的重要性。

事物的矛盾法则，即对立统一的法则，是唯物辩证法的最根本的法则。列宁说："就本来的意义讲，辩证法是研究对象的本质自身中的矛盾。"列宁常称这个法则为辩证法的本质，又称之为辩证法的核心。因此，我们在研究这个法则时，不得不涉及广泛的方面，不得不涉及许多的哲学问题。如果我们将这些问题都弄清楚了，我们就在根本上懂得了唯物辩证法。

※**例25**：《反对自由主义》开头对自由主义的主张进行界定，好比是立了一块供批判的"靶子"，然后有针对性地驳斥。

我们主张积极的思想斗争，因为它是达到党内和革命团体内的团结使之利于战斗的武器。每个共产党员和革命分子，应该拿起这个武器。

但是自由主义取消思想斗争，主张无原则的和平，结果是腐朽庸俗的作风发生，使党和革命团体的某些组织和某些个人在政治上腐化起来。

※**例26**：在为《新中华报》改版一周年纪念而写的文章——《必须强调团结和进步》开头阐明了什么是我党的基本方针，并进一步阐释了抗战、团结、进步三者的关系，旗帜鲜明地提出观点。

抗战、团结、进步，这是共产党在去年"七七"纪念时提出的三大方针。这是三位一体的方针，三者不可缺一。如果单单强调抗战而不强调团结和进步，那末，所谓"抗战"是靠不住的，是不能持久的。缺乏团结和进步纲领的抗战，终久会有一天要改为投降，或者归于失败。我们共产党认为一定要三者合一。

6. 作出评价

作出评价即对工作（会议、活动等）的好坏进行评价，进而起到鼓舞人心的作用。这种开头大多用到会议的总结性讲话中。

※**例27**：《纪念白求恩》开头对白求恩的精神进行了定性评价：这是国际主义的精神，这是共产主义的精神，每一个中国共产党员都要学习这种精神。

白求恩同志是加拿大共产党员，五十多岁了，为了帮助中国的抗日战争，受加拿大共产党和美国共产党的派遣，不远万里，来到中国。去年春上到延安，后来到五台山工作，不幸以身殉职。一个外国人，毫无利己的动机，把中国人民的解放事业当作他自己的事业，这是什么精神？这是国际主义的精神，这是共产主义的精神，每一个中国共产党员都要学习这种精神。

　　※ **例 28**：《团结到底》一文开头就抗日战争的责任进行评价，指出是一切抗日党派的责任，是全国人民的责任。

抗日战争的三周年，正是中国共产党的十九周年。我们共产党人今天来纪念抗战，更感到自己的责任。中华民族的兴亡，是一切抗日党派的责任，是全国人民的责任，但在我们共产党人看来，我们的责任是更大的。我党中央已发表了对时局的宣言，这个宣言的中心是号召抗战到底，团结到底。这个宣言希望得到友党友军和全国人民的赞同，而一切共产党员尤其必须认真地执行这个宣言中所示的方针。

　　※ **例 29**：《为人民服务》一文同样采用了开篇评价的写法。

我们的共产党和共产党所领导的八路军、新四军，是革命的队伍。我们这个队伍完全是为着解放人民的，是彻底地为人民的利益工作的。张思德同志就是我们这个队伍中的一个同志。

　　※ **例 30**：《必须学会做经济工作》开头总结了模范的"三种长处"和"三个作用"，也是在评价中彰显意义。

各位劳动英雄，各位模范工作者！你们开了会，总结了经验，大家欢迎你们，尊敬你们。你们有三种长处，起了三个作用。第一个，带头作用。这就是因为你们特别努力，有许多创造，你们的工作成了一般人的模范，提高了工作标准，引起了大家向你们学习。第二个，骨干作用。你们的大多数现在还不是干部，但是你们已经是群众中的骨干，群众中的核心，有了你们，工作就好推动了。到了将来，你们可能成为干部，你们现在是干部的后备军。第三个，桥梁作用。你们是上面的领导人员和下面的广大群众之间的桥梁，群众的意见经过你们传上来，上面的意见经过你们传下去。

　　※ **例 31**：《愚公移山》开头评价道：这次大会是团结的模范，是自我批评的模范，又是党内民主的模范。

我们开了一个很好的大会。我们做了三件事：第一，决定了党的路线，这就是放手发动群众，壮大人民力量，在我党的领导下，打败日本侵略者，解放全国人民，建立一个新民主主义的中国。第二，通过了新的党章。第三，选举了党的领导机关——中央委员会。今后的任务就是领导全党实现党的路线。我们开了一个胜利的大会，一个团结的大会。代表们对三个报告发表了很好的意见。许多同志作了自我批评，从团结的目标出发，经过自我批评，达到了团结。这次大会是团结的模范，是自我批评的模范，又是党内民主的模范。

※ **例32**：1953 年 2 月 7 日在全国政协一届四次会议闭幕会上的讲话，认为报告、讨论和决议都很好。

各位委员，各位同志：这一次会议就要结束了，报告、讨论和决议都很好。我祝贺会议的成功。现在我讲几点意见。

※ **例33**：1957 年 3 月 12 日在中国共产党全国宣传工作会议上的讲话，评价会议"开得很好"。

各位同志！这次会议开得很好。会议中间提出了很多问题，使我们知道了很多事情。我现在就同志们所讨论的问题讲几点意见。

7. 阐明目的

阐明目的即开篇告诉大家开会的目的是什么，以提醒受众，引起受众注意。这种开头方法同第 11 种"点明任务"相似，常用在会议讲话稿中。

※ **例34**：1939 年 8 月在延安人民追悼平江惨案死难烈士的集会上的演说，开篇就以问句的形式提醒开这次追悼大会的目的。

今天是八月一日，我们在这里开追悼大会。为什么要开这样的追悼会呢？因为反动派杀死了革命的同志，杀死了抗日的战士。现在应该杀死什么人？应该杀死汉奸，杀死日本帝国主义者。但是，中国和日本帝国主义者打了两年仗，还没有分胜负。汉奸还是很活跃，杀死的也很少。革命的同志，抗日的战士，却被杀死了。什么人杀死的？军队杀死的。军队为什么杀死了抗日战士？军队是执行命令，有人指使军队去杀的。什么人指使军队去杀？反动派在那里指使。

※ **例35**：《在延安文艺座谈会上的讲话》开头强调座谈会目的。

同志们！今天邀集大家来开座谈会，目的是要和大家交换意见，研究文艺工作和一般革命工作的关系，求得革命文艺的正确发展，求得革命文艺对其他革命工作的更好的协助，借以打倒我们民族的敌人，完成民族解放的任务。

※ 例 36：《新民主主义的宪政》开始便点出开会是为了发扬民意，战胜日本，建立新中国。

今天延安各界人民的代表人物在这里开宪政促进会的成立大会，大家关心宪政，这是很有意义的。我们的这个会为了什么呢？是为了发扬民意，战胜日本，建立新中国。

※ 例 37：《团结一切抗日力量，反对反共顽固派》开头直言开会是为了团结一切抗日力量，反对反共顽固派。

我们延安的各界人民今天在这里开会，为了什么呢？为了声讨卖国贼汪精卫，又是为了团结一切抗日力量，反对反共顽固派。

8. 呼应主题

开篇即直接告诉读者讲话的核心是什么、主题是什么，然后再展开来讲。这种开头的作用相当于对主旨的强调和呼应，多用在各种会议讲话或报告中。

※ 例 38：《青年运动的方向》开头明确了"青年运动"这个主旨。

今天是五四运动的二十周年纪念日，我们延安的全体青年在这里开这个纪念大会，我就来讲一讲关于中国青年运动的方向的几个问题。

※ 例 39：《整顿党的作风》开头直言讲"党的作风问题"。

党校今天开学，我庆祝这个学校的成功。今天我想讲一点关于我们的党的作风的问题。

※ 例 40：《改造我们的学习》开篇直击主题：学习方法和制度的改造。

我主张将我们全党的学习方法和学习制度改造一下。其理由如次：

……

※ 例 41：《反对党八股》一文开篇呼应主题：反对党八股。

刚才凯丰同志讲了今天开会的宗旨。我现在想讲的是：主观主义和宗派主义怎样拿党八股做它们的宣传工具，或表现形式。我们反对主观主义和宗派主义，如果不连党八股也给以清算，那它们就还有一个藏身的地方，它们还可以躲起来。如果我们连党八股也打倒了，那就算对于主观主义和宗派主义最后地"将一军"，弄得这两个怪物原形毕露，"老鼠过街，人人喊打"，这两个怪物也就容易消灭了。

※ 例 42：《在晋绥干部会议上的讲话》开头点出讲话的主要内容。

同志们，今天我想讲的，主要地是一些和晋绥工作有关的问题，然后讲到一些和全国工作有关的问题。

※ **例 43**：《目前的时局和方针》开篇点明讲时局问题。

同志们：你们要求我讲时局问题，趁着你们开学的机会，我就来讲一讲这个问题。这个问题是与你们有密切联系的，因为学习的人、教育的人都是为着一个目的，这就是挽救民族与社会危机。

※ **例 44**：《组织起来》开头呼应主题。

今天共产党中央招待陕甘宁边区从农民群众中、工厂中、部队中、机关学校中选举出来的男女劳动英雄，以及在生产中的模范工作者，我代表中央来讲几句话。我想讲的意思，拿几个字来概括，就是"组织起来"。

※ **例 45**：《在资本主义工商业社会主义改造问题座谈会上的讲话》点出工商业社会主义改造的核心问题。

刚才陈云副总理说了许多，我来补充讲几点意见。这些意见，早两天跟有些朋友说过的。总的是这么一个问题，就是人们问：工商业社会主义改造，前途如何？或者说趋势如何？我们早几个星期开了党的七届六中全会，对于农业合作化问题，也有许多人提出这样的问题：前途如何？趋势如何？这个问题，在全国广大的人群中都是存在的，因为我们现在是要改变社会制度。

9. 询问原因

开篇即摆出问题、询问原因，进而进行分析并有针对性地找出破解办法。这种开篇方法也以问句形式开头，具有引发思考的作用，符合提出问题—分析问题—解决问题的行文结构。这种开头方法在重要理论文章中用得较多。

※ **例 46**：《关于加强春耕工作的意见》开篇询问农民动手耕田少的原因。

现在春天到了，各地农民动手耕田的还很少，这件事值得我们注意。为什么农民动手耕的很少呢？有些固然是习惯上的原因，耕田时季素来推迟，但除了这个原因以外，据我们调查还有（一）田没有分定，（二）耕牛缺乏，（三）红白交界靖匪威胁不好耕田几种原因。

※ **例 47**：《抗日游击战争的战略问题》开篇写提出游击战争战略问题的原因。

抗日战争中，正规战争是主要的，游击战争是辅助的。这一点，我们已经正确地解决了。那末，游击战争就只有战术问题，为什么提起战略问题呢？

※ **例** 48：《论持久战》一口气问了 8 个问题，引发读者深深的思考。

伟大抗日战争的一周年纪念，七月七日，快要到了。全民族的力量团结起来，坚持抗战，坚持统一战线，同敌人作英勇的战争，快一年了。这个战争，在东方历史上是空前的，在世界历史上也将是伟大的，全世界人民都关心这个战争。身受战争灾难、为着自己民族的生存而奋斗的每一个中国人，无日不在渴望战争的胜利。然而战争的过程究竟会要怎么样？能胜利还是不能胜利？能速胜还是不能速胜？很多人都说持久战，但是为什么是持久战？怎样进行持久战？很多人都说最后胜利，但是为什么会有最后胜利？怎样争取最后胜利？这些问题，不是每个人都解决了的，甚至是大多数人至今没有解决的。于是失败主义的亡国论者跑出来向人们说：中国会亡，最后胜利不是中国的。某些性急的朋友们也跑出来向人们说：中国很快就能战胜，无需乎费大气力。这些议论究竟对不对呢？我们一向都说：这些议论是不对的。

※ **例** 49：《在西北野战军前委扩大会议上的讲话》开篇就问：为什么没有全民族绝大多数人口参加的反帝反封建的民族统一战线，胜利就不可能呢？

同志们：去年十二月二十五日我向中央会议作的那个报告里，曾经这样说过："中国新民主主义的革命要胜利，没有一个包括全民族绝大多数人口的最广泛的统一战线，是不可能的。"为什么没有全民族绝大多数人口参加的反帝反封建的民族统一战线，胜利就不可能呢？今天我就讲讲这个问题。

10. 阐述形势

这种方法是《毛泽东选集》和《毛泽东文集》特有的方式，因为在革命战争年代，革命形势瞬息万变，所以每隔一段时间，中央都要对形势与任务进行分析，然后做出安排。

※ **例** 50：《论联合政府》一文开头讲大会召开的形势。

我们的大会是在这种情况之下开会的：中国人民在其对于日本侵略者作了将近八年的坚决的英勇的不屈不挠的奋斗，经历了无数的艰难困苦和自我牺牲之后，出现了这样的新局面——整个世界上反对法西斯侵略者的神圣的正义的战争，已经取得了有决定意义的胜利，中国人民配合同盟国打败日本侵略者的时机，已经迫近了。但是中国现在仍然不团结，中国仍然存在着严重的危机。在这种情况下，我们应该怎样做呢？毫无疑义，中国急需把各党各派和无党无派的代表人物团结在一起，成立民主的临时的联合政府，以便实行民主的改革，克服目前的危机，动员和统一全中国的抗日力量，有力地和同盟国配合作战，打败日本侵略者，使中国人民从日本侵略者手中解放出来。

※ **例**51：《抗日战争胜利后的时局和我们的方针》开头讲了远东局势的变化。

最近几天是远东时局发生极大变动的时候。日本帝国主义投降的大势已经定了。日本投降的决定因素是苏联参战。百万红军进入中国的东北，这个力量是不可抗拒的。日本帝国主义已经不能继续打下去了。中国人民的艰苦抗战，已经取得了胜利。抗日战争当作一个历史阶段来说，已经过去了。在这种形势下面，中国国内的阶级关系，国共两党的关系，现在怎么样，将来可能怎么样？我党的方针怎么样？这是全国人民很关心的问题，是全党同志很关心的问题。

※ **例**52：《关于重庆谈判》开头也讲时局变化。

讲一讲目前的时局问题。这是同志们所关心的问题。这一次，国共两党在重庆谈判，谈了四十三天。谈判的结果，已经在报上公布了。现在两党的代表，还在继续谈判。这次谈判是有收获的。国民党承认了和平团结的方针和人民的某些民主权利，承认了避免内战，两党和平合作建设新中国。这是达成了协议的。还有没有达成协议的。解放区的问题没有解决，军队的问题实际上也没有解决。已经达成的协议，还只是纸上的东西。纸上的东西并不等于现实的东西。事实证明，要把它变成现实的东西，还要经过很大的努力。

※ **例**53：《目前形势和我们的任务》开头分析形势。

中国人民的革命战争，现在已经达到了一个转折点。这即是中国人民解放军已经打退了美国走狗蒋介石的数百万反动军队的进攻，并使自己转入了进攻。还在一九四六年七月至一九四七年六月此次战争的第一个年头内，人民解放军即已在几个战场上打退了蒋介石的进攻，迫使蒋介石转入防御地位。而从战争第二年的第一季，即一九四七年七月至九月间，人民解放军即已转入了全国规模的进攻，破坏了蒋介石将战争继续引向解放区、企图彻底破坏解放区的反革命计划。现在，战争主要地已经不是在解放区内进行，而是在国民党统治区内进行了，人民解放军的主力已经打到国民党统治区域里去了。中国人民解放军已经在中国这一块土地上扭转了美国帝国主义及其走狗蒋介石匪帮的反革命车轮，使之走向覆灭的道路，推进了自己的革命车轮，使之走向胜利的道路。

※ 例 54：《中国军事形势的重大变化》开头即分析中国军事形势的变化。

中国的军事形势现已进入一个新的转折点，即战争双方力量对比已经发生了根本的变化。人民解放军不但在质量上早已占有优势，而且在数量上现在也已经占有优势。这是中国革命的成功和中国和平的实现已经迫近的标志。

※ 例 55：《论人民民主专政——纪念中国共产党二十八周年》开头写中国共产党走过的 28 年岁月，也属于对形势的分析。

一九四九年的七月一日这一个日子表示，中国共产党已经走过二十八年了。像一个人一样，有他的幼年、青年、壮年和老年。中国共产党已经不是小孩子，也不是十几岁的年青小伙子，而是一个大人了。

11. 点明任务

开篇即点明会议的任务是什么，同第 7 种方法中明确会议的目的相似。这种开头的好处是能够明确会议的目标和任务，起到强调的作用，因此这种开头方法主要用在会议讲话稿或报告里。

※ 例 56：《在新政治协商会议筹备会上的讲话》开头点明筹备会任务。

诸位代表先生：我们的新的政治协商会议的筹备会，今天开幕了。这个筹备会的任务，就是：完成各项必要的准备工作，迅速召开新的政治协商会议，成立民主联合政府，以便领导全国人民，以最快的速度肃清国民党反动派的残余力量，统一全中国，有系统地和有步骤地在全国范围内进行政治的、经济的、文化的和国防的建设工作。全国人民希望我们这样做，我们就应当这样做。

※ 例 57：《要做系统的由历史到现状的调查研究》开头点出会议要解决两个重要问题。

这次会议要解决两个很重要的问题：一是生产队与生产队之间的平均主义；一是生产队内部人与人之间的平均主义。这两个问题不解决好，就没有可能充分地调动群众的积极性。

※ 例 58：《增强党的团结，继承党的传统》开头点明会议的 3 个任务。

今天开第八次全国代表大会的预备会议。预备会议要开十几天，要作的主要事情，一是准备大会文件，二是进行中央委员会的预选，三是准备大会发言稿。现在我讲几点意见。

12. 说明意义

开篇即对工作（会议、活动）作出评价，明确干这项工作的意义，这样开头有个好处，即能达到加油鼓劲、激发动力的作用，能够增加干这件事情的责任感和使命感，所以这种开头在动员性的文稿中用得较多。

※**例**59：《〈共产党人〉发刊词》开头写了创刊的意义。

中央很早就计划出版一个党内的刊物，现在算是实现了。为了建设一个全国范围的、广大群众性的、思想上政治上组织上完全巩固的布尔什维克化的中国共产党，这样一个刊物是必要的。在当前的时机中，这种必要性更加明显。

※**例**60：《两个中国之命运》开头以问句形式揭示大会的重要意义。

同志们！中国共产党第七次全国代表大会今天开幕了。我们这个大会有什么重要意义呢？我们应该讲，我们这次大会是关系全中国四亿五千万人民命运的一次大会。中国之命运有两种：一种是有人已经写了书的；我们这个大会是代表另一种中国之命运，我们也要写一本书出来。我们这个大会要打倒日本帝国主义，把全中国人民解放出来。这个大会是一个打败日本侵略者、建设新中国的大会，是一个团结全中国人民、团结全世界人民、争取最后胜利的大会。

需要说明的是，以上60篇文章的分类不是绝对的，有的开头同时符合不同的分类标准，但为避免重复，只在一个分类里出现。比如，《在扩大的中央工作会议上的讲话》开头"同志们，我现在讲几点意见，一共讲六点，中心是讲一个民主集中制的问题，同时也讲到一些其他问题"，实际上既作了归纳概括，也点出了主题。这些需要大家在学习中灵活把握，而且你完全可以根据自己的理解来分类。

结尾：写作里的"送客之道"
——收尾的 10 种方法

导读

　　如果说开篇是写作的"迎宾之道"，那结尾就是写作的"送客之道"。你把客人热情地请进来，在文章里享受周到的"款待"，现在人家要走了，作为主人该怎么办？自然是热情欢送啊！高明的人能让客人感受到热情、尊重，进而流连忘返。问题是，怎么给文章结尾才能达到这种效果？不妨跟着毛泽东学，他的文章结尾不拘一格、变化万千，体现了高超的写作艺术。在这个专题里，我从《毛泽东选集》和《毛泽东文集》中精选了 71 篇经典文章结尾，并将之归纳成 10 种方法：（1）归纳概括。（2）呼应主题。（3）强调观点。（4）补充说明。（5）呼吁号召。（6）展望未来。（7）提出期望。（8）明确使命。（9）提出要求。（10）加油鼓劲。

　　俗话说："编筐编篓，重在收口。"一篇文章的结尾就如同"收口"，口收得怎么样，对一篇文章很是重要。

　　问题是，怎样收好文章的"口"呢？

　　古人希望"起句当如爆竹，骤响易彻；结句当如撞钟，清音有余"（明代谢榛《四溟诗话》卷一）。对于开头，古人的意思是要像放爆竹一样热闹响亮。我说开篇是一种"迎宾之道"，大致也是这个意思。你不妨想想，家里来客人，主人为了表示欢迎，会怎么做呢？一定会在客人来时把场面搞得热热闹闹的，有的还会敲锣打鼓，故鞭炮相迎，以体现主人待客的热情，让客人愿意留下来。

　　对于结尾，古人的意思是要像撞钟一样钟声悠扬、余音绕梁，令人回味。我则觉得更像一种"送客之道"，让人流连忘返，不忍遽去。这观点与列夫·托尔斯泰大致相仿，他说："好的那种结尾，就是当读者把作品读完之后，愿把他的第一页翻开来重新读一遍。好的结尾，有如咀嚼干果，品尝香茗，令人回味再三。"叶圣陶先生认为，"结尾是文章完了的地方，但结尾最忌的却是真个完了。要文章字虽完了，意义还没有尽，使读者好像嚼橄榄，已经咽下去而嘴里还有余味，又好像听音乐，已经到了末拍而耳朵里还有余响，那才是好的结尾。若是找不到适当的结尾而勉强作结，就像行路的人歇脚在日晒风吹的路旁，总觉得不是个妥当的办法。"这个观点很有意思。中国人在人情交往中最忌讳什么？不就是"人走茶凉"嘛！那么，客人还没走，茶就更不能凉。相对而言，文章结尾好比送客，将走未走之际，岂有遽然冷落怠慢客人之理？结尾一定不能"真个完了"，而是要让人留恋才好的。

以上观点尽管比拟不同，却有异曲同工之妙，都是在讲结尾的写作方法，旨在追求言有尽而意无穷之效。

结尾的方法到底有哪些呢？

方法很多，这里专以毛泽东的文章为例，他的文章结尾不拘一格、变化万千，或归纳概括、呼应主题、强调观点、补充说明，或呼吁号召、展望未来、提出期望，或明确使命、提出要求、加油鼓劲，令人回味无穷。本专题从《毛泽东选集》和《毛泽东文集》中精选了 71 篇经典文章，将结尾方法归纳成 10 种。

1. 归纳概括

归纳概括即在结尾处对全文中心思想、核心观点进行归纳、概括、盘点。这样做既能起到首尾呼应的作用，又在盘点中起到强调复习的效果。这有点像学校里老师讲完课后"敲黑板""划重点"，在教育实践中已成为一种行之有效的方法，传播效果好。

※ **例 1**：《中国社会各阶级的分析》结尾概括全文观点，回答"谁是我们的敌人，谁是我们的朋友"这个问题。

综上所述，可知一切勾结帝国主义的军阀、官僚、买办阶级、大地主阶级以及附属于他们的一部分反动知识界，是我们的敌人。工业无产阶级是我们革命的领导力量。一切半无产阶级、小资产阶级，是我们最接近的朋友。那动摇不定的中产阶级，其右翼可能是我们的敌人，其左翼可能是我们的朋友——但我们要时常提防他们，不要让他们扰乱了我们的阵线。

※ **例 2**：《实践论》一文采用了同样的方法，归纳概括了辩证唯物主义认识与实践的基本规律。

通过实践而发现真理，又通过实践而证实真理和发展真理。从感性认识而能动地发展到理性认识，又从理性认识而能动地指导革命实践，改造主观世界和客观世界。实践、认识、再实践、再认识，这种形式，循环往复以至无穷，而实践和认识之每一循环的内容，都比较地进到了高一级的程度。这就是辩证唯物论的全部认识论，这就是辩证唯物论的知行统一观。

※ **例 3**：《矛盾论》末尾总括了矛盾论的核心观点，认为"事物矛盾的法则，即对立统一的法则，是自然和社会的根本法则，因而也是思维的根本法则。它是和形而上学的宇宙观相反的。它对于人类的认识史是一个大革命"。

说到这里，我们可以总起来说几句。事物矛盾的法则，即对立统一的法则，是自然和社会的根本法则，因而也是思维的根本法则。它是和形而上学的宇宙观相反的。它对于人类的认识史是一个大革命。按照辩证唯物论的观点看来，矛盾存在于一切客观事物和主观思维的过程中，矛盾贯串于一切过程的始终，这是矛盾的普遍性和绝对性。矛盾着的事物及其每一个侧面各有其特点，这是矛盾的特殊性和相对性。矛盾着的事物依一定的条件有同一性，因此能够共居于一个统一体中，又能够互相转化到相反的方面去，这又是矛盾的特殊性和相对性。然而矛盾的斗争则是不断的，不管在它们共居的时候，或者在它们互相转化的时候，都有斗争的存在，尤其是在它们互相转化的时候，斗争的表现更为显著，这又是矛盾的普遍性和绝对性。当着我们研究矛盾的特殊性和相对性的时候，要注意矛盾和矛盾方面的主要的和非主要的区别；当着我们研究矛盾的普遍性和斗争性的时候，要注意矛盾的各种不同的斗争形式的区别；否则就要犯错误。如果我们经过研究真正懂得了上述这些要点，我们就能够击破违反马克思列宁主义基本原则的不利于我们的革命事业的那些教条主义的思想；也能够使有经验的同志们整理自己的经验，使之带上原则性，而避免重复经验主义的错误。这些，就是我们研究矛盾法则的一些简单的结论。

※ **例 4**：1937 年 10 月 19 日，在延安陕北公学纪念鲁迅逝世周年大会上的讲话结尾，将鲁迅先生的几个特点概括为"鲁迅精神"。

综合上述这几个特点，形成了一种伟大的"鲁迅精神"。鲁迅的一生就贯穿了这种精神。所以，他在文艺上成了一个了不起的作家，在革命队伍中是一个很优秀的很老练的先锋分子。我们纪念鲁迅，就要学习鲁迅的精神，把它带到全国各地的抗战队伍中去，为中华民族的解放而奋斗！

※ **例 5**：1945 年 4 月 21 日，在中共七大预备会上的报告结尾，概括性得出"我们党二十四年来有成绩，成绩也相当的大"的结论。

总的说来，我们党二十四年来有成绩，成绩也相当的大。我们要继续抓紧马克思主义的武器，要有自我批判的精神，全党团结如兄弟姊妹一样，为全国胜利而奋斗，不达胜利誓不休！

※ **例 6**：1956 年 4 月 25 日，在中央政治局扩大会议上的讲话同样采用了这种方法，结尾处概括性地指出"这十种关系，都是矛盾"。

一共讲了十点。这十种关系，都是矛盾。世界是由矛盾组成的。没有矛盾就没有世界。我们的任务，是要正确处理这些矛盾。这些矛盾在实践中是否能完全处理好，也要准备两种可能性，而且在处理这些矛盾的过程中，一定还会遇到新的矛盾，新的问题。但是，像我们常说的那样，道路总是曲折的，前途总是光明的。我们一定要努力把党内党外、国内国外的一切积极的因素，直接的、间接的积极因素，全部调动起来，把我国建设成为一个强大的社会主义国家。

2. 呼应主题

呼应主题即文章末尾再次点题，以达到呼应主题、强调主题的目的。

※ **例 7**：《纪念白求恩》一文末尾提出了纪念白求恩的精神意义所在，对主题起到了深化的作用。

我们大家要学习他毫无自私自利之心的精神。从这点出发，就可以变为大有利于人民的人。一个人能力有大小，但只要有这点精神，就是一个高尚的人，一个纯粹的人，一个有道德的人，一个脱离了低级趣味的人，一个有益于人民的人。

※ **例 8**：《反对投降活动》一文末尾呼应了"反对投降和分裂"这个主题。

反对投降和分裂——这就是全国一切爱国党派、一切爱国同胞的当前紧急任务。全国人民团结起来，坚持抗战和团结，把投降阴谋和分裂阴谋镇压下去啊！

※ **例 9**：《农村调查》序言结尾重申了农村调查的必要性。

我现在还痛感有周密研究中国事情和国际事情的必要，这是和我自己对于中国事情和国际事情依然还只是一知半解这种事实相关联的，并非说我是什么都懂得了，只是人家不懂得。和全党同志共同一起向群众学习，继续当一个小学生，这就是我的志愿。

　　※ **例** 10：1943 年 8 月 8 日，在中央党校第二部开学典礼上的讲话结尾，重申了讲话的真实意图。

　　今天开学，我就是讲清楚这个方向，使同志们可以安心，这样学下去对你们有帮助，对全党有帮助。我们要干两个革命，要使两个革命在我们手里取得胜利。作为一个共产党员，作为一个共产党的干部，我们要有这样的自信心，并且要学好本领，为劳苦大众办好这两件事。

　　※ **例** 11：《关于陕甘宁边区的文化教育问题》一文结尾深化了文化教育的意义。

　　二十多年以来，我们党首先学会了政治，后来又学会了军事，去年学会了经济建设，今年要学会文化建设。如果文化建设取得伟大的成就，那我们就又学会了一项很大的本领，陕甘宁边区就可以在全国成为更好的模范！

　　※ **例** 12：1962 年 1 月 30 日，在扩大的中央工作会议（七千人大会）上的讲话结尾，再次强调讲话的中心是讲了一个实行民主集中制的问题。

　　我今天的讲话就讲这一些。中心是讲了一个实行民主集中制的问题，在党内、党外发扬民主的问题。我向同志们建议，仔细考虑一下这个问题。有些同志还没有民主集中制的思想，现在就要开始建立这个思想，开始认识这个问题。我们充分地发扬了民主，就能把党内、党外广大群众的积极性调动起来，就能使占总人口百分之九十五以上的人民大众团结起来。做到了这些，我们的工作就会越做越好，我们遇到的困难就会较快地得到克服，我们事业的发展就会顺利得多。

3. 强调观点

　　强调观点即在文章末尾处阐明自己的观点，旗帜鲜明地讲清楚自己支持什么、反对什么，进一步揭示文章的主题。

　　※ **例** 13：《反对日本进攻的方针、办法和前途》一文末尾，旗帜鲜明地提出了我党对日本进攻的方针、办法和前途。

　　一定要实行第一种方针，采取第一套办法，争取第一个前途。一定要反对第二种方针，反对第二套办法，避免第二个前途。一切爱国的国民党员和共产党员团结起来，坚决地实行第一种方针，采取第一套办法，争取第一个前途；坚决地反对第二种方针，反对第二套办法，避免第二个前途。

※**例 14**：1939 年 5 月 20 日，在延安在职干部教育动员大会上的讲话结尾，再次重申了"学习运动是必要的"观点。

我们的学习运动是必要的。我们是能够学习的。学习已经看到了成绩，将来还会有更多的成绩。我们是采取学到底的方针。在干部教育部领导之下，干部学习运动的结果我相信一定很好。我们尝试的这种办法，要推广到全党去，特别是华北的党。

※**例 15**：1943 年 5 月 26 日，在中共中央书记处召集的延安干部大会上的报告结尾，进一步阐明了共产党人不是要做官，而是要革命，不能脱离群众的观点。

我们共产党人不是要做官，而是要革命，我们人人要有彻底的革命精神，我们不要有一时一刻脱离群众。只要我们不脱离群众，我们就一定会胜利。

※**例 16**：1947 年 2 月 1 日，在中共中央政治局扩大会议讨论党内指示《迎接中国革命的新高潮》时的讲话末尾，进一步阐明新的革命高潮同前三次的不同。

总之，这一次革命高潮同前三次不同，同第一次不同的是有了我们党，同第二次第三次不同的是没有国民党参加领导。凡是分掌领导权的都搞不好。内战时我们没有占领广大城市，也没有民族资产阶级参加，这次则不同。革命胜利还有相当长的时间，我过去曾说过，少则三年到五年，多则十年到十五年。假如以少则三年到五年来说，那末，从日本投降时算起到现在已经过去一半了，即一年半了，但最后的困难我们还要估计到。

※**例 17**：1948 年 4 月 1 日，在晋绥干部会议上的讲话结尾，再次阐明中国共产党的总路线和总政策。

让我再说一遍：无产阶级领导的，人民大众的，反对帝国主义、封建主义和官僚资本主义的革命，这就是中国的新民主主义的革命，这就是中国共产党在当前历史阶段的总路线和总政策。依靠贫农，团结中农，有步骤地、有分别地消灭封建剥削制度，发展农业生产，这就是中国共产党在新民主主义的革命时期，在土地改革工作中的总路线和总政策。

※**例 19**：1954 年 7 月 7 日，在中共中央政治局扩大会议上的讲话结尾，阐明了同一切愿意和平的国家团结合作的观点。

总之，国际上我们就是执行这个方针，只要在和平这个问题上能够团结的，就和他们拉关系，来保卫我们的国家，保卫社会主义，为建设一个伟大的社会主义国家而奋斗。

　　※ 例 20：1957 年 1 月 27 日，在省市自治区党委书记会议上的讲话结尾，进一步阐明"要照辩证法办事"的观点。

　　总之，要照辩证法办事。这是邓小平同志讲的。我看，全党都要学习辩证法，提倡照辩证法办事。全党都要注意思想理论工作，建立马克思主义的理论队伍，加强马克思主义理论的研究和宣传。要运用马克思主义的对立统一学说，观察和处理社会主义社会阶级矛盾和阶级斗争的新问题，观察和处理国际斗争中的新问题。

4. 补充说明

　　补充说明即在文章结尾处对未尽事宜进行补充、说明和强调。

　　※ 例 21：《论持久战》一文结尾对"抗日战争正在开展，很多人希望总结经验"的事作了补充说明。

　　我的讲演至此为止。伟大的抗日战争正在开展，很多人希望总结经验，以便争取全部的胜利。我所说的，只是十个月经验中的一般的东西，也算一个总结吧。这个问题值得引起广大的注意和讨论，我所说的只是一个概论，希望诸位研究讨论，给以指正和补充。

　　※ 例 22：《苏联利益和人类利益的一致》一文结尾对"上述这些问题"作了补充说明。

　　上述的这些问题，都是当前国人议论纷纷的问题。国人注意国际问题的研究，注意帝国主义世界大战和中国抗日战争的关系，注意苏联和中国的关系，而其目的是为了中国抗日的胜利，这是很好的现象。我现在提出我对于上述各问题的一些基本观点，是否有当，希望读者不吝指教。

　　※ 例 23：1939 年 10 月 1 日，在为延安时事问题研究会编的《时事问题丛书》第二集《日本帝国主义在中国沦陷区》一书写的序言——《研究沦陷区》一文结尾，补充说明这一类丛书仅仅是材料书，需要研究并从中引出结论。

　　最后要指明的，这一类的时事问题丛书，仅仅是材料书，它是重要的材料，但仅仅是材料，而且还是不完全的材料，问题是没有解决的。要解决问题就须要研究，须要从材料中引出结论，这是另外一种工作，而在这类书里面是没有解决的。

※ **例 24**：1944 年 5 月 24 日，在延安大学开学典礼上的讲话结尾，补充说明了延安大学的教员来源于边区政府，并叮嘱大家经常去请教。

今天开学，还有一件事说一下，你们的一些课是由边区政府各厅的负责同志来教的，他们是做实际工作的，你们是学习的，做实际工作的领导人自己来教课，这很好。同时，你们也要经常去请教，走上门去，也可以打电话。如果哪一天没有来教课，便将他们的军，请他们一定来讲。

※ **例 25**：《时局问题及其他》一文结尾补充说明了自己所讲授内容的背景。

我要讲的主要问题讲完了。上次我在这里讲到各部分革命团体，讲到一方面军、二方面军、四方面军，每一方面军里头又有各个部分，其中讲得不完全，还有一个十五军团讲漏了。在我报告以后，有一个同志写信给我，说十五军团从前有过很大的牺牲，应该讲到它。今天我想补充讲讲那天没有提到的问题……这三个问题，因为上次没有讲今天补充一下，我想讲的问题就是这些，完了。

※ **例 26**：1946 年 3 月 15 日，在中央政治局会议上关于时局的 4 条分析，结尾处作了补充说明。

不管风浪多么大，这几条我们要把握住。第一条很清楚。第二条是人们容易忘记的，稍微平静一点就忘了。二月一日到九日就忘了，较场口事件一来就又记得了。马歇尔能够放长线，蒋介石也和何应钦有不同，假如美蒋有一个放长线的，放半年我们有些人就会忘了第二条，就会觉得天下太平、四方无事，那就危险得很。我们的军队是要缩编的，但不是缩编得越少越好，一些同志不知道这些，需要说清楚。五年是一个关头。只要过五年，苏联完全从战争创伤中恢复了，我们也强大起来，事情就好办了，我们就能够摆脱被消灭的可能，也一定要摆脱。当然这里面包含着坚决地同反动派作斗争，而且在斗争中把他们消灭得越多越好。

※ **例 27**：《关于中华人民共和国宪法草案》结尾处作了一个补充解释。

最后，解释一个问题。有人说，宪法草案中删掉个别条文是由于有些人特别谦虚。不能这样解释。这不是谦虚，而是因为那样写不适当，不合理，不科学。在我们这样的人民民主国家里，不应当写那样不适当的条文。不是本来应当写而因为谦虚才不写。科学没有什么谦虚不谦虚的问题。搞宪法是搞科学。我们除了科学以外，什么都不要相信，就是说，不要迷信。中国人也好，外国人也好，死人也好，活人也好，对的就是对的，不对的就是不对的，不然就叫做迷信。

要破除迷信。不论古代的也好，现代的也好，正确的就信，不正确的就不信，不仅不信而且还要批评。这才是科学的态度。

※ 例 28：1961 年 6 月 12 日，在中共中央工作会议上的讲话结尾，对大家关于怎样建设社会主义认识的变化作了补充说明。

经过三月广州会议、这次北京会议，今年的形势跟过去大不相同。现在同志们解放思想了，对于社会主义的认识，对于怎样建设社会主义的认识，大为深入了。为什么有这个变化呢？一个客观原因，就是一九五九年、一九六〇年这两年碰了钉子。有人说"碰得头破血流"，我看大家的头也没有流血，这无非是个比喻，吃了苦头就是了。

5. 呼吁号召

在文章结尾处向受众就某件事情发起号召，用鼓动性的语言进一步明确目标、要求，激励受众斗志、鼓舞受众精神。这种方式在动员性讲话中最为常见，一般说来，只要出现"同志们"3 个字，就意味着有号召性语言出来了。

※ 例 29：《为动员一切力量争取抗战胜利而斗争》一文结尾号召全国同胞一起努力，共同打倒日本帝国主义，建立独立自由幸福的新中国。

中国共产党坚决相信，在实现上述十大纲领的条件下，战胜日寇的目的是一定能达到的。只要四亿五千万同胞一齐努力，最后的胜利是属于中华民族的！打倒日本帝国主义！民族革命战争万岁！独立自由幸福的新中国万岁！

※ 例 30：《反对自由主义》一文结尾向共产党员发出号召：团结起来反对一部分人的自由主义倾向。

一切忠诚、坦白、积极、正直的共产党员团结起来，反对一部分人的自由主义的倾向，使他们改变到正确的方面来。这是思想战线的任务之一。

※ 例 31：1939 年 3 月 8 日，在延安纪念"三八"妇女节大会上的讲话，同样号召陕甘宁边区的妇女先团结起来，先结合起来，再到全国去团结。

同志们，什么叫做女子有自由、有平等？就是女子有办事之权，开会之权，讲话之权，没有这些权利，就谈不上自由平等。我们共产党是提倡这种权利的，希望同志们大家团结起来，结合在一块儿。陕甘宁边区的妇女先团结起来，先结合起来，再到全国去团结。女大同学，将来到各地方去，就要照延安这样办，照共产党中央的好办法去办。这样办他十年八年，那时候，全中国人民都能得到解放，二万万二千五百万的男子得到了解放，二万万二千五百万女子也得到了解放。为达此目的，短时间是不可能的，要花上十年八年的工夫；少数人是不行的，应由全国人民大家起来干；不是容易能够达到的，应当加倍努力。边区人民的加倍努力，全国人民的努力，再加上应给予的时间，我们的目的一定能够达到。自由与平等在我们面前，同志们，大家努力吧！

※**例32**：《中共中央为抗战六周年纪念宣言》一文结尾号召全体共产党员团结在党中央的周围，坚决地认真地执行中央的政策。

当此中国抗日战争与世界反法西斯战争进到决定胜负的时期，中国共产党中央委员会相信，全体共产党员必能巩固地团结在以毛泽东同志为首的中央的周围，坚决地认真地执行中央的政策，加强自己的责任心，发扬自己的创造力，坚持抗日民族统一战线，尽一切可能与一切努力和全国一切抗日党派、抗日人民团结一致，支持国民政府与蒋委员长，战胜日本帝国主义。中华民族解放万岁！

※**例33**：《两个中国之命运》末尾向全党发出"谦虚，谨慎，戒骄，戒躁，全心全意地为中国人民服务"的号召。

我们应该谦虚，谨慎，戒骄，戒躁，全心全意地为中国人民服务，在现时，为着团结全国人民战胜日本侵略者，在将来，为着团结全国人民建设新民主主义的国家。只要我们能够这样做，只要我们有正确的政策，只要我们一致努力，我们的任务是必能完成的。打倒日本帝国主义！中国人民解放万岁！中国共产党万岁！中国共产党第七次全国代表大会万岁！

※**例34**：《论联合政府》一文结尾号召向全党同志高举先烈的旗帜前进，迎接新民主主义中国的诞生。

同志们，有了三次革命经验的中国共产党，我坚决相信，我们是能够完成我们的伟大政治任务的。成千成万的先烈，为着人民的利益，在我们的前头英勇地牺牲了，让我们高举起他们的旗帜，踏着他们的血迹前进吧！一个新民主主义的中国不久就要诞生了，让我们迎接这个伟大的日子吧！

※**例35**：1954年9月15日，在中华人民共和国第一届全国人民代表大会第一次会议开幕词结尾，号召全中国六万万人团结起来，为我们的共同事业而努力奋斗！

我们正在前进。我们正在做我们的前人从来没有做过的极其光荣伟大的事业。我们的目的一定要达到。我们的目的一定能够达到。全中国六万万人团结起来，为我们的共同事业而努力奋斗！我们的伟大的祖国万岁！

※ **例 36**：1957 年 11 月 6 日，在苏联最高苏维埃庆祝十月革命四十周年会上的讲话末尾，号召世界各国工人阶级和广大人民增强社会主义各国的团结，增强全世界劳动人民和被压迫民族的团结，去迎接新的更伟大的胜利！

亲爱的同志们！从世界各国来的工人阶级和广大人民的代表今天在这里参加苏联最高苏维埃庆祝十月革命四十周年的盛会，这个事实本身就说明了世界人民力量的伟大团结，就象征了国际社会主义运动的兴旺发达。让我们继续努力增强社会主义各国的团结，增强全世界劳动人民和被压迫民族的团结，去迎接新的更伟大的胜利！伟大的十月社会主义革命万岁！以苏联为首的社会主义各国的团结和友谊万岁！马克思列宁主义的伟大的国际主义旗帜万岁！全世界无产者和爱好和平的人民联合起来！

6. 展望未来

在文章结尾处对未来的发展前途进行描绘展望，目的在于鼓舞受众的精神斗志，增强受众信心，多用在动员性的讲稿中。

※ **例 37**：《国共合作成立后的迫切任务》末尾满怀信心地展望了革命斗志的光明前途。

我们民族已处在存亡绝续的关头，国共两党亲密地团结起来啊！全国一切不愿当亡国奴的同胞在国共两党团结的基础之上亲密地团结起来啊！实行一切必要的改革来战胜一切困难，这是今日中国革命的迫切任务。完成了这个任务，就一定能够打倒日本帝国主义。只要我们努力，我们的前途是光明的。

※ **例 38**：1939 年 5 月 30 日，在延安庆贺模范青年大会上的讲话结尾，鼓励大家"前途是光明的"，一定要永久奋斗，把革命干成功。

今天在座的模范青年，要跟这些反共分子作斗争，反对妥协投降，反对反共。你们的前途是光明的，你们要代表全国大多数的老百姓，代表一切爱国的人，抗日的人，求中国独立、自由、幸福的人，并且是要永远的代表他们。将来你们老了，教育你们的儿子也要代表他们，儿子再告诉儿子，孙子再告诉孙子，这样一代一代传下去，并且一传十，十传百，百传千，传遍全中国，不达目的不止。我们一定要这样努力去做，长期去做，一定要把革命干成功，干到底。模范青年们，你们要切记这一点——"永久奋斗"。

※ **例 39**：1939 年 12 月 9 日，在延安各界纪念一二·九运动四周年大会上的讲话结尾给大家加油鼓劲，讲中国人斗争经验丰富，没有什么事情办不到，而且现在更聪明了，更有力量了，所以一定能取得抗战胜利。

从鸦片战争起，中国人民已有了一百年的反帝反黑暗势力斗争的经验，再加上共产党十八年的斗争经验，什么事情还会办不到呢？这样看来，中国的事情比以前是更加好办了。我们一定要抗战到最后胜利，打倒日本帝国主义，创造出一个民主共和国！现在虽然还有帝国主义者和"申公豹"们不断地阻碍我们这样做，但是不要紧的，我们现在是聪明了，是有力量了，我们已不是昨天的我们，而是今天的我们了。帝国主义者、"申公豹"们，是你们滚蛋的时候了！

※ **例 40**：《改造我们的学习》一文末尾说道："我们在学习问题上的这一改造，我相信一定会有好的结果。"

我们走过了许多弯路。但是错误常常是正确的先导。在如此生动丰富的中国革命环境和世界革命环境中，我们在学习问题上的这一改造，我相信一定会有好的结果。

※ **例 41**：《在延安文艺座谈会上的讲话》结尾连用两个"我相信"，对文艺工作的前景作了美好展望。

今天我所讲的，只是我们文艺运动中的一些根本方向问题，还有许多具体问题需要今后继续研究。我相信，同志们是有决心走这个方向的。我相信，同志们在整风过程中间，在今后长期的学习和工作中间，一定能够改造自己和自己作品的面貌，一定能够创造出许多为人民大众所热烈欢迎的优秀的作品，一定能够把革命根据地的文艺运动和全中国的文艺运动推进到一个光辉的新阶段。

※ **例 42**：1945 年 1 月 10 日，在陕甘宁边区劳动英雄和模范工作者大会上的讲话末尾，对未来革命胜利后的经济工作的前景和要求进行展望。

我们边区和整个解放区，还要有两年至三年工夫，才能学会全部的经济工作。我们到了粮食和工业品全部或大部自种自造自给并有盈余的日子，就是我们全部学会在农村中如何做经济工作的日子。将来从城市赶跑敌人，我们也会做新的经济工作了。中国靠我们来建设，我们必须努力学习。

7. 提出期望

在文章末尾处对受众提出期望。

※ 例 43：1939 年 5 月 1 日，在《解放》报发表的纪念五四运动二十周年一文，结尾对青年提出了殷切期望。

五四运动到现在已有了二十个周年，抗日战争也快到两周年了。全国的青年和文化界对于民主革命和抗日战争负有大的责任。我希望他们认识中国革命的性质和动力，把自己的工作和工农民众结合起来，到工农民众中去，变为工农民众的宣传者和组织者。全国民众奋起之日，就是抗日战争胜利之时。全国青年们，努力啊！

※ 例 44：在延安青年群众纪念五四运动二十周年大会上的演讲，同样对青年提出期望。

今天的大会很有意思。我要讲的都讲过了。希望大家把五十年来的中国革命经验研究一下，把好的地方发挥起来，把错误去掉，使全国青年和全国人民结合起来，使革命由失败转变到胜利。到了全国青年和全国人民都发动起来、组织起来、团结起来的一天，就是日本帝国主义被打倒的一天。每个青年都要担负这个责任。每个青年现在必须和过去不同，一定要下一个大决心，把全国的青年团结起来，把全国的人民组织起来，一定要把日本帝国主义打倒，一定要把旧中国改造为新中国。这就是我所希望于你们的。

※ 例 45：《〈中国工人〉发刊词》末尾对刊物提出希望。

我希望这个报纸好好地办下去，多载些生动的文字，切忌死板、老套，令人看不懂，没味道，不起劲。一个报纸既已办起来，就要当作一件事办，一定要把它办好。这不但是办的人的责任，也是看的人的责任。看的人提出意见，写短信短文寄去，表示欢喜什么，不欢喜什么，这是很重要的，这样才能使这个报办得好。以上，是我的希望，就当作发刊词。

※ 例 46：《组织起来》一文结尾对劳动英雄模范提出了期望。

各位劳动英雄和模范生产工作者，你们是人民的领袖，你们的工作是很有成绩的，我希望你们也不要自满。我希望你们回到关中去，回到陇东去，回到三边去，回到绥德去，回到延属各县去，回到机关学校部队工厂去，领导人民，领导群众，把工作做得更好，首先是按自愿的原则把群众组织到合作社里来，组织得更多，更好。希望你们回去实行这一条，宣传这一条，使明年再开劳动英雄大会的时候，我们能够得到更大的成绩。

※ 例 47：《一九四五年的任务》一文末尾对解放区的全体军民提出期望。

　　一九四五年应该是中国人民抗日战争更大发展的一年。全国人民都希望我们解放区能够救中国，我们也有这样的决心与勇气。我希望我们解放区的全体军民一齐努力，不论是共产党人与非共产党人，都要团结一致，为加强解放区抗日工作而奋斗，为组织沦陷区人民而奋斗，为援助大后方人民而奋斗，为建立民主的联合政府而奋斗。

　　※ **例48**：《论军队生产自给，兼论整风和生产两大运动的重要性》一文，末尾对一切解放区的领导同志、工作人员、人民群众提出希望。

　　让我们进一步地、普遍地去推广这两大运动，以为其他各项战斗任务的基础。果能如此，那末，中国人民的彻底解放，就有把握了。目前正当春耕时节，希望一切解放区的领导同志、工作人员、人民群众，不失时机地掌握生产环节，取得比去年更大的成绩。特别是那些还没有学会生产的地区，今年应当更大地努一把力。

　　※ **例49**：1951 年 10 月 23 日，在全国政协一届三次会议上致开幕词结尾，用了 4 个"好好地" 3 个"向着"提了期望。

　　我希望我国人民好好地自己团结一致，并好好地和我们的苏联盟友团结一致，好好地和一切人民民主国家团结一致，好好地和世界上一切同情我们的民族和人民团结一致，向着争取反侵略斗争的胜利、向着建设我们伟大国家的胜利、向着保卫世界持久和平的胜利而继续前进。同志们，只要我们这样做，我相信，胜利决定地是我们的。

8. 明确使命

　　在文章末尾处明确工作的使命、任务。

　　※ **例50**：《〈共产党人〉发刊词》末尾明确了党的建设使命。

　　根据马克思列宁主义的理论和中国革命的实践之统一的理解，集中十八年的经验和当前的新鲜经验传达到全党，使党铁一样地巩固起来，而避免历史上曾经犯过的错误——这就是我们的任务。

　　※ **例51**：1940 年 2 月 5 日，在陕甘宁边区自然科学研究会成立大会上的讲话结尾，提出革命者要研究自然科学的使命。

　　马克思主义包含有自然科学，大家要来研究自然科学，否则世界上就有许多不懂的东西，那就不算一个最好的革命者。

※ 例 52：为《新中华报》纪念抗日战争 3 周年写的文章《团结到底》一文结尾，提出了党在抗战第 4 年的主要任务。

抗战的第四周年将是最困难的一年。我们的任务是团结一切抗日力量，反对投降分子，战胜一切困难，坚持全国抗战。一切共产党员必须和友党友军团结一致去完成这个任务。我们相信，在我党全体党员和友党友军及全体人民共同努力之下，克服投降，战胜困难，驱除日寇，还我河山的目的，是能够达到的，抗战的前途是光明的。

※ 例 53：在《解放日报》发刊词结尾提出"中国共产党的使命就是本报的使命"。

中国共产党的使命就是本报的使命，本报同人完全相信，由于世界人民与中国人民协力斗争的结果，世界必然要变成一个世界人民的光明世界，中国必然要变成一个中国人民独立自主的中国，日本帝国主义的一切企图，我们是能够粉碎的。团结，团结，团结，这就是我们的武器，也就是我们的口号。今当本报发刊之始，愿掬至诚，以告国人。

※ 例 54：在中国共产党第七次全国代表大会上的口头政治报告结尾，提出中国共产党"为全国人民解放而奋斗"的使命。

我们共产党现在是一个很大的党，一个二十四年来有了很多经验的党，一个准备胜利的党。我们要在全国胜利，我们有这个志向。全党要团结起来，为全国人民解放而奋斗！

※ 例 55：在为中国人民解放军总部所起草的政治宣言末尾，强调了解放军的光荣使命。

本军全体指挥员、战斗员同志们！我们现在担负了我国革命历史上最重要最光荣的任务，我们应当积极努力，完成自己的任务。我伟大祖国哪一天能由黑暗转入光明，我亲爱同胞哪一天能过人的生活，能按自己的愿望选择自己的政府，依靠我们的努力来决定。我全军将士必须提高军事艺术，在必胜的战争中勇猛前进，坚决彻底干净全部地歼灭一切敌人。必须提高觉悟性，人人学会歼灭敌人、唤起民众两套本领，亲密团结群众，把新区迅速建设成为巩固区。必须提高纪律性，坚决执行命令，执行政策，执行三大纪律八项注意，军民一致，军政一致，官兵一致，全军一致，不允许任何破坏纪律的现象存在。我全军将士必须时刻牢记，我们是伟大的人民解放军，是伟大的中国共产党领导的队伍。

只要我们时刻遵守党的指示，我们就一定胜利。

※ **例** 56：《将革命进行到底》末尾提出了一九四九年向长江以南进军、发展经济、成立新中国三大任务。

一九四九年中国人民解放军将向长江以南进军，将要获得比一九四八年更加伟大的胜利。一九四九年我们在经济战线上将要获得比一九四八年更加伟大的成就。我们的农业生产和工业生产将要比过去提高一步，铁路公路交通将要全部恢复。人民解放军主力兵团的作战将要摆脱现在还存在的某些游击性，进入更高程度的正规化。一九四九年将要召集没有反动分子参加的以完成人民革命任务为目标的政治协商会议，宣告中华人民共和国的成立，并组成共和国的中央政府。这个政府将是一个在中国共产党领导之下的、有各民主党派各人民团体的适当的代表人物参加的民主联合政府。这些就是中国人民、中国共产党、中国一切民主党派和人民团体在一九四九年所应努力求其实现的主要的具体的任务。我们将不怕任何困难团结一致地去实现这些任务。

※ **例** 57：1955 年 3 月 31 日在中国共产党全国代表大会上所作的结论，提醒全党同志注意，实际上也是为全党明确使命。

最后，我请同志们注意，也请全党同志注意：为在一九五六年胜利地召开党的第八次全国代表大会而斗争！为胜利地完成第一个五年计划而斗争！

9. 提出要求

在文章结尾处对受众提出工作要求，以便于更好落实工作。

※ **例** 58：1938 年 3 月 3 日，在对陕北公学毕业同学的临别赠言结尾部分，要求同学们毕业后努力去创造无数大大小小的抗日根据地。

今天的临别赠言，就是这些。你们在这里主要是学了方向、原则与作风。毕业出去以后，无论在前方后方，内线外线，都要努力去创造无数大大小小的抗日根据地，从建立山西的五台山，到建立全中国的五台山，争取最后的胜利。

※ **例** 59：《八路军军政杂志》发刊词结尾要求杂志"发扬成绩，纠正缺点"。

发扬成绩，纠正缺点，是八路军全体将士的任务，也是军政杂志的任务。抗战是长期的与残酷的，发扬八路军的成绩，纠正八路军的缺点，首先对于提高八路军的抗战力量是迫切需要的；同时对于以八路军经验贡献抗战人民与抗战友军，也属需要。《八路军军政杂志》应该为此目的而努力。

※ **例 60**：《整顿党的作风》一文结尾要求大家反对主观主义、宗派主义和党八股。

趁着今天党校开学的机会，我讲了这许多话，希望同志们加以考虑。

※ **例 61**：《反对党八股》一文结尾同样对反对党八股的问题提出要求，要求同志们把党八股和教条主义彻底抛弃，把自己的毛病切实改掉。

中央现在做了决定，一定要把党八股和教条主义等类，彻底抛弃，所以我来讲了许多。希望同志们把我所讲的加以考虑，加以分析，同时也分析各人自己的情况。每个人应该把自己好好地想一想，并且把自己想清楚了的东西，跟知心的朋友们商量一下，跟周围的同志们商量一下，把自己的毛病切实改掉。

※ **例 62**：《游击区也能够进行生产》一文结尾提出了"必须努力于经济工作"的要求。

战争不但是军事的和政治的竞赛，还是经济的竞赛。我们要战胜日本侵略者，除其他一切外，还必须努力于经济工作，必须于两三年内完全学会这一门；而在今年——一九四五年，必须收到较前更大的成绩。这是中共中央所殷殷盼望于整个解放区全体工作人员和全体人民的，我们希望这一计划能够完成。

※ **例 63**：1947 年 12 月 21 日，在陕北米脂县杨家沟对晋绥平剧院演出队讲话末尾，要求搞平剧的同志要"在政治上提高"。

平剧在中国有很多人搞，国民党统治区那里有一摊子。我们这些同志在政治上提高了，将来到了大城市，要把那些旧的戏剧团体接收过来，去领导他们。如果单靠演旧戏，我们自然演不过他们。如果在政治上不提高，那我们就领导不了他们。

※ **例 64**：《中国军事形势的重大变化》结尾要求共产党人、人民解放军和全国各界人民团结一致，加紧努力。

敌人是正在迅速崩溃中，但尚需共产党人、人民解放军和全国各界人民团结一致，加紧努力，才能最后地完全地消灭反动势力，在全国范围内建立统一的民主的人民共和国。

10. 加油鼓劲

在文章末尾为工作加油鼓劲。

※ **例 65**：1939 年 5 月 26 日，在抗大成立 3 周年纪念大会上的讲话结尾，

给抗大的同志加油道："共产党领导的抗大，是不怕困难与一定能够克服困难的。在共产党面前无困难，就是因为它能克服困难。"

抗大在其逐年的改良进步中间，伴了若干缺点，它发展了，但困难也来了，主要的是经费不足、教员不足、教材不足这几项。然而共产党领导的抗大，是不怕困难与一定能够克服困难的。在共产党面前无困难，就是因为它能克服困难。抗大三周年后，改正其缺点使之更加进步，这是我的希望，也是全国全世界的希望。抗大的教职员们学生们努力啊！

※ **例66**：1943年7月1日，在纪念中国共产党成立22周年和抗战6周年干部晚会上的讲话结尾，讲述了整顿三风的效果，借以鼓励抗战斗志。

在第二个时期即最近的一年半中，除了继续进行上述各项工作而外，又进行了整顿三风、精兵简政、拥政爱民与拥军运动。整顿三风这件事保证了党在思想上政治上的一致，和党的组织成分的纯洁。这些工作仍须继续不懈地进行下去，借以保证抗战的胜利。一切为了战胜敌人，为了克服现在的困难，迎接将来的光明。

※ **例67**：《目前形势和我们的任务》结尾强调"我们是完全能够超越任何障碍和战胜任何困难的，我们的力量是无敌的""曙光就在前面"，以鼓舞人心。

我们清醒地知道，在我们的前进道路上，还会有种种障碍，种种困难，我们应当准备对付一切内外敌人的最大限度的抵抗和挣扎。但是，只要我们能够掌握马克思列宁主义的科学，信任群众，紧紧地和群众一道，并领导他们前进，我们是完全能够超越任何障碍和战胜任何困难的，我们的力量是无敌的。现在是全世界资本主义和帝国主义走向灭亡，全世界社会主义和人民民主主义走向胜利的历史时代，曙光就在前面，我们应当努力。

※ **例68**：《在新政治协商会议筹备会上的讲话》结尾进行一连串鼓劲加油。

中国人民将会看见，中国的命运一经操在人民自己的手里，中国就将如太阳升起在东方那样，以自己的辉煌的光焰普照大地，迅速地荡涤反动政府留下来的污泥浊水，治好战争的创伤，建设起一个崭新的强盛的名副其实的人民共和国。中华人民共和国万岁！民主联合政府万岁！全国人民大团结万岁！

※ **例69**：1949年9月21日，在中国人民政治协商会议第一届全体会议上的开幕词结尾也充满激情，鼓舞人心。

让那些内外反动派在我们面前发抖罢，让他们去说我们这也不行那也不行罢，中国人民的不屈不挠的努力必将稳步地达到自己的目的。在人民解放战争和人民革命中牺牲的人民英雄们永垂不朽！庆贺人民解放战争和人民革命的胜利！庆贺中华人民共和国的成立！庆贺中国人民政治协商会议的成功！

※ **例 70**：1950 年 9 月 25 日，在全国战斗英雄和劳动模范代表会议上的祝词结尾处这样写："我们庆祝你们的会议获得成功，庆祝你们在今后工作中获得伟大的胜利。"

中国必须建立强大的国防军，必须建立强大的经济力量，这是两件大事。这两件事都有赖于同志们和全体人民解放军的指挥员、战斗员一道，和全国工人、农民及其他人民一道，团结一致，协同努力，方能达到目的。当此中华人民共和国开国第一个国庆纪念节日快要到来之际，你们在这里开会，是有巨大意义的。我们庆祝你们的会议获得成功，庆祝你们在今后工作中获得伟大的胜利。

※ **例 71**：1956 年 8 月 30 日，在中国共产党第八次全国代表大会预备会第一次会议上的讲话末尾说大会的预备会"安排得好，是完全可以把准备工作做好的"，实际上就是在给会议加油鼓劲。

我们这次大会的预备会议，从今天算起，只有十几天的时间，但是安排得好，是完全可以把准备工作做好的。我们相信，这次大会是可以开好的，代表们的水平是能够保证这次大会开好的。但是要兢兢业业，大家努力。

需要补充说明的是，在毛泽东的文章里，以上这些结尾方式既单独使用，也经常在一篇文章里多种方式一起使用，大家有时间去读一读原著，自己从中去发现和总结一些规律。

第四篇

接通实践

以跨界创新破解实战之困

公文是应用文，以用为首要法则。

这就决定了写公文是一种充满实战性的活动。事实上，你会发现，不管你把写作理论理解得如何透彻，写作中都会出现这样那样的问题，产生这样那样的困惑。最近几年，经常有读者朋友就一些写作具体问题向我提问，请我给予解答，我挑选了一些具有代表性的问题尽力回答。现在回过头来看，这些问题尽管看起来是"个性"问题，实际上也有一定"共性"，加之我在回答时更注重思维的启发，所以有一定的参考价值，本篇将之汇总起来。

你在写作中也有这样的困惑吗？如果有，本篇送你7个锦囊，为你接通实践，以跨界创新破解实战之困。

◆ 一篇好公文长啥样？

◆ 为何公文"调性"难改变？

◆ 怎么写好心得体会？

◆ 如何才能写出亮点？

◆ 如何成为领导"知心人"？

◆ 如何用跨界思维构思文稿？

◆ 如何按"图"索骥打开思路？

22　好公文应像一个水蜜桃
——一篇好公文长啥样？

导读

"老师好，您经常让大家'跳出公文看公文'，用跨界思维思考问题。最近我看电视时突然觉得，可以把公文当成水果来看。与朋友们作了一些交流，有朋友觉得公文像柑橘和柚子，外表格调规范、内部结构严密，层次分明。有朋友觉得公文像榴莲和菠萝，外表坚硬，不像文学作品那样柔软。还有朋友觉得公文像荔枝和芒果，不仅有丰盈的果肉，还有强大的内核。我觉得都有道理，但都不全面，又找不到更贴切的比喻。如果是您，您会觉得公文最像哪一种水果呢？"以上是读者朋友给我发的信息。我作了思考，将公文同水蜜桃进行类比，提出了判断公文好坏的 6 条标准：形正、皮薄、肉厚、汁多、味甜、核实。以此分别代表公文的格式、引言、内容、观点、思想、主旨。

如果把公文比作水果，你觉得像哪种？

有人觉得像柑橘和柚子，外在格式规范、内部结构严密，层次分明；也有人觉得像榴莲和菠萝，外表坚硬，内容却很丰富；还有人觉得像荔枝和芒果，不仅有丰盈的果肉，还有强大的内核。

这是一种很有意思的跨界思维。

顺着这种逻辑想下去，你会发现，可以比拟的对象远不止这些。事实上，世间万物尽管各不相同，却总能找到相通之处，只要你多联想，一定还能列出一长串的类比。如果让我找一种水果来作类比，我会选水蜜桃，因为一篇优质的公文像极了熟透的水蜜桃，它形正、皮薄、肉厚、汁多、味甜、核实。

1. 形正

形正即文面形式规矩、整齐、中正。

水蜜桃不像佛手果、洛神果、释迦果、蛇皮果、榴莲那样奇形怪状、不循常理，它的形状和颜色都符合人们对圆形水果的基本认知。但凡有正常心智的人见了水蜜桃，大概率只会关切甜不甜、汁水多不多，不会惊讶于它的外形。

　　公文的"外形"就是公文的文面，即语言、版式、结构等。

　　一篇合格的公文"形体"规范，有特定的话语体系，有特定的语言风格，就像水蜜桃有自己的色泽一样。首先，公文有自己的版面形式（尤其红头文件），从标题、字体、字号到落款，都有严格的版式要求。其次，公文有特定的结构特征。如通知，不管谁来写，都跳不出时间、地点、参加人员、议程设定、参会要求等基本框架。再如会议纪要，总跳不出会议时间、会议认为、会议决定、会议强调这些内容，可以说，同一类公文，其"长相"大抵是相同的。

2. 皮薄

　　皮薄即表述问题开门见山、直陈其事、不绕弯子。

　　水蜜桃的一大特点就是皮薄，尤其是成熟的果子，轻轻一撕即可食用，嘴馋的人甚至可以连皮带肉一起吃掉，完全不像菠萝、榴莲、柚子、椰子，被厚厚的外壳包裹着，想吃到嘴，非经一番周折不可。

　　公文是应用型文章，一切围绕解决问题展开，而解决问题得讲效率。对公文而言，效率就体现在论述问题开门见山、直陈其事，或只作简单铺垫和引导，点到为止，这就像水蜜桃的皮一样，轻轻一撕就能吃到果肉，不会让人太费劲。

　　据说明朝有位官员叫茹太素，有一年全国发生自然灾害，朱元璋让大臣提意见。茹太素是个很有见地的人，闻风也写了个折子递上去，兴之所至，洋洋洒洒写了 1.7 万字。朱元璋看折子长，就让人念给他听，没想念到 1.6 万字还没进入正题。朱元璋大怒，斥道："虚词失实、巧文乱真，朕甚厌之！"喝令殿前校尉把茹太素痛打了 20 大板，然后让人继续念，终于在最后看到了干货。事实上，茹太素写的 5 条建议都很好，有 4 条被朱元璋认可，问题是他的奏折太长，铺陈太多，本来 500 字就能说清的事儿，却写那么长，难怪要挨板子。

　　用现在的观点看，茹太素之所以吃了这个大亏，就是因为他的文章"皮"

太厚了，尽管里面有真知灼见，但皇帝要剥去厚厚的"皮"才能"吃"到，实在太费劲了。皇帝那么忙，他不被打才怪呢。

3. 肉厚

肉厚即文稿内容要充实、有干货，给人获得感。

偌大一个芒果，单核就占了一大半，果肉却显得单薄。水蜜桃则不同，一旦一个熟透了的水蜜桃在手，你大可肆无忌惮地咬，一口下去，满嘴果肉，毫不担心会磕到牙齿，因为它肉厚。

公文是实用之文，最忌讳虚而无用之言，好的公文"肉"一定得厚，古人叫"言之有物"。公文的"肉"就是公文的内容，就是作者表达的观点、提出的措施、引用的数据等。因此，评判一篇公文有多实，不是看篇幅有多长，而是看"肉"有多厚。在我看来，公文格局宏大、内容丰盈、观点中肯、数据详实、思虑周全、剖析深刻、耐人寻味叫"肉厚"，而没有洞见、虚而无用、挂一漏万、蜻蜓点水、老生常谈叫"肉薄"。好的公文应像水蜜桃一样，厚重、有物、实在，一口咬下去，满嘴都是肉。

拿写对策措施来说，如果翻来覆去只会写一要干什么，二要干什么，都是一些空洞无用的大道理，不系统、不完整、不实用，这样的"肉"就叫不厚。如果能分门别类，从不同维度抽丝剥茧、层层解剖，系统提出务实、创新、管用的措施，就可叫"肉厚"了。

4. 汁多

汁多即文稿有观点、有洞见、金句多。

顾名思义，水蜜桃的一大特点就是汁水多，与香蕉、榴莲的干糯不同，熟透了的水蜜桃，水分充盈、柔嫩欲滴，用嘴轻轻一咂，汁水就溢出来，填满唇齿间隙，顺势一咽，顿时满口留香、沁入心田。

"材料人"有种观点"不求百篇传天下，但求一句入人心"，这话道出了写作的基本追求。若能写出像《谏逐客书》《论积贮疏》《出师表》《陈情表》《谏太宗十思疏》《答司马谏议书》这样的千古名篇，当然再好不过；倘若写不出，写一两句能让人赞叹、传诵的金句，也就够了。

1930年5月，毛泽东为了反对当时在红军中存在的教条主义思想，专门写了《反对本本主义》一文，提出"没有调查，没有发言权"的著名论断。这句话揭示了一个颠扑不破的真理，同时也成了一句金句。在《纪念白求恩》一文最后，他写道："一个人能力有大小，但只要有这点精神，就是一个高尚的人，一个纯粹的人，一个有道德的人，一个脱离了低级趣味的人，一个有益于人民的人。"这个金句，如同令人唇齿留香的汁水，甚是解渴。

5. 味甜

味甜即让人尝到甜头，获得好处。

人之所以爱吃水果，一方面是为了获得人体必需的营养素（如维生素 C、膳食纤维，以及钙、磷、铁、铜等无机盐等），因为人体离不开它，否则就会危及生命。在大航海时代，英国很多船员因缺乏维生素而患上了坏血病，一批批死了，所幸英国海军军医詹姆斯·林德（James Lind）发现柑橘和柠檬能治这种病，因为柑橘和柠檬富含维生素 C。另一方面，人吃水果也是出于对甜美味觉体验的追求，也是一种精神需求。

水蜜桃不仅富含维生素，含糖量也高。一篇好公文，就应该像水蜜桃一样，不仅能让读者从中汲取"维生素"和"无机盐"，还可以给人甜美的享受，给人创造美好的饮食体验。在公文的这些好处里，"维生素"和"无机盐"是实用的东西，往小了说是解决问题，往大了说是优化社会治理、呼应群众期盼、提高社会管理服务水平，从某种意义上讲避免了社会患上"坏血病"。感觉和印象则是精神层面的东西，一篇经典的公文，能让读者津津乐道、回味无穷，指的就是这个层面的作用。

6. 核实

核实即主旨鲜明，能弘扬主旋律，激发正能量。

水蜜桃不仅有厚厚的肉、浓浓的汁、甜甜的味，还有硬硬的核、饱饱的仁。

一篇好公文也应有"核"有"仁"，主旨鲜明。拿毛主席的"老三篇"（《为人民服务》《愚公移山》《纪念白求恩》）来说，它们之所以经典，一个重要原因就是文章有"硬核"，即通过张思德、愚公、白求恩凝聚了共产党人对人格理想的希冀，弘扬了全心全意为人民的服务精神、不怕牺牲奋斗到底的愚公移山精神、毫不利己专门利人的共产主义精神。这 3 种精神就是 3 篇文章的

"核"。正因为有这些"核"，"老三篇"才有了穿越时空的强大力量。

　　总而言之，形正、皮薄、肉厚、汁多、味甜、核实是公文的 6 个审美维度。虽然不敢说水蜜桃是这些特性的最佳结合体，但可以肯定，绝不能把文章写成奇形怪状的佛手果、外壳坚硬的榴莲果，也不能写成酸涩难耐的木瓜果，更不能写成空虚无核的椰子果。

23 从我的一篇总结说开去
——为何公文"调性"难改变？

导读

　　"老师好，我是一名市级机关工作人员，今年工作 11 年了，目前是科室负责人。最近，我们按往年的格式写了本部门年度工作总结，报领导时，挨了一顿骂，说咱们写得太'八股'，没有新意。我感觉领导批评得太对了。说实话，我们的总结确实就是按往年框架'套'出来的，中规中矩。我知道，您在省级机关工作，想必每年也要写处室工作总结吧？请问这种工作总结能不能变化一下风格？如何写出新意？如果您方便，分享一篇例文给我参考一下。"在这位朋友的请求下，我准备把我写的总结分享在公众号"一纸文章为时著"里，但不知为什么，反复多次都没成功。很多朋友都想看，发又发不出来，就索性把它编入本书，顺带谈谈几点感受。

　　工作总结年年写，怎么写出新意？

　　这是很多人都苦恼的问题。总结写多了，特别容易"八股化"，格式越来越呆板，缺乏新意。一个典型的毛病就是越写越像文件，风格中规中矩、四平八稳，满篇"一""（一）""1""一是""二是"，层层嵌套，全靠序号硬转硬接，堆砌一堆素材，没有分析判断，不谈感受体验。这种总结感觉不是"写"出来的，而是"拼"出来的，既无语感，也无味道，其"调性"令人腻烦。

　　所以啊，改进文风，永远在路上！

　　为什么公文创新这么难？是大家没有创新的意识吗，还是大家不会创新？

1. 公文难创新的原因在哪里？

　　尽管大家都不喜欢呆板的文风，却很少有人站出来"吃螃蟹"，尝试新写法，问题出在哪里？阿根廷文学家博尔赫斯说，凡事总有一个经济学的解释。我的观点，凡事都有一个心理学的解释，都有深刻的心理考量在里面。

我个人分析，创新难的原因无非 3 点。

（1）不会创新

有些人习惯于靠经验和感觉工作，尽管内心愿意改变，也敢于改变，奈何缺乏学习研究，认为自己写的就是总结"该有的样子"，认知狭隘，想不出其他的新写法，不知如何改变。

表面上看，"不会"是"客观"原因，写作者也显得很"无辜""无助"，然而追究起来，不会也是主观所致。事实上，任何"不会"说到底都是自己不愿去研究、不想去研究的结果。我说过，写作功夫在研究，想写出亮眼的稿子，你首先就得"会"啊！而"会"和"不会"之间，就只隔着一个"学"字。

因此，我建议多读多看多学，尤其多读经典文稿，因为阅读可以拓宽你的眼界、增长你的见识，让你产生"原来总结还能那样写"的震撼。刘勰的《文心雕龙》有句话说得特别好，即"操千曲而后晓声，观千剑而后识器"。什么意思呢？就是学习一项技能，只要你多看、多听，见识多了，自然就懂了。公文写作是实操性特别强的行业，尤其需要"见识"，写作理论再鞭辟入里，你理解起来也没有实实在在看上一篇总结"长什么样子"来得深刻。

（2）不敢创新

对一部分人来说，他们知道新的写法，也能写出来，只是不敢轻易尝试。原因很简单，创新有风险，搞不好会弄巧成拙。在这样的顾虑之下，他们心里必然会想，既然大家都这么写，以前也这么写，加之领导也认可这么写，何必去冒险呢？

不错，转变文风确实有风险，这是有很多前车之鉴的。这种风险来自多方面，创新会让自己显得很"另类"，严重的会被人说成哗众取宠。对于直报领导的文稿，最担心的是领导的看法。一般来说，当领导认可一定风格后，会觉得那就是文稿"该有的样子"，一旦贸然变了，毕竟觉得唐突，若是领导思想开明、喜欢创新还好，若是领导思想保守，就麻烦了。

对于这种顾虑，我觉得是情有可原的，因此我建议充分了解领导的风格，打有把握的仗。如果遇到思想开明的领导，不妨大胆创新，写出自己的特点来，否则就中规中矩地写。毕竟，公文写作是"戴着镣铐跳舞"的艺术，考虑别人的感受是没有错的，这也是用户思维的一种体现。

（3）不愿创新

有的人会写，也敢写，就是不愿意。为什么呢？因为创新有成本，或者说会增加成本。你想啊，一个人写总结时间长了，慢慢地会形成"套路"，固化成某种模板，写起来顺风顺水，只要领导不说什么，只要能交得了差，凭什么要把自己"成熟的经验"推翻呢？那不是没事找事吗？况且，写总结的季节通常都是一年中最忙的季节，一旦忙起来，大部分人像陀螺一样不停地"转"，能把事情"应付"过去就算不错了，哪还有心思来创新写作啊！

从演化的角度看，不愿创新是人之本性。因为人类演化的基本逻辑就是趋利、避害、节能，只有最大限度节约能量，人才有更多机会生存下来。于是，为了节约能量，人们就会去总结一些现成的经验供行动"毫不费劲"地调用，时间越长、经验越丰富，人们就越"保守"，越习惯于在既有经验的"舒适区"里。一旦把既有经验推翻，人就得花更多精力去重新"建模"，这无疑是一件很费劲、很痛苦的事情。因此，对于"不敢""不愿"的问题，我在这里姑且不讨论，也不作任何指责。

我想说的是，你可以"不敢"，也可以"不愿"，但一定要"会"，这是最起码的。古人早就说过：文无定法。就总结来说，你应该认识到，总结从来没有什么"该有的样子"，更没有"固定的样子"，因为形式永远都是服从于内容、服务于内容的。换句话说，只要守住基本规范，把问题说清楚、讲明白，完全可以创新形式，写得灵活一些、自由一些。

基于这样的理解，这几年我鼓励处里的同志在写年度总结时大胆跳出"八股文"框架，尝试一些新写法，改变一下以往的"调性"。事实上，在"求变"中，我们也获得了深刻的体验。

2. 实例：一篇我们自己写的年终总结

下面是 2020 年处里的工作总结。这篇总结开始是作为"任务稿"上报厅办公室的，开始的框架很"八股"。三个一级标题：一、2020 年工作情况。二、经验和体会。三、2021 年的打算。"2020 年工作情况"下的 5 个标题是这样的：（一）强化政治学习，高标准提升政治素养；（二）强化以文辅政，高质量完成文稿起草；（三）强化统筹协调，高水平抓好全面深化改革；（四）强化调查研究，高效率拿出研究成果；（五）强化大局观念，高姿态参与疫情防控。

这几个标题花了一些心思，也还过得去。后来，我们以处的名义给每个厅领导写了一封感谢信，信的内容如下：

尊敬的 ×××：

拼搏的时光总是过得很快，一转眼，2020 年已经过去，我们又踏上了新的征程。

过去一年里，综合处在您的领导、关心、支持下，各项工作取得了一些成绩，大家都有获得感，为作为一名工信人而骄傲。回顾过去，我们有很多收获。借此机会向您致以最崇高的谢意！感谢您对我们的关心支持和信任，感谢您为我们营造了良好的工作氛围，并为我们加油鼓劲，鼓励我们前行。

新的一年，纵然肩负着沉甸甸的责任，但我们坚信，只要有厅党组的坚强领导、有您的关心支持，我们就依然有昂扬奋进的动力。我们将继续坚持以研究带动工作，用敏感、敏锐、敏捷的理念干好每项工作，在工业高质量发展新征程中拼搏！

衷心祝愿您身体健康、工作顺利、阖家幸福！

综合处全体同仁
2021 年 1 月 12 日

在这封信后面，我们附上了 2020 年工作总结。需要说明的是，我们不是将上报办公室的总结原样附上，而是在形式上变了形，改变了结构体例。上报过后，又觉意犹未尽，再次作了修改，本想发到"一纸文章为时著"里供读者参考，因为没发出去，所以放到这里。

修改稿如下：

敏感　敏锐　敏捷
在拼搏中形成"智慧共同体"
——综合处 2020 年度工作总结

过去的 2020 年，在厅党组的坚强领导下，综合处围绕中心、服务大局，坚持以研究带动工作，按照"3133"的工作思路，合力构建"智慧共同体"，以"敏感敏锐敏捷"的理念做好各项工作，高质量完成各项工作。

过去一年，我们"很团结"，始终不忘初心、牢记使命，在一张张 A4 纸上，用敲击键盘的声音合成了一首拼搏的"协奏曲"。在厅党组的领导下，我们深刻领悟党的理论的深刻内涵，用党建引领业务向前行进，发挥每位党员的先锋作用，把党性贯彻在每一个拼搏的日日夜夜里，把专业浸入在每一篇文稿的字里行间。大家没有太多豪言壮语，却能无怨无悔，始终以高度的事业心、责任感对待每一个文字数字，以"亮剑精神"应对每次加班加点，在以文辅政中甘当幕后英雄，在精益求精中凝聚成一个"智慧共同体"。一年来，我们用团结紧张、严肃活泼的工作"旋律"，合成了一首激昂奋进的"2020 协奏曲"。过去的一年，我们"很努力"，秉承精益求精的文字工匠精神，当好新时代"谋士"，用文字彰显思考的价值。全年共完成各类文稿 199 篇（调研报告 18 篇、研究报告 19 篇、工作专报 27 篇、参阅资料 22 篇、重要文件 7 个、理论文章 12 篇）。我们连续奋战数个夜晚，集中优势兵力打赢了全省工信工作会系列文稿攻坚战；我们围绕中心，放眼未来撰写了《赴浙江湖南江西三省考察报告》《2021 年贯彻落实中央和省委重要决策部署的有关考虑》等报告，得到省领导高度认可；我们紧盯产业链，群策群力起草了《发挥绿色能源优势推动绿色制造业发展行动计划》《全省制造业产业链高端化行动方案》等重要文件，当好新时代的"谋士"，践行以文辅政的"写作使命"，彰显写作价值。一年来，我们的成果获省领导批示 15 次，厅领导批示 19 次。过去的一年，我们"很给力"，坚持以研究带动工作的理念，以敏感敏锐敏捷的意识结出了甜蜜的果实。为了干好工作，团队反复讨论确立了"3133"的工作思路。大家群策群力，建立一个研究选题库，形成两种参阅材料，构建三级联动研究机制、争取 7 个省级课题、完成了 19 个研究报告。这一年，辛勤和汗水没有辜负我们，蓝图付诸实践，耕耘结出了硕果，编成了《全省工业和信息化发展报告》，创立了《参阅资料》专刊，《全省制造业高质量发展研究报告》《追赶型省份经济突破 3 万亿工业占比等情况分析报告》获工信部三等奖，我们的成果成了大家的"案头书""抢手货"。过去的一年，我们"很奋斗"，坚持以改革推动发展的目标，主动谋划改革事项，当好深化改革的推动者。年初，领导给我们的要求很高，目标是"年度全省考核优秀等次"。我们以此为动力，履行了统筹协调作用，当好联络员，积极组织大家研提改革事项，破解改革难题，完善工作机制。一年来，不仅完成了 11 项改革的"规定动作"，还自我加压完成了 25 个"自选动作"，改革成效多次被省级媒体宣传报道，有 2 项改革经验信息被《云南改革快报》刊出。过去这一年，我们"很拼搏"，以始终服从服务全局的观念，在疫情防控中用笔发出"工信声音"。处里人手本来就少，但是我们深知大局的意义，不仅抽出 2 名同志参加，还承担相关的文稿工作，牵头调研起草了《加强疫情物资保障十条措施》，经省政府同意印发，为全省防疫物质供应提供政策支持。同时，我们发挥宣传作用，围绕主题撰写工作专报、先进事迹材料及新闻宣传稿，在社会层面积极发出"工信声音"，展现"工信形象"，发挥了我们应有的作用，一位同志被部里评为先进个人。

"物有甘苦，尝之者识；道有夷险，履之者知。"回首过去一年，我们积累了经验，收获了启示。这一年的努力让我们感到：思考是干好一切工作的底层逻辑，如果不思考，就找不到工作的方向和规律，工作就可能跑偏，踩不到点子上。所谓写作，写的其实是思维，因为写作是思考的结晶，正所谓"有思路才有出路、有想法才有办法"。这一年的努力让我们感到：大稿子需要大格局，作为综合文稿起草部门，作为领导的参谋助手，必须站到全厅，乃至全省、全国的角度来思考谋划，才能够为领导提出有价值的意见。这一年的努力让我们感到：创新是提升工作质量的动力，只有敢于拆除思维的围墙，敢于打破思维定式，才能推动工作突破。创新并不遥远，只要善于做工作的有心人，就一定能够有所突破。这一年的努力让我们感到：文字工作是一场没有硝烟的战争，需要"亮剑精神"，在这个战场上，可能会发生狭路相逢的"遭遇战"，也有可能会旷日持久地打起"拉锯战"。一年来，我们完成了近200篇大大小小的稿子，不管什么"战"，都容不得半点犹豫，来不得半分虚假，无论时间多紧、任务多重、压力多大，都必须果断"出剑"，才能克敌制胜。这一年的努力让我们感到：文字工作需要营造一个智慧共同体、锻造团队凝聚力，这是任何一个团队干好工作的基础，面对"急难险重"的任务，只有全处同志团结一心、迎难而上、躬身入局、奋发作为才能够得到"1+1>2"的结果，才能夯实一个部门的基本盘。这一年的努力更让我们感到：厅党组的坚强领导是我们全面提升的基础，是我们干事创业的保证，一年来，正是在厅党组的领导之下，我们才取得了一点成绩。

东风浩荡满眼春，万里征程催人急。回首过去的一年，我们深知自身还存在一些不足，综合研究水平和能力还需再加强、综合品牌还需再擦亮、协同机制还需再发挥。展望2021年，我省工业发展面临形势严峻，我们将在厅党组的带领下，持续坚持"3133"的工作思路，重点从四方面发力：一是在学习上建平台。进一步加强学习型、创新型处室构建，通过头脑风暴、分工协作、资源整合等方式集思广益、群策群力，着力构建智慧共同体。二是文稿上出精品。加强谋篇布局、统筹全局，强化与各处室互动协作，持续提高文稿起草水平，增强文稿服务能力，努力打造一批精品文稿，力争得到更多省领导的批示。三是在改革上争优秀。做好统筹协调，加强深化改革与工信工作的系统集成、深度融合，用改革的办法破解工业和信息化发展中的难题；对外做好工信改革工作的汇报和宣传，对内做好工信改革工作的落实与督促，继续当好深化改革工作联络员，力争在年度考核中获得优秀。四是在研究上创品牌。坚持"切口小一点、研究深一点、更管用一点"的理念，加快研究频次，力争拿出一批小而精的研究成果。继续高质量办好《年度发展报告》和《参阅资料》，探索开展《综合研究》专刊，打出综合品牌建设"组合拳"。充分发挥研究协调机制作用，加强与州市工信联动，在实质性联动方面有所突破，着力打造工信智库联盟。

我们的感谢信和总结后来收到了不错的效果，有位厅领导还亲笔给处里写了一封回信，赞扬我们工作用心用情用力，"以研究带动工作，用创新展示风采，交出满意答卷"，并激励我们奋力拼搏、开拓进取，让我们大受鼓舞，备受感动。后来我想，一定是我们的信和总结打动了领导，才让领导禁不住给我们回信。事实上，经过改写，我们的总结较之前变得更柔软了、更朗朗上口了、更贴近人心了。因此，尽管公文是严肃的，但我依然鼓励大家在某些文稿（如讲话稿、致辞、理论文章）、某些场合大胆创新，做文风转变的探索者。

当然，在公文写作中，我不建议大家过度标新立异，更不建议为了创新搞离经叛道的结构，我给大家分享这篇文章的目的不是说四平八稳的总结错了，事实上四平八稳的结构在很多场合反而是必需的，是合适的。大家必须明白一点：形式服务于内容、服从于内容，采用哪种形式，要看具体的场合、对象，看合不合时宜。

24 所谓"心得体会"，有心得也有体会

——怎么写好心得体会？

导读

有读者给我发信息："老师好，我是一名公司新员工。前几天，公司组织党员到西柏坡参观，回来让写心得体会。我写了一篇，感觉干巴巴的，不知咋写才好，请您指导一下，谢谢！"读者发给我的是一篇心得体会文章，我对初稿的感觉是：写得不像体会，倒有点像游记，没把看到的东西穿插进观点里，还停留在看到什么说什么的层次。心得体会这种公文，关键要有心得、有体会，既讲道理，又讲故事。从公文的特性来讲，要以讲道理为主，由浅入深分出3个层次：（1）就事论事。（2）就事论理。（3）就事论岗。既要讲看到了什么，还要讲出其中道理，并与自己的工作紧密结合。于是，我给他提了4条建议：格式要再调整，体会要再梳理，思想要再提升，工作要再结合。

先看看读者发来的初稿。

西柏坡、冉庄地道战、王霞故居等地，从前，这些只能从书本里、影视中、报刊上了解它们的光辉历史，总想有机会能亲临瞻仰它们的风采。8月7日至11日，园林集团公司党委组织广大干部职工参观学习西柏坡红色圣地，我有幸参加了此次活动，寻找先辈们留下的足迹，感受过去的那段光辉岁月。5天下来，感慨颇多，印象最深刻的有2处：

一是参观西柏坡，在导游的指引下，我们参观了老一辈革命家的生活住所、了解他们的衣食住行，重温了七届二中全会的历史，学习了"两个务必"精神，了解中国革命三大战役全面胜利的历史背景。通过导游的讲解，我认识到，在西柏坡革命圣地，以毛泽东为核心的党中央通过颁布《土地法大纲》，进行土地革命，解决了农民迫切需要解决的土地问题，赢得民心，最终以约1∶9的军民比例赢得三大战役的胜利。正是依靠人民的支持，我们党的事业才获得了

不断胜利和前进的基础，这就要求我们党要坚持"群众路线"，始终保持党同人民群众的血肉联系，努力做到在思想上尊重群众、感情上贴近群众、作风上深入群众、工作上依靠群众，进一步增强群众观点。作为园林集团党政办一员，平时坐办公室时间多，下基层实践少，在今后工作中，我将竭尽所能与各成员单位同志多交流、取真经，多把握基层动态，做好服务基层工作，努力为集团的发展做出自己应有贡献。

二是参观冉庄地道战的"冀中第一洞"王霞故居。据陈列馆讲解员介绍，抗日战争爆发后，王霞同志积极投身抗日救亡，协助吕正操改编联庄营，历经十三年，运作成功 1938 冉庄红色政权，在前四届支书不稳定情况下，王霞立足冉庄，支撑冉庄抗战大局，开展各项支援工作，先后推荐革命人才 147 名参加革命工作，支持两个儿子投身于抗日战争和解放战争，成为冉庄党组织坚强的核心领军人物。纵观王霞一生，是革命的一生、战斗的一生，她为党勤勤恳恳做事，老老实实做人，是共产党人光辉典范，作为参加此次活动的一名非党员，我对先辈的憧憬之意油然而起。

在今后工作中，我将进一步提升自身政治素养，强化"四个意识"，特别是核心意识、看齐意识，向身边先进的共产党员看齐，把基本工作做实做细，报出去的文件通知认真仔细核对，确保零失误，时刻警钟长鸣、防微杜渐，克服懈怠思想，对一些时效文件及时处理，杜绝延时拖拉现象产生，始终以身边优秀党员为标杆，向他们看齐，也希望自己早日能成为他们其中的一员。

读完这篇稿子，我的感觉是，不像心得体会，倒有点像"游记"，作者还不太熟悉心得体会的写作技巧。

在公文的"家族"中，心得体会是很特别的一种，也是很常用的一种。这种文体通常是在个人参加了某种活动（如培训、学习、参观、比赛等）后，交流汇报收获、体会和经验用的。它的最大特点是站在个人角度谈感受，关键是在体会上，落点要落在工作上。所以，想写好心得体会，首先得有"心得"，有"体会"，然后结合工作来谈，把自己"摆进去"，把工作"摆进去"，用"我感觉""我体会""我认识"之类的句子写出认识收获、抛出观点。如果不把握住这一点，很容易将体会写成流水账、记叙文，或者像例文一样写成"游记"。

在我看来，心得体会至少要写出 3 个层次。

1. 就事论事

这是最浅的一层。写的东西是一般人都能看到、想到、听到的，是最直观的。初学者一般都在这个层次，即"看山就是山，看水就是水"，比如写什么原因，去了哪里，看了什么，别人说了什么。

2. 就事论理

心得体会不仅要就事论事，还要就事论理。所谓"论理"，就是要从你的参观、学习本身抽象出来，透过现象看本质，谈出自己的理解、感受和认识，并且能把杂乱无章的信息条分缕析、举一反三地表达出来，而不是停留在人云亦云的知识收集上。

3. 就事论岗

就事论岗就是将感受、认知与自己的工作结合起来，让理论回归实践，探讨参观、学习对工作的意义，进而提出工作的思路和打算。初学写作的人，往往只能写到第一层，只知道写看到、听到的东西，缺乏深入思考，谈不出自己的感受，得不出自己的观点，也缺乏自己的角色定位，所以写出来的东西是空洞的、肤浅的，甚至是无病呻吟的。

好的心得体会不仅要就事论事，还要就事论理，更要就事论岗。所以，这篇文章还需要从形式到内容来一次大"变身"。我给出了4点建议：

一是格式再调整。按党政机关行文风格，写心得体会的一般逻辑是：学了什么—体会到什么—今后怎么做。

我对这篇文稿的结构的建议是：引言部分高度归纳概括什么单位、什么时间，组织了哪些人、去哪里看了什么东西。接着写体会，建议不要用两个点来划分层次，而应一条条写出体会，用"谈体会＋摆事实"的方法来写，结论在先，事实在后。最后一部分结合工作谈思考，谈打算，因为参观学习的目的是推动工作，学以致用。

二是体会再梳理。体会太散乱，不成体系，建议分条来写，在结构上最好专门用一个部分来谈，比如，可以围绕"信仰、精神、作风、意志"这4个关键词谈出4点感受，用老一辈无产阶级革命家们如何坚定信仰、无私奉献、心系百姓、坚韧不拔的故事来佐证你的观点，每个部分按"观点＋事实"的结构来表达，会让人体会到你真的是在"体会"。

三是思想再提升。任何一篇文章都需要有核心思想，也就是主旨，写心得体会也一样。所以，还得站在一名党员的角度把中央、省、市各级党委的要求结合到体会中去，最好把习近平总书记"7·26"重要思想写进去，这样才会显得"高大上"，有灵魂。

四是工作再结合。不管去哪里、看什么、学什么，目的都是学以致用，感受谈得再好，最终都是为了推动工作。所以有必要将"信仰、精神、作风、意志"等体会转化为园林集团党员职工的一种遵循，谈谈工作中应该怎么做，应该树立一种什么样的精神、什么样的作风、什么样的意志、什么样的方法、什么样的形象。并且，要条理性地写，不杂糅、不笼统。

总之，党政机关规范的心得体会要求结构严谨、条理清晰、观点明确、有感而发、学用结合，以用为主；既有叙述，又有议论，既有务虚，还要务实。

希望你通过这个实例掌握心得体会的基本写作技法。

25　亮点都是"对比"结的果

——如何才能写出亮点？

导读

　　读者问："老师好，我在金融机构工作，最近，写一篇领导的先进事迹材料，报了几稿，领导都嫌材料没写出先进性来，让我好好琢磨琢磨。我不知从哪里入手，如何才叫有先进性，很焦虑，请问有没有什么方法和技巧？"收到这个问题后，我感觉问得比较笼统，所以只能概括性地讲讲。所谓"还没写出先进性来"，我的理解就是还没踩准要点、闪现亮点、写出特点。事实上，这个问题很有代表性，很多朋友都为此感到困惑，问过我很多次。我又何尝不困惑呢？每次写的时候都很忐忑和焦虑，焦虑于如何写出亮点来。在回答中，我让他思考4个问题：（1）什么是亮点？（2）亮点从哪来？（3）用什么对比角度？（4）需要注意什么？这4个问题是写出亮点的底层逻辑，值得思考。

　　给人提供方法是件很不容易的事情。

　　在千变万化的材料中，若想拿出一套放诸四海而皆准的技巧，是不大可能的！因为人在变、形势在变、要求在变，以特定的技巧去应对"写作之变"，无异于刻舟求剑。因此，我建议大家在写公文过程中，不必过于追求技巧，而应在变化中把握不变，以不变应万变。

　　对这类稿子而言，什么是不变呢？

　　我的理解，写作的底层逻辑是不变的，思考问题的规律是不变的，关键是要把"先进性"（或者亮点）这个词的内涵理解透彻，把一些基本问题思考清楚。不管先进性也好，亮点也罢，说白了，不过就是写出新意，同别人的情况不一样罢了，这就是底层逻辑。

　　一篇有亮点的稿子，往往有独特的视角、巧妙的切入、新颖的立意。请注意，这里用了"独特""巧妙""新颖"等词语，核心是要说明一个观点：亮点离不开创意的加持，写出亮点，就要写作者有创意。然而，创意没有规律可言，经常一闪而过，难以捕捉。怎么办？我的建议是：回归本源，把握思考的规律。

对此，我建议思考清楚 4 个问题。

1. 什么是亮点？

从物理学上讲，亮点是物体本身发光或反射了光线后形成的视觉感受。

物体亮不亮，关键在两方面：

（1）自己亮不亮

说形象一点就是，一个东西亮不亮，关键看自己会不会发光，如果会的话，亮度如何？如果你本身不会发光，又没有做出成绩、干出特点，即便有别的光照射过来，"亮度"也不会太高。

回到工作中，实际上就是看你现在做了什么、做得怎么样？过去做了什么、做得怎么样？这是寻找亮点最基本的要求。如果你连自己过去、现在干了什么都不清楚，又怎么判断亮点在哪里呢？

就像一盏灯，如果本身灯丝就是断的，或者压根儿就没通电，灯泡怎么会亮起来呢？显然不能。所以，写领导的先进事迹材料，得好好下苦功研究领导这些年来的工作，要不然你的写作会变成所谓的"无米之炊"，是煮不出饭来的。

（2）别人有多亮

有些物体是不会自己发光的，即便发光亮度也很弱，你单独看它时可能会觉得它没有吸引人的地方，如果把它放到光线暗淡的地方或黑暗之中，马上就会觉得它很亮。

所以，亮与不亮，还要看别人有多亮，这就是比较的结果。

举个例子来说。某一天，你家里停电了，黑暗之中，你点燃了一根蜡烛，从感觉上，你会觉得烛光很亮。然而，没过几分钟，电突然来了，在高强度灯光下，烛光相形见绌，你甚至感觉不到烛光的存在。由此，我们可以悟出一个道理：所谓"亮"是相对而言的。

因此，写材料时除了看自己怎么样，还要看别人怎么样。看什么？就看别人做了什么，同自己相比做得如何。就这个材料来说，所谓"别人"，可以是单位领导的前任，也可以是同行，反正一句话就是：跟别人比。这就应了古人说过的话：知人者智，自知者明。写材料，同样符合"知己知彼，百战百胜"

的战法逻辑。

2. 亮点从哪来？

毋庸置疑，亮点是从对比中产生的，其实质就是一种对比差。

那么，怎么对比呢？最经典的对比维度有两种。

（1）时间维度，也叫纵向比较

把本单位当前的工作和以往的工作纵向比较，可以得出前后的不同。比如"2022 年 1~9 月，全省工业投资同比增长 49.2%，在全国排名第 3 位，为近 10 年来最高，投资额在全省各行业中居第 1 位。"这句话中，"同比增长49.2%"是纵向与 2021 年同期比较后得出的结论；"为近 10 年来最高"是纵向与近 10 年数据比较得出的结论。

（2）空间维度，也叫横向比较

通常把本单位的工作和相关单位的工作进行横向比较，可以得出相互的差异。再以上面这段话为例，"在全国排名第 3 位"是与全国各省区市横向比较后得出的结论；"投资额在全省各行业中居第 1 位"是将工业投资与房地产业、交通业投资横向比较后得出的结论。

通过这个例子可以得出一个结论：凡事只要善于比较就不怕没有亮点。将"怎么比"的问题搞清楚后，接下来看"比什么""从什么角度比"。

3. 用什么对比角度？

怎么选择对比角度？这个很重要，直接决定了你跟人家比什么。

我的经验是，只要是有对比关系的概念都可以成为对比的角度，比如速度、质量、规模、态度、方法，具体可以是"有与无""大与小""多与少""快与慢""新与旧""远与近""廉与贵""一般与特殊""常规与创造""规范与凌乱""坚定与怀疑""节约与浪费"等视角，不一而足。

比方说，你单位工作创造性较强，可以和别人比有无。如果工作进展较快，可以比速度。如果单位工作成效十分显著，可以比量化效果。如果单位在工作方法上非常独到，可以比方法创新。甚至还可以比工作态度，比投入的人力、资金，比技术手段，等等。可以定性比，也可以定量比；可以比绝对值，也可以比相对值。总之视角很多，不一而足。

比如，在我们内部的一个总结材料里有这样一段：

近年来，新能源电池、信创等产业实现了"从无到有"，手机、平板电脑、机器人等多种产品实现了"零突破"。生物医药产业持续增长，疫苗批签量位居全国第一。2021 年底，建成绿色铝产能 538 万吨（目前达到 548 万吨）、单晶硅棒和切片产能均突破 90GW（目前均达到 100GW），绿色铝硅成长为新的千亿级产业。主要行业主营业务收入超过 1000 亿元的产业为烟草、电力、有色金属、黑色金属、食品、化工、装备制造、信息。2021 年，烟草制品业增加值占规模以上工业比重 25.6%，电力、热力生产和供应业比重为 17.6%，计算机、通信和其他电子设备制造业比重为 6.4%，黑色金属冶炼和压延加工业 3.5%，医药制造业 2.8%，非烟工业占工业比重提升至 74.4%，"一烟二电三有色"的产业格局正在改变。

这段话用了多个对比视角，"新能源电池、信创等产业实现了'从无到有'，手机、平板电脑、机器人等多种产品实现了'零突破'"用的是"有与无"的视角；"生物医药产业持续增长，疫苗批签量位居全国第一"用的是"多与少"的视角；"2021 年底，建成绿色铝产能 538 万吨（目前达到 548 万吨）、单晶硅棒和切片产能均突破 90GW（目前均达到 100GW），绿色铝硅成长为新的千亿级产业。主要行业主营业务收入超过 1000 亿元的产业为烟草、电力、有色金属、黑色金属、食品、化工、装备制造、信息"用的是"大与小"的视角；"'一烟二电三有色'的产业格局正在改变"用的是"新与旧"的视角。在整个材料中，我们比速度、比质量、比规模、比态度、比方法，综合运用了多维对比方法和角度，全面、立体地反映了工作亮点。

总而言之，寻找工作亮点的基本思路不外乎就是：人无我有，人少我多，人慢我快，人有我优，人优我特。只要有可比性就有差别，有了差别就像灯光有了"亮度"差。

4. 需要注意什么？

总结年年写，怎么写出亮点？这是一个常说常新的问题，非常灵活自由，可以说，运用之妙，存乎一心，一千个作者就有一千种写法。所以，除了以上思路外，还有很多的"讲究"在里面，归结起来有 5 点：

（1）善于找到兴奋点

说白了，这已经不是写的问题了，而是对工作的把握和领会，属于"跳出文稿来看文稿"的范畴，考的是写作者的写作背景、对形势的把握和拿捏。高明的人除了看自己干得如何、别人干得如何，还能紧扣上级的战略、思想、理念、措施、要求来写，上级安排了什么、希望干什么，就重点总结什么。如果不找到上级的兴奋点，写自我欣赏的亮点注定不会被上级所认可。

（2）善于找准切入点

切入点是一个老生常谈的问题了。自古以来，写作界都倡导"以小见大""小题大做"的写作策略。巴尔扎克说过："艺术就是用最小的面积，惊人地集中了最大量的思想。"尽管公文写作不是艺术，但道理是相通的。

领导经常苦口婆心地告诉我们一篇文章"作业面"不能太宽，不能面面俱到，什么都讲，什么都讲不透。实践证明，写亮点最好像挖井一样，找准一个合适的点，深入开掘，直到流出清澈的泉水，这样的泉水才是读者喜欢喝的。这叫"抓住一点，不及其余"，只有从小处切开、新处落笔、特上发力，才能写出亮点。

（3）善于掌握情况

这条不算注意事项，而是基本要求，但还是要强调一下，因为很多人总是忽略。由于不掌握情况、不熟悉规律，把"写材料"变成"拼材料"，拿"已有材料"做"存量组合"，乃至无序堆砌。我经常跟处里的同志讲，文稿的标题概念边界一定要清晰，写产业规模就集中火力写"规模"，写产业结构就集中火力写"结构"，在一个点上写通写透。

那么，写通写透就有个前提，即从更大的时空格局来思考问题，不停留在"当前"和自己的"一亩三分地"里。高明的人有全局观念、系统思维，能掌握"面"、理清"道"，进而判断"势"。建议大家写作时务必把上级直至中央精神吃准，把他人（全球、全国）经验摸透，把事物的发展规律、趋势搞清。这个要求很高，如果做不到，材料就很难上层次。

（4）善于提升高度

有时候"亮度"也体现在"高度"上，因为高度决定了视野，有些亮点若不站在一定高度上，尽管看了，也不一定能"看见"。比方说，人站在某条街道上看一座城，只能看到局部的建筑，很难判断这座城市哪栋楼最高，因为视野受限。若是站到高楼顶上情况就大不一样了，所有建筑一览无遗、尽收眼底，能轻而易举地得出结论。如果再从飞机上俯瞰，就能发现城市整体布局上的特点。

写材料就是一个"看世界"的过程，同样需要提升高度，这是毫无疑问的。问题是，怎么体现高度？我的经验是，在谈事务性工作时，顺带讲政治可以提升高度；在论述现象时，上升为理论可以提升高度；胸为将谋可以提升高度，从微观中作出宏观思考可以提升高度，从具象问题中得出抽象结论同样可以提升高度。

（5）善于打磨标题

如果说一篇有亮点的材料是一个灯泡的话，那么标题就是灯丝，是材料的最高光部分，是亮点中的亮点。在很大程度上，材料亮不亮，关键就看标题有没有特色。在新闻领域，专门有人负责打磨标题，目的何在？就是为了让标题先声夺人，吸引读者。在公文里，标题有主标题、副标题，有一级标题、二级标题，每级标题都很重要，都有必要用一些"技术手段"去美化一下。有经验的人往往会把思想的光辉投射到标题上，以反射出强烈的思想光芒，因为读者看文章是从标题开始的，好的标题是成功的关键。

26 像产品经理一样读懂领导
——如何成为领导"知心人"？

导读

有读者发信息："老师好，我写了一篇领导在全市招商引资工作会上的发言材料，从环境、区位、资本、科技四方面介绍我区招商引资经验做法。写的时候我还沾沾自喜，自以为可以，没想被领导否了，说是没理解他的意图，让我下来好好想想。能否讲讲写作中如何领会好领导意图？"在公文写作中，领会领导意图是写作成败的关键，写作者如果领会不了领导意图，就像一个生产厂家不知道消费者想要什么一样，生产出来的产品是卖不出去的。我建议写作者像产品经理一样，想方设法去了解领导，当好领导的"知心人"：（1）用"耳"去倾听。（2）用"手"去记录。（3）用"心"去领会。（4）用"嘴"去交流。（5）用"眼"去关注。（6）用"脚"去丈量。说白了就是，眼耳鼻舌身全部出动，全方位、多手段读懂领导。

先看看读者发来的初稿：

尊敬的 ××：

根据会议安排，现就我区招商引资工作情况作简要发言。不当之处，敬请批评指正。

近年来，我区深入贯彻 ××× 系列重要讲话精神和治国理政新理念新思想新战略，一体坚持、一体贯彻"五大发展理念"，把做优做强产业支撑作为经济社会发展的重要抓手，先后引进 ×× 等重点项目。全区共有 100 亿级项目 × 个、50 亿级项目 × 个、10 亿级项目 × 个，规上工业企业 × 家，国家级高新技术企业 × 家，规上工业产值突破千亿，高新企业产值占比超过 ×。

面对新常态下招商引资工作，我们打破惯性思维，摒弃"拼政策、拼资源"的传统招商方式，撤掉招商局，建立"3+3+N"招商引资新模式，坚持"××"

和"××"理念，努力打造良好营商环境，让企业"招得来、落得下、稳得住、长得大"。

一是尊重自然，以"环境"招商。我们坚持"生态优先、绿色发展"，突出"环境就是资源，就是资本，就是生产力"，着力打造生态宜居、低碳循环的深绿城市，以"生态+"思维谋划绿色产业集群，大力发展绿色经济。坚持环境污染"零容忍"，关闭污染企业 593 家。制定产业准入"环保负面清单"，坚决将"三高"企业"挡在门外"。随着生态、生活、生产环境的不断改善，"深绿"效应逐步激活，城市口碑持续攀升，一批绿色产业在我区聚集，传统产业成功实现向"智能装备、信息技术、生命健康"的转型。

二是突出优势，以"区位"招商。我们利用紧邻主城的良好区位，打造"区域交通枢纽"，着力实现"路通、车通、人通、财通"。××隧道建成通车后，通过过境高速公路、高铁、城市轨道交通等，逐步形成多点融入主城态势。未来还将进一步畅通外部交通大通道和内部微循环路网，实现××目标。依托交通区位优势，我区在承接国内外产业转移的同时，因地制宜明确各个交通道口功能定位，围绕商贸服务、智慧物流、现代农业、休闲旅游、养生养老等领域，大力发展"道口经济"。

三是投资促进，以"资本"招商。我们综合运用现代金融工具，组建产业和股权投资基金，解决企业融资需求，招引细分行业龙头企业，积极培育本土企业上市。设立创业种子投资基金，吸引创业团队和"种子期"创新型小微企业落户。通过直接投入注册资本金、定向增发等方式，成功引进××等战略性新兴产业项目×个，投资额×亿元，投产后预计年产值近×亿元。与西南证券合作，筛选×家企业进行重点培育，力争×年时间推动×家挂牌上市，目前已成功挂牌上市×家，×家进入拟上市储备库。

四是创新驱动，以"科技"招商。我们呼应"创新驱动"和"军民融合"国家战略，组建"××研究院"，完善"1+10"产业研究院体系，充分发挥科研平台功能，吸引国家重大项目、新型科技成果、高端研发资源和科技型企业。成立××工作站，以企业为载体新设立×个产业研究院和×个企业研发服务平台。××等一批科技型企业纷纷落户，全部采用"总部+研发中心+制造基地"的整体建设模式，实现研发和生产的无缝对接。

在今后的工作中，我们将继续坚持"生态优先、绿色发展"理念，加大择商选资力度，在招引"绿色产业"上下功夫，推动生态产业化、产业生态化。瞄准互联网、大数据、人工智能、云计算等高端领域，打造智能化产业集群，着力培育战略性新兴产业领域新增长点。加快发展新兴旅游业态，引进一批"体验式"康养、休闲、度假项目，推动"文旅融合"，打造"全域旅游景区"。

这篇稿子标题对仗，讲了 4 个问题，看得出来是下了苦功的，但为什么会被领导否掉呢？这就值得思考了。

我的体会，写好领导发言材料的关键在"懂"领导。如果读不懂领导，写作的方向就会跑偏，就写不到点子，你写得再好，也不对领导"胃口"，自然是要被领导否了的。

我在很多场合讲过，写领导讲话稿须有用户思维，就是学会站在领导角度思考问题，当领导的"知心人"，把领导想要表达的东西表达出来。把领导想要的稿子写出来，不能仅凭自己的理解，闷着头自以为是地写一通。这样说有些同志不免疑惑，说你不是经常讲"握笔能做三分主"吗？如果都听领导的，材料还怎么写呢？不错，写作过程中，写作者确实能做一定的主，如在结构方式、材料的选择、文字的精炼，甚至语言风格等方面，但不要忘了，我说的是做"三分"主，不是"七分"，更不是"十分"。你不能全过程放飞自我，任由"小宇宙"爆发，不管领导的意图，不顾领导的感受"自由创作"。你可能又会说，凭什么啊？不凭什么，就凭人家是领导，稿子是领导在用，领导才是"法定作者"，妥妥的第一消费者，你必须听他的。这种逻辑就像做企业，高明的企业家或产品经理都会尊重消费者，以"用户"为中心，把消费者当"上帝"。我想，在商场上，没有谁会去跟消费者争论说：我凭什么听你的？原因很简单，评价权在消费者手中。

于是乎，搞懂消费者在想什么就变得很重要了。

回到写作上，写作者本质上是内容"生产者"，而使用稿子的人（如领导）则是内容"消费者"。一个生产，一个消费，中间是说服和营销，符合商业逻辑。在商业活动里，企业家想把产品卖给消费者，首先要读懂消费者，搞清消费者的消费需求和消费心理，知道对方喜欢什么、需要什么、厌恶什么，如此才能让产品适销对路。从这个意义上讲，写作就是特殊的市场营销活动，写作者必须是一个优秀的产品经理、销售经理。实践证明，懂得消费者需求的产品往往畅销，不懂消费者需求的产品往往难销。你若注意观察，会发现人们去逛商场，很少进门买了就走，一般都要反复地看，反复地试，问这样，问那样，不会轻易掏钱。为啥？因为商店的商品是标准化的，不是按消费者需要设计的，谁会轻易花钱去买自己不喜欢的东西呢？

那么，写作者如何才能读懂领导？我的建议有 6 点。

1. 用"耳"去倾听

这个最为关键。领导在布置写作任务时，一般都会对写作人员"面授机宜"，告诉你什么时间、什么会议、需要什么人干什么、是交流还是汇报、时间多长、还有哪些人也要讲、讲给哪些人听。

这些问题，都需要你"竖起耳朵"听清楚了，因为这里面就包含了领导的意图。如果你怕领导讲得快听不清楚，建议买个录音笔，但凡领导安排工作就录下来，回头认真听一遍，双保险。现在手机都有录音功能，用起来也很方便。

2. 用"手"去记录

俗话说：好记性不如烂笔头。领导讲了这么多，光用耳朵是靠不住的。

为什么？

因为有时领导安排工作很突然，可能你还没来得及录音他就说完了，你不可能跟领导讲"麻烦您再说一遍，我忘记录音了"。最好是双管齐下，既录音也记录，每个问题都记清楚，千万不能含糊，因为一旦哪个问题含糊了，写起来就会犯嘀咕，准确性就大打折扣。比方说领导让你写"汇报材料"，你却记成了"交流发言"或是"表态发言"，那就麻烦了，写出来的"调子"都不一样，不被否才怪呢！

3. 用"心"去领会

正所谓"书不尽言，言不尽意"。语言表达往往是有局限的，所以有些问题需要根据你平时的工作经验、领导的风格特点、本单位本部门的规定或惯例来进行矫正，确保准确理解领导的意图。

有些同志在这一点上总是走极端，要么完全不理会领导关切什么，要么唯命是从，不敢越雷池一步。要知道，领导成天忙于大事，不可能对每个稿子都提要求，即便提了，也不见得完全表达他的意图，有时甚至草草带一句，更大程度上要你去"猜"，为领导补充完善。这一点，恰恰体现了文字工作者的参谋助手作用。如果什么都按领导说的做，毫无主观能动性，领导还需要你干什么呢？

4. 用"嘴"去交流

对于领导的要求，听也听了，记也记了，按说应该保险了，其实不然。

理解领导的意图，光靠单向信息传递还不够，有效的沟通一定是有来有往，让信息双向流动的。如果只是单方面听领导讲，不见得能完全理解正确，因为信息在表达、接受过程中会发生衰减，进而出现理解上的偏差。所以，保险起见，听完记完之后最好将问题复述一遍，当面请示领导："您看，按我的理解，您刚才的要求是……不知我的理解准确否？"一般来说，如果你的理解有偏差，领导都会指出来，一经确认，就可放心大胆地写了。

实际工作中，有很多同志不敢与领导沟通。一来，有些同志没有交流的意识，觉得没必要再问领导一遍。二来，有些同志认为那样太麻烦领导，生怕问了，显得自己太笨。三来，心里对领导有畏惧感，一说话就紧张，不敢问，尤其在职务较高的领导面前，安排任务时不敢对话，只能乖乖"听话"。其实，这些担忧都大可不必。我的经验，领导一般不会见怪，因为他们也希望你理解他、读懂他，所以你问他问题，一般来说他是不会见怪，更不会批评你的。

5. 用"眼"去关注

有时候，还需要认真研读上级的文件资料，因为领导口述的很多信息不一定准确，怎么办呢？这就得靠眼睛了。比方说，领导在安排你写招商引资发言材料时说，"要把上次书记、市长在招商引资会上的三点要求的落实情况写清楚。"你听也听清了，记也记清了，还确认了是哪次会议提的，但还不清楚那几条要求的准确表述，因为领导不可能把文字原原本本地给你讲出来，他没时间，也记不住。怎么办呢？过后把书记、市长上次会议上的讲话找来好好研读一番，确认提了几条，每条是怎么提的。这样才能把准领导意图，写出领导想要的稿子来。

6. 用"脚"去丈量

有时候，领导布置任务后，光靠在办公室"揣摩"也不行。有些问题需亲自跑一趟，找上级、问下级，找其他知情者、兄弟单位的同行。找了干什么呢？和他们面对面了解情况。

比方说，领导在调研过程中发现了一些问题，让你在材料中反映出来。假如你没有参加调研，对问题的来龙去脉不清楚，即便你把领导交待的话一字不落地记下来、听清楚，也很难把握住"轻重"，更难有所发挥。针对这种情况，在有条件的前提下，用"脚"去丈量，亲自去调研一番，实地考察一下更为稳妥。

以上是常用的 6 种方法，都是我在写作实践中屡试不爽的方法。当然了，方法千万条，原则只一条：不管白猫黑猫，能逮到耗子的就是好猫。只要有助于你科学合理地理解领导意图，都可以大胆尝试。

27　跨界类比，万物皆备于我
——如何用跨界思维构思文稿？

导读

有读者发信息给我："老师好，我是一家央企的二级公司员工，前不久总部印发了"十四五"企业文化建设规划纲要，为推动企业文化在下级单位落地践行，近期要开一个企业文化发展座谈会，请下级单位领导发言，谈如何落实规划，如何在单位弘扬行业文化。请您指导，发言该从哪些方面来考虑？"这个问题属于构思范畴，提问者有两个困惑：一是纠结于稿子从哪些方面展开，二是不知道写啥内容。我综合考虑后回答他：先强调构思的重要性，目的是养成构思的习惯，接着用植树的方法提出七点构思：（1）精心"选种"，挑选适宜形式。（2）精心"培土"，营造良好氛围。（3）精心"除草"，弘扬主流声音。（4）精心"支架"，提供多元保障。（5）精心"浇水"，注入丰富营养。（6）精心"修枝"，纠正不良现象。（7）定期"杀虫"，确保文化健康。把植树的逻辑迁移到公文写作当中，这是跨界思维的一种运用。

这是一个关于构思的问题。

我的理解，构思是写作的"起手式"，也可以叫"前写作"。之所以把"思"也当成"写"来看，实在是因为构思太重要了。我的体会，构思之于写作，好比规划设计之于建筑施工。任何一栋建筑，如果没有科学的规划设计，都是盖不好的。前几年，我老家就有个邻居把房子盖砸了，原因就是设计不合理、结构有问题。邻居不仅经验不足，还舍不得花钱请人，凭感觉蛮干，最终导致房屋结构严重变形，梁柱、门窗的标高、位置、尺寸、比例都不对，盖到一半就成危房了。他想推倒重来，钱花光了，只能摆着，教训惨痛。

写文章同样离不开规划设计（构思），若没有构思或构思不合理，文章就会出问题，严重的还会出现结构性问题，写成"烂尾材料"。对此，俄国思想家车尔尼雪夫斯基就说："要是没有把应当写的东西经过明白而周到的思考，就不该动手写。"我国古人也懂这个道理，在练习书法、画画时，有"意在笔先"的说法，意思就是构思成熟再下笔，这好比现代工程领域一直强调先设计后施工一样。清代有个叫李渔的艺术家在《李笠翁曲话》里讲："不宜卒急拈毫；袖手于前，始能疾书于后。"这句话的意思是只有在审题立意、合理构思后方能挥洒自如。鲁迅先生也说："静观默察，烂熟于心，然后凝神结想，一挥而就。"（《且介亭杂文末编》）这些观点强调的都是构思的必要性。

写好这篇发言材料同样也要构思。构思什么呢？无非两个方面。

第一，搞清主题是什么。从问题的描述来看，可以断定这个发言的主题是行业文化的弘扬问题。如果把行业文化比作一粒种子，可以说写作者的任务是让这粒种子在单位落地、生根、发芽、开花。主题定准了，核心任务也就明确了。

第二，搞清内容讲什么。既然说到了种子，我又想起考建造师时，《市政工程》书里讲的园林树木移栽知识。是否可以把上级定下来的行业文化比为树苗或种子呢？如果可以，那弘扬行业文化就相当于把"树苗"或"种子"栽到下级单位的"土壤"里，并给它们"施肥""浇水"，直到"开花""结果"。一般说来，栽树大致有 7 个环节：选种、培土、除草、支架、浇水、修枝、杀虫。

通过跨界联想，以下构思也就产生了。

1. 精心"选种"，挑选适宜形式

你想，园林绿化植物很多，有乔木、灌木、藤类、花卉、草等，如垂柳、雪松、水杉、银杏、蔷薇、月季、海棠、樱花、紫叶李、合欢、紫荆、槐树，云南还有山茶、滇朴。不同植物有适合自己生长的纬度、海拔、气候、土壤和水分条件，在北京长得很好的植物，到云南就不见得好。所以专业的园林设计师，都是选符合地方实际的树种。

回到写作上，也是一样的道理。上级设计的文化建设内容涉及方方面面，有的内容"看起来很美"，一旦到了地方，难免会水土不服。下级单位在贯彻落实中怎么办呢？我想，得结合实际，有所取舍、侧重，不能把所有内容都不加区别、原原本本地搬下来。因为每个地方、单位都有自己的实际情况，都有独特的文化土壤、气候，只能有选择性地应用文化要素、文化形式。选对了符合自己单位实际的"文化种苗"，文化才能扎下根来，开花结果。

2. 精心"培土"，营造良好氛围

土壤是植物生长的基础，也是其生命活动所需水分和养分的源泉，土壤的类型和条件直接关系植物能否正常生长。不同植物适应不同的土壤，有的喜欢酸性土，有的喜欢碱性土，有的则喜欢中性土；有的喜欢颗粒大、土质疏松、透气、排水性能好的土，有的则恰恰相反。因此，土壤必须适宜种苗生长，否则再好的种苗也会水土不服，成活不了。专业的园艺师，选好种苗后，会在土壤上着手，为植物培好土。

同样的道理，营造企业文化，除了有好种苗，也要有好土壤。什么是文化土壤？简单理解，即单位的文化氛围和基础设施，包括硬环境和软环境两方面。营造行业文化要双管齐下，"软硬兼施"。具体怎么办？可以开展一系列文化建设工程，比如建设文化活动室、创建文化长廊、树立先进模范、组织文化活动等。文化土壤培植好后，再辅以科学的管理，企业文化之苗就会茁壮成长起来。

3. 精心"除草"，弘扬主流声音

培好土后，文化种苗算是"落地"了。但有一个问题，适合植物生长的土壤，不一定是"干净"的土壤。事实上，常会有一些杂草的种子混进去，长出杂草来。因此，园林工程师除了尽量为种苗创造干净的土壤环境，还要在后期养护过程中及时除去杂草，以确保植物健壮生长。

企业文化土壤中难免也会掺入杂质、长出"杂草"，这些"杂草"会与企业精神、发展理念、品牌形象、价值观念不兼容、不协调、不规范、不一致。出现这种情况怎么办呢？企业管理者肯定不能熟视无睹、放任自流，让"杂草""野蛮生长"。高明的管理者要像园丁一样，经常性地开展"除草"行动，弘扬主流文化，为主流文化之树腾出成长空间。所以，写作时还要考虑这方面内容。

4. 精心"支架"，提供多元保障

对于移栽的大树来说，由于其树根暂时还不能深深地扎到土里，根基还不够稳定，容易被风吹倒。因此，大家都会看到，在新修的城市道路两旁或居民小区，刚刚栽下的大树都会被支上一圈撑杆，目的是保障大树不歪、不倒。

这告诉我们，新的文化内容落地实施，根基也可能是不稳的，同样需要安放"支架"来保障。怎么保障？不外乎组织保障、制度保障、经费保障、技术保障几个方面。首先，单位得从领导开始重视文化建设，并带头实践，投入人力、物力，并形成制度。这些保障如同支撑文化新树的杆子，作用不可小觑。如果没有这些撑杆，树很容易被不正之风吹倒，文化建设就会半途而废。

5. 精心"浇水"，注入丰富营养

植物和人一样，都需要营养。没有营养，即使选择再好的苗、栽在再好的土里，也不能很好地生长。所以，树种好后，还要精心养护，根据其生长需要，为之浇水、施肥。所以，搞文化建设，在有内容、环境和保障后，还得有营养。对人来说，每天要吃饭喝水，对植物来说，要经常浇水施肥。

文化建设需要什么营养？如何获得营养？我感觉，文化建设的营养就是社会主义核心价值观、社会的主旋律、优秀的传统文化，以及良好的工作态度、科学的生活理念。为了获得营养，需要大量开展精神文明创建活动，大力表彰先进人物，经常性组织干部职工学习先进文化，参与健康向上的文化活动。给单位文化提供养分，要考虑把这些东西写进去。

6. 精心"修枝"，纠正不良现象

通常，树木移植之后，还要对枝叶进行修剪，剪掉那些无用的分枝、枯枝。这样做，一方面，是因为移栽初期树木还未扎根，如果枝叶多了，水分容易蒸发，不易成活。另一方面，也是造形的需要，因为园林景观对树木的"颜值"和"身材"要求高，适当修剪才能满足人的审美需求。

回到文化建设上，上级的规划里可能有一些内容在总部是很好的，但到了基层就不一样了，不一定适应当地的"土壤"（如民族文化、生活习惯），甚至是相互矛盾的、冲突的，不能机械地照搬照抄。怎么办呢？不妨借鉴园林工程师"修枝"的经验，修正那些不良枝叶，同时开展一系列企业文化活动，比如培训、竞赛，从员工的着装、语言、仪表、工作流程等开始规范引导，让员工一言一行都散发出文化的气息，一颦一笑都能看到文明的影子。

7. 定期"杀虫"，确保文化健康

植物和人一样，同样会生病，如真菌性病害、细菌性病害、病毒病、线虫病，这些病会造成植物变色、坏死、腐烂、萎蔫或畸形。除了病害，植物还会遭受虫害，如介壳虫、蚜虫、红蜘蛛等，若不及时防治，就长不好。

一个单位的文化在生长过程中，难免会受到"病毒"和"害虫"的侵蚀，进而生病，滋生出不健康的思想、观念和行为，导致单位文化变色、坏死、腐烂、萎蔫、畸形。怎么办？学园丁，通过定期喷洒杀菌杀虫剂等方法：一是消灭病原物或抑制其发生与蔓延；二是提高寄主植物的抗病能力；三是控制或改造环境条件，使之有利于寄主植物而不利于病原物。

囿于园林专业知识限制，以上分析很难把企业文化营造问题说准、说清、说透，毕竟对文化建设问题，我也是临阵磨枪，肯定是"不快"的。不过，我的目的是通过这个案例帮你养成构思的好习惯，并掌握跨界构思的方法。我的经验，跨界思考对于打开写作思路很有效果，往往能别出心裁，写出令人眼前一亮的稿子。希望你在写作中拆掉常规思维的围墙，大胆尝试，但凡与你所写内容道理相通的事物，都可跨界联想，因为跨界本来就是思想的自由飞舞。

28　意图是构思的"原点"

——如何按"图"索骥打开思路？

导读

有读者发信息："老师好，我是一个国有企业人事部门的工作人员。近期，公司集中招聘了一批新员工，准备开个新员工入职座谈会，会上公司领导要讲话，安排我起草讲话稿。我是第一次写，吃不准该怎么写。请问写些什么内容合适？需注意哪些问题？"这个问题有一定代表性，我做了认真回答，给这位读者提了7点建议：（1）笼人心。（2）溯历史。（3）明使命。（4）传经验。（5）立规矩。（6）描愿景。（7）鼓干劲。实际上，会议发言最关键的一个问题是把会议意图搞清楚。但凡讲话稿都有特定意图，都会用在特定场景，只有把真实意图搞清了，才知道该讲什么、不讲什么。希望大家通过这个案例，能够掌握讲话稿的写法。

写好材料有个永远不变的思考逻辑：意图。

意图是干事情的出发点，也是写作的出发点，会议讲话稿也不例外。构思时得把所有意图都考虑在内，遗漏了哪一方面都是不合适的。所以，这篇稿子破题的关键，就是对会议意图的把握。

问题是，怎么把握会议意图？

一般来说，意图不用你去猜，正常情况下，领导会主动跟你说清楚。当然也有例外，比如领导忙于工作没时间说，或以为你懂了而不说或说得不透彻。这时你怎么办？你得凭经验冷静思考，领导想到的，要写好，没想到的，也应该考虑到。以我的理解，这种座谈会的意图不外乎3点：第一，欢迎祝贺，让员工获得归属感和成就感。第二，介绍情况，让员工产生认同感和荣誉感。第三，加油鼓劲，让员工增强使命感和紧迫感。围绕这3个意图，可继续解构为7点：笼人心、溯历史、明使命、传经验、立规矩、描愿景、鼓干劲。

1. 笼人心

一说到笼络人心，也许很多人会与"阴谋论"联系起来，然而这里说的意思是中性的，甚至是褒义的。应理解为领导者代表单位、出于公心，借此调动人员积极性、增强团队精神、形成工作合力的科学管理策略。正所谓"感人心者，莫先乎情"。情感是笼络人心的诀窍，能迅速拉近与新员工的距离。因此，但凡有经验的领导者，都善于打"感情牌"，展示出和蔼可亲的形象。通常做法是寒暄，对新员工的脱颖而出表示祝贺，对他们的加入表示热烈欢迎，让他们产生归属感，获得成就感。

因此，开始可以这样写：

各位新同事，大家好！

古语说得好：宝剑锋从磨砺出，梅花香自苦寒来。今天在座的各位，用你们刻苦学习磨砺出的锋利"宝剑"，一路过关斩将，脱颖而出，成为最终的胜出者。在此，我为大家考试中精彩的表现点赞，对大家的胜出表示祝贺，向大家表示热烈的欢迎。从今天开始，咱们就成了一个战壕的"战友"，我们将为一个共同的目标而奋斗。能与你们这么一群有活力、有梦想的年轻人共事，对我来说，是多么令人兴奋的事；对这个单位来说，是多么重要的事，因为你们会让团队的"肌体"更年轻。我坚信，你们磅礴的青春活力，一定会汇聚成青春的激流，推动着咱们一起向未来。今天，将是你们人生美好记忆的开始，也将是单位新的开始。

借此机会，跟大家谈几点感受：……

这样一来，新员工会有种被人看见、受人尊重的感觉，对新单位的归属感、对自己努力的成就感会油然而生，进而乐意听领导继续讲下去。

2. 溯历史

在时间的轴上，历史在前，现实和未来在后，历史是昨天的现实，现实是未来的历史，三者是一脉相承的，分布于直线的不同位置。

历史是最好的教科书，因为历史承载了这个企业的奋斗历程、精神谱系、价值追求。一个国家有历史，一个地区有历史，一个企业同样有历史。作为组织的一员，只有搞懂了历史，搞懂了从哪里来，才知道到哪里去。所以，高明的管理者都注重学历史、善于讲历史，把企业的历史当成管理的法宝。所以，寒暄过后可以讲讲历史，把企业的奋斗历程、辉煌业绩、先进人物的故事讲给新员工听，让新员工产生强烈的集体荣誉感和身份认同感，觉得"我来这个单位实在是太对了，没理由不好好干"。

比方说，可以这样写：

××是一个百年企业，至今已有130多年的历史，是国家著名的锡生产、加工基地。咱们××前身是清光绪九年(1883年)清政府建办的个旧厂务招商局，是××工业文明的两大摇篮之一。新中国成立后，国家把××列为全国156个重点建设项目之一。

经过几代××人的开拓努力，××已发展成国家500强企业之一，××省重点培育的十大企业集团之一，业务集地质勘探、采矿、选矿、冶炼、锡化工、砷化工、锡材深加工、有色金属新材料、贵金属材料、建筑建材、房地产开发、机械制造、仓储运输、国际物流、科研设计和产业化开发等为一体的国有特大型有色金属联合企业，有较强的国际竞争力。

百年积累，底蕴深厚。××形成了具有鲜明特色的管理优势和优良的企业文化，有很好的社会形象、企业信誉和融资渠道，有一支经过长期磨炼的素质较高的干部队伍和职工队伍。公司先后被评为"全国思想政治工作优秀企业"，"全国先进基层党组织"，"全国国有企业创建'四好'领导先进集体"，"全国'守合同、重信用'企业"，以及"全国用户满意企业""2006年度全国最具影响力企业""中国最具创造力企业"等。

这么一介绍，我想年轻人一定会为加入这个团队而感到自豪，这就是历史的感召力。

3. 明使命

任何一个单位和岗位都有自己的使命和职责。明确了使命和职责，才知道为什么上路，走向何方。使命和职责需从两个层次理解：

（1）企业使命是什么？

企业使命即企业经营的基本指导思想、原则、方向、经营哲学等。如苹果电脑公司的使命：让每人拥有一台计算机；推广公平的资料使用惯例，建立用户对互联网之信任和信心；其核心价值观：提供大众强大的计算能力。所以，写这部分内容时可围绕指导思想、原则、方向、经营哲学几方面展开。著名管理学家彼得·德鲁克认为，为了从战略角度明确企业的使命，应系统地回答下列问题：

1. 我们的事业是什么？

2. 我们的顾客群是谁？

3. 顾客的需要是什么？

4. 我们用什么特殊的能力来满足顾客的需求？

5. 如何看待股东、客户、员工、社会的利益？

你不妨就回答这几个问题。

（2）岗位职责有哪些？

倘若把单位使命叫做"大使命"，岗位职责则是"小使命"。每个员工都应清楚自己的"大使命"和"小使命"，因为任何人都在具体的岗位上。所以，除了总体介绍单位使命外，还需讲讲岗位职责。比方说，针对销售部的新员工，可以强调他们的职责：

销售部的新同事务必时刻牢记自己的"五项职责"：第一，根据公司以及部门销售任务开展销售工作，完成各项销售指标。第二，对现有市场和客户进行分析，发现客户的潜在需求。第三，根据客户需求的特点，为客户提供产品解决方案。第四，负责与客户之间的商务谈判。第五，负责协调各种内部、外部资源。

当然，座谈会不是培训会，更不是部门会，不可能把所有岗位职责都说一遍，挑选几个重要岗位说一说，大致意思表达了就行了，具体交给部门负责人去培训。

4. 传经验

人类之所以能在几百万年的演化中变得越来越强大，靠什么？就靠总结经验，并从经验中探析事物发展的规律，进而形成科学理论。

1965 年 7 月 26 日，毛泽东在中南海接见刚从海外归来的李宗仁和夫人时，特意向李宗仁的机要秘书程思远发问："你知道我靠什么吃饭吗？"程一时茫然不知所对。毛泽东意味深长地说："我是靠总结经验吃饭的。以前我们人民解放军打仗，在每个战役后，总来一次总结经验，发扬优点，克服缺点，然后轻装上阵，乘胜前进，从胜利走向胜利，终于建立了中华人民共和国。"

总结经验重要，但是不是每个人都需要从头去总结一番呢？我看没必要。前人有现成的经验了，就没必要再去"摸着石头过河"了。任何一个单位和领导，经过一段时间的发展，都会积累起丰富的经验，获得宝贵的感受和体会。这些经验和感受累积起来，就成了企业精神、企业文化、企业智慧。那么，单位领导就有责任、有必要在新员工初来乍到时，做好"传帮带"，把经验传授给他们。

比如，你可以这样写：

我在企业干了快 30 年，深深感受到，要干好这份工作，需得做到以下几点。

首先，具有"四种精神"。一是团队精神，二是创新精神，三是工匠精神，四是奉献精神。这些都是咱们企业长盛不衰的"密码"，是我们行稳致远的"灵魂"。作为"××人"，大家一定要把这些精神刻在心坎上，融到骨子里，渗到血液中去。

其次，养成"五种意识"。即责任意识、效益意识、竞争意识、危机意识、团队意识。这是公司对全体干部员工提出的一项素质要求，每一位员工应深入理解，牢固掌握，并始终贯穿于自己的工作中。

再次，树立"六种能力"。一是执行力。面对预定目标以及指定任务，有脚踏实地的毅力和实践力，能够坚毅、持续地完成预定目标。二是沟通力。在人群中有着足够的敏锐度和觉察力，能够做出或适度或强硬或柔软或委婉的沟通，最终做到各方共赢。三是领导力。有着知人善任的敏锐度，在人群中有权威，能带动大家有条理有规划地做好各项事情，所带动的团队执行力强。四是思考力。面对质问时，能保持冷静、理智的态度，对事有着敏锐的觉察力，愿意花时间去思考分析事情的来龙去脉。五是创新力。对新岗位的业务或是工作上的挑战有着强烈的接受度，也有着足够的魄力和决心，面对挑战，做出改变和创新。六是应变力。当面对环境或新挑战时，有着足够的精力和动力来接受改变。

你看，这样一细化，就会发现值得领导讲的东西太多了。如果展开讲，恐怕一两个小时都讲不完，何愁没有东西可写呢？

5. 立规矩

没有规矩，不成方圆。规矩是行为的准则、规定和纪律。一个单位想有序运转，都得有规矩，否则就会乱套。规矩可从两个角度思考。

（1）正面、负面角度

正面即哪些是必须要做到的，列一个"正面清单"出来。负面即哪些是坚决不能做的，列一个"负面清单"出来。比如，有的单位有员工"十要、十不要""八准、八不准"等，就是给员工立的规矩。

（2）单位、岗位角度

单位准则是所有员工都必须遵守的共同准则，比较宏观、抽象、笼统。岗位准则是针对具体岗位提出的要求，相对具体、明确，比如财务人员有财务准则，营销人员有营销准则。

以下是某企业安全生产操作岗位"五不准"：

1. 危险作业未经审批，不准作业。

2. 设备安全防护装置不全、不灵，不准使用。

3. 新工人未经三级安全教育，不准上岗。

4. 特种作业人员未经安全培训、取证，不准独立操作。

5. 劳动组织、人员调配、作业方式不符合安全要求，不准违章指挥。

6. 描愿景

"愿景"这个词，当初在中国的词典里是没有的。愿即心愿，景即景象，这个景象存在脑海里，是看不到的，佛教里的"西方极乐世界"就是一个愿景——一个预见未来的美景。

一个人有愿景，一个企业同样有愿景。企业愿景是企业对未来发展的一种期望、一种预测、一种定位，说白了，即企业最终想变成啥样。在当今时代，许多杰出企业都有一个特点：注重企业愿景管理。比如，麦当劳的愿景是："成为世界上服务最快、最好的餐厅。"福特汽车公司成立时的愿景是："让每个美国人都能拥有汽车。"华为的愿景是："丰富人们的沟通和生活。"百度的愿景是："成为最懂用户，并能帮助人们成长的全球顶级高科技公司。"

对任何组织来说，有没有共同愿景或愿景能不能得到员工认同，有天壤之别。美国学者彼得·圣吉在《第五项修炼》中分析了奉献、投入、遵从的区别，他发现，有共同愿景的组织，员工往往能积极奉献，反之，员工只会被动遵从，缺乏积极性。所以，愿景是企业领导的有效管理工具。在新员工入职座谈会上，领导很有必要展开"愿景管理"，激发员工的事业心和使命感。

7. 鼓干劲

一般来说，会议讲话稿的最后都会以展望未来、提出期望、表达态度的"调子"收束，目的是为参会者加油鼓劲，提振精神。所以，在稿子的最后一部分，应站在单位和领导角度，对新员工提几点期望和要求。

例如，某公司董事长在给新员工的讲话中，提出了 4 点期望：

一是逐梦笃行，脚踏实地，在平凡中积蓄成功的力量。"临渊羡鱼不如退而结网，坐而论道不如起而行之"。新员工要从平凡的事做起，在平凡事中研究蕴含的道理，用掌握的知识引领发展。

二是牢记责任，勇于担当，在奋斗中磨砺成才的本领。牢记"国家利益高于一切，安播责任重于泰山"，树立"以客户为中心，以奋斗者为本"的理念，努力成为引领卫星通信事业发展的人才。

三是勤学善思、敢于创新，在挑战中创造人生的价值。要做到既"专"又"博"，"专"就是要把自己的本职工作研究透，不断改进提高、迭代提升；"博"就是要建立系统思维，研究未来发展方向，引领创新。

四是修身立行、团结协作，在传承中培育优秀的品格。努力弘扬传承航天精神，做到放下小我，学会利他，在服务周边人、服务企业、服务客户的过程中，培养团结思想和大力协同的精神。

以上是讲话的内容，供参考。另外，写好这个稿子要注意什么？

我的建议有几点：

第一，既然是讲话稿，就要按讲话稿的体例来写，语体风格要往"讲话"特点上靠，起承转合之间，衔接要自然，"口感"要好，让领导读起来朗朗上口，大家听起来津津有味。

第二，讲话稿是领导讲，不是你讲，换句话说，你只是"奉命写作"，是"乙方"，领导才是"甲方"，所以你得按领导的习惯来写，写作前最好听听领导的意见，同他交流你的想法，这样更稳妥。

第三，由于是座谈会，你得研究一下会议议程，搞清会上有哪些人发言，尤其看有没有其他领导发言。目的是防止领导之间的讲话"撞车"，同样的内容，如果其他领导已经讲了，就不一定再讲，即便要讲，写的时候也要有所侧重。

后　记

我心中的山
——笔杆子与大山精神

我是个从山里走出来的人，对山的情愫尤深。

我一直在想，古人为何把写作称为"爬格子"？一个"爬"字太传神了，道出了材料人的艰辛。难不成，创造这个词的人与我有相同的体验吗？不得而知。但可以肯定的是，我就是这么想的。这些年，每当我写就一篇文章，都会情不自禁地想起儿时爬山的情景。记忆深处的那一座座山，对我来说仿佛暗藏于情感中的酵母，不经意间就会给我酿成一汪浓浓的乡愁，对家乡的山心心念念起来。

我老家在金沙江南岸的乌蒙山。红军长征经过这里，毛主席曾写下"五岭逶迤腾细浪，乌蒙磅礴走泥丸"的诗句，可见山之磅礴。

我对老家山的理解，是伴随着生命一同进化的。

以前看老家的山，像青年朱自清看父亲的样子，"肥胖的、青布棉袍黑布马褂"的背影，既觉得土，又觉得笨，总之就是不好。那时的我，把所有"不是"都赖到了山的头上，对山心怀怨怼，因为它遮蔽了我的眼界，让人饱尝攀爬之苦。在苦苦求学那几年，我常于夏日夜晚独上屋顶，注视大山，目光越过大山画出的蜿蜒起伏的线，在漫天繁星下描绘自己的梦，梦想有朝一日飞出去，看看外面的世界。一个个孤独的夜，我凝视着黑漆漆的山，黑漆漆的山也凝视着我。我仿佛要用眼神把它擦掉，让它消失，它却静静地在那里，一在就是许多年。我凝视着，凝视着，眼前仿佛看见一位写意大师，正汪洋恣肆地挥洒笔墨，蘸着那以夜色调和的颜料，一笔一笔把大山掩映了，唯独留下我的梦。

十数年寒窗之苦，成就了我的梦，我如愿走出大山。然而奇怪的是，当我离开它了，反而眷恋起来，心心念念地想回归。你说这算"围城心态"呢，还是"归根情怀"？也许都有。

不管是什么，可以肯定，出走二十余载，归来已不再少年。当我打开心门仔细打扫时，发现心已发生化学反应，愈发觉得它美了。一次次夕阳西下，我穿梭于城市森林中，对老家的山便会心向往之，下意识念起陶渊明"少无适俗韵，性本爱丘山。误入尘网中，一去三十年。羁鸟念旧林，池鱼思故渊"的句子，我总体上可归为俗人一类，没陶渊明那般"归隐之志"，但这不妨碍我读懂这幅山水大写意的美。40 岁后的我，山已在物理学范畴外，变成了形而上的存在，它超越了天际线，升华为精神象征，充满道德力。

这个奇异的升华过程，暗合了禅宗大师靖居和尚的三重境界，人一开始"看山是山，看水是水"，接着"看山不是山，看水不是水"，最后竟然"看山还是山，看水还是水"。开始，人们只看事物外在，不会去参悟，随着阅历积累了，有时间之水的浸泡，人心才会变得柔软，变得有灵性。以此观之，我当年之看法，恐怕连第一重境界也算不上，那时的我竟没把山当成是山，理解是肤浅的，如同朱自清看父亲的背影。现在明白了，世上有一种精神叫大山，有一种品行叫持守。每个人心中都该矗立起一座山，笔杆子尤该如此。

我觉着老家的山好，是因为我找不到更好的了。

我有幸游览过很多山，最持久打动我的，还数老家的山，尽管它没有华山那般险峻，没有峨眉那般典雅，也没有庐山那般秀丽，它是那样不起眼。它的好不在外表，而在内心，在于它那种坦然的心态、磅礴的气势、沉稳的性格、坚韧的精神。

我喜欢它那份坦然。它不在乎别人的惦记，不管你在不在乎，它就在那里。它不渴求别人的赞美，无论时代如何变迁，永远朴实如故，刚毅坚卓不做作，无论风霜雨雪，它永远淡定自若不卑亢。它不期求别人的回报，每次回家，似乎都听到它对着我喃喃细语：只要你走出去了，就好。

我喜欢它那种淳朴。它的一草一木都是那么自然纯洁，每一粒泥土都散发着朴实的气息，让人在写它的时候，都不好意思作太多言语修饰，生怕玷污了它本来的气质。它不绽放娇媚的花朵,但它绝不因形态鄙陋而错过任何一个春天。它有自己的魅力,那是一种低调的奢华、淳朴的艳丽。

我喜欢它厚重中的宽广。当我身处其间,能听见树梢随风摇曳的声音,那就是世界上最美妙的旋律了。这种声音就像母亲盼望游子归来的内心呐喊。你聆听着、聆听着,仿佛已然依偎在母亲怀中,听母亲聊着那百听不厌的家长里短,一个不小心,就会安然地睡去。

我喜欢它纯洁的自信。它没有漂亮的外表,也没有丰富的矿藏,它甚至连个像样的名字都没有,但它并不自卑,因为它懂得努力的意义。不管经历多久的冰雪风霜,一旦嗅到春天的气息,它立刻就会跟着春天的脚步,往前,往前,尽最大努力创造春华秋实。

我喜欢它的坚韧稳重。老家的山每年都下雪,然而那么多年过去,它依然傲然屹立,本色不改,决不在困难面前低头。

我喜欢它所有的品质,这种喜欢,是偏执的、狭隘的,就像雷平阳先生的诗写的那样:

　　我只爱我寄宿的云南,

　　因为其他省我都不爱;

　　我只爱云南的昭通市,

　　因为其他市我都不爱;

　　我只爱昭通市的土城乡,

　　因为其他乡我都不爱……

　　我的爱狭隘、偏执,像针尖上的蜂蜜。

　　假如有一天我再不能继续下去,

　　我会只爱我的亲人——

　　这逐渐缩小的过程,

　　耗尽了我的青春和悲悯。

如诗人所言,我对老家的山爱得狭隘、偏执,像针尖上的蜂蜜。如果诗人也写昭通的山,或许会写下这样的句子:

　　我只爱昭通的山,

　　因为其他山我都不爱……

现在,我离那座山越来越远,对那座山的记忆越来越模糊,然而心与山的距离却越来越近了，对山的理解也越来越深刻了。

在机关从事文字工作 20 年，朝夕与文字打交道，因而有更多机会透过文字去领悟人生的道理。令我惊讶的是，一个简单的"山"字竟藏着深邃的人生哲学，暗含着人对自然规律的理解和期望。

《说文解字》云："山，宣也。宣气，生万物，有石而高。"古人创造这个字时，认为山能宣发地气、散布四方、促生万物。这就是山的哲学使命和价值。从字形上看，山字底下有一横，说明什么？不就是告诉我们做人做事要有基础，脚踏实地彰显稳重吗？居中一竖中正不倚，不就是告诉我们要中正挺直、积极向上吗？再看两边，两个短竖左右对称，不就是告诉我们要和谐不偏激，在规则中彰显美感吗？是的，做人也好，做事也罢，皆是如此。

我们在职场里写材料不就像山吗？

这份工作没那么多优美、壮丽和轰轰烈烈，更多时候需要承受枯燥乏味、默默无闻的考验。干好它，没有大山一样的精神品质是不行的，只有涵养了大山的精神，才耐得住寂寞、守得住清贫、经得起诱惑，用淡定的心态、积极的精神、中正的品质将写作进行到底。

我虽走出了那座山，但我将永远留住山的精神。

这种精神值得所有笔杆子坚持！

附录一

躬耕文田结硕果　勤洒墨雨泽同人
——感受笔杆子的写作情怀

同人于野 [①]

一个人，在 20 余年职业中甘于"爬格子"本已难能，躬耕文田之余还勤洒墨雨泽被同人，更为可贵。贵辉就是这样难能可贵之人。

20 年沉淀，"一朝"爆发，几个月之内连续出版两本专著（《笔杆子修炼 36 堂课：公文写作精进之道》《公文写作 32 讲：从思维构思到笔法语言》），近期，听说第三本书又要出版了，真是令人称赞。说实话，在这个快节奏，也略显浮躁的社会里，大家都忙得不亦乐乎，干好工作已然不易，尚能潜心钻研，笔耕不辍结出理论硕果的，并不在多数。

我与贵辉在 6 年前的一次会议上相识，后来成了朋友。他给我的印象是，喜欢读书，静得下心来钻研。他在基层干过，在区委办公室当过文秘，任过政研室副主任。早在区里时就人称"一支笔"，到省级机关后依然干"老本行"，20 年来一直同材料打交道，我能感受到他那种笔杆子情怀。

写材料的人，加班加点是常事儿，很多人因为不得法，写得很吃力。有一天，他跟我说："有人建议我写书，把我的经验教给大家，既提升自己，也能帮助别人。""这是好事啊！我支持。"我欣然鼓励他。他胸有成竹地说："我的书一定要跟别人的不一样。""怎么个不一样法？"我追问。"用跨界思维来写。

---

① 本文作者为云南省某省级机关研究室主任。

我要用不同学科的知识来解读写作，把写作的底层逻辑说清楚……"他笃定地说道。

我当时想，干好工作尚且不易，哪有时间写书啊！我以为他只是说说而已，没想他做到了，还出手不凡，实在令人感佩。

——**令我感佩的是**，他在机关爬了 20 年"格子"还依然有这般写作热情。在党政机关中，写材料是公认的"苦差事"，正如他在书里谈到的："那种苦，不仅是贾岛'吟安一个字，捻断数茎须'殚精竭虑的痛苦；也不仅是朱淑真'哭损双眸断尽肠，怕黄昏后又昏黄，那堪细雨新秋夜，一点残灯伴夜长'缠绵悱恻的孤苦；它还夹杂着'板凳需坐十年冷，文章不写一字空'简单乏味的清苦。"很多人因此不愿写材料，完成任务就"阿弥陀佛"了，少有人主动"沾惹"它，然而作者却"偏向虎山行"。记得他在书里说过一句话："笔杆子只有一种英雄主义，那就是认清写作真相后，还依然热爱写作。"也许正是这种情怀使他笔耕不辍 20 年。这些年，他在《秘书工作》《写作》等期刊上发表了很多文章，每周坚持写作，通过公众号"一纸文章为时著"分享写作经验，在各种场合讲课。倘若他没有干一行、爱一行、钻一行的职业热情，是断然做不到的。

——**令我感佩的是**，他那种润泽同人的"笔杆子"情怀。我一直好奇他为何葆有如此热情，看了他的书，我明白了。他说："我研究公文写作也是想解决自己的问题，当然，也希望我的思考帮到大家，让大家少走弯路。"他引用了王鼎钧先生《作文四书》里的一段话，期望"倘能将路上的'荆棘''陷阱'标出来，把'甘泉'引出来，把规律找出来，让别人在路上好走一点，就心满意足了"。他说很多朋友提醒他写了这么多年材料，别再傻傻研了，写得越好，今后路子越窄。他的回答很纯粹："干任何事情，都要有点情怀，有点傻劲儿。因为在人生路上，精明的算法往往不管用，你有你的计划，世界另有计划，世界又这么大，怎么算得过来呢？"这话表面上有些"傻"，但我觉得这是一种大智慧。他还常说："既把陈醋当成墨，写尽半生何惧酸。"我心里想，一个人不仅能坚守本分，还能润泽同人，这是何等值得敬仰的情怀啊！

——**令我感佩的是**，他在公文领域十数年如一日钻研的精神。记得他在后记中写道，他的书原计划两年完工，没想写了 5 年。他自己都感慨："对我来说，正如两书的名字，这 5 年是一个跨界思考的过程，也是破茧成蝶的修炼过程。""这几年，我的办公桌和书架上，升起了一摞一摞的参考书，几乎要把我淹没了。5年多来，我把自己完全交给了这个问题，一门心思搞研究，就看实践中大家都在怎么对待写作、有什么困惑、有哪些现象，看书本上大家如何解构写作、如何带领大家去领略写作，看理论和实践到底在哪里脱节了，根源是什么……""这5年多，近2000个日夜，我采取了'零敲牛皮糖'的战术，一字一句地想、一篇一篇地啃，不厌其烦，完成了70余个小课题的研究，写下了40万字。刚开始，一个小课题要花很长时间来构思、起草和打磨，最长的写了3个多月。这5年里，我就像蜗牛一样，慢慢在格子上爬行。"当我看到这样的言语，突然明白了他为什么要在书中单设修炼一篇了。他用自己的实践告诉读者，一个笔杆子该如何坚定信念，从身心上修炼自己。这两本书不仅仅是写作的技术，更是为人之道。

通读他的书后，我有一种通透感，禁不住发出"原来是这样"的感慨。一个写作者能让读者发出这样的感慨，说明他打动读者了，他的观点启发读者了。细细咀嚼两书的一词一句，叹服之情油然而生，叹服于作者思维之开阔、语言之生动、思维之灵动，他的书跟其他书真的不一样。

——这种不一样，表现在作者"跳出公文谈公文"，多学科融合的跨界思考上。作者显然是个思维灵动之人，他的观点、笔法皆不落窠臼。我知道他是文科知识背景，没想他对那么多学科感兴趣，他早些年自学取得了国家一级建造师、一级注册消防工程师职业资格，实属不易。有一次，我向他请教考试秘诀，他说："不同学科之间的知识是有相通之处的，只要把握住了规律，也就容易了。"他不仅跨界学习通过了考试，还把这种思维用到了公文写作里，创造了一种新的思考范式。通读他的著作，我最大的感受是：原来，公文理论还能这样讲！他从多学科取喻借鉴探析写作原理，借"相对论"谈写作方法的多变性，借"进化论"谈成长机制的建立，借"博弈论"谈写作中的协调，借"系统论"谈文稿瘦身的理念，借攀岩谈写作的修炼，借打仗谈素材积累，借中医理论谈文稿瘦身，借数学"不等式"说精简文稿的误区，还有"八段锦""知识诅咒""逻辑学""战争论"，等等。这种跨界思考方法开创了公文写作理论的一种新的表述范式，令人耳目一新。

——这种不一样，表现在作者授人以渔，迭代思维、激活思想的写作理念上。据我观察，现在市面上绝大部分公文写作书多从写作"格式规范""经验技巧"角度讲，告诉读者"应该怎么写"，很少告诉读者"为什么这样写"或"还可以怎么写"。而这两本书则循循善诱、娓娓道来、发人深省，不知不觉帮人打开脑洞，打破了公文书生硬、枯燥、呆板的刻板印象。两部著作与其说是写公文的"技法"，毋宁说是训练思维的"心法"。他旗帜鲜明地提出"写作是思维的较量"，把思维形象地比喻为工厂的"生产工艺"，这无疑是一种认知科学上的深刻洞见。为了帮助读者训练思维，他提出 9 种思维方式（用户思维、系统思维、跨界思维、故事思维、数学思维、逻辑思维、模仿思维、战略思维、镜子思维），这些思维方式对写作思维的创新大有裨益。

——**这种不一样，表现在他对文字工作的本质、价值和规律的深刻洞察上。**公文写作书多会被定义为工具书，置于"形而下"的层面，而作者却把书写到了"形而上"的层面，写出了"道"的味道。他主张写作从认识文字工作的本质、价值和规律开始，总结了 10 句"掏心掏肺"的话表达"写作基本观"，用 9 句话归结"写作方法论"。他强调，写作不是简单的文字工作，呼吁回归本源，学会认识问题、分析问题和解决问题，学会谋划工作当好谋士。他把写作当成一场修行，与攀岩作类比，创造性提出写作力——意志力、道德力、学习力、思考力、表达力、创造力的"六项修炼"，呼吁涵养"亮剑精神"，锻造坚韧之意志、钻研之精神、高尚之情怀、淡定之心态。这已经不是在讲技法，而是在传道，是对文字工作精神的宣扬与呐喊。

——**这种不一样，表现在他来自实践、拿出实招、指向实战的写作初心上。**公文写作是个很奇特的行当，研究理论的没有实战，实战的人往往不研究理论，因此能写的往往不能讲，能讲的通常又不能写。如何打通从理论到实践的"最后一公里"，写出让人听得懂、记得住、用得上、接地气的书，这是一个迫切的"写作难题"。很明显，作者是一个实战者，他在公文写作战线上奋斗了 20 年，历经省、市、区、街道历练，有丰富的实战经验。他深知写材料的人苦恼什么、需要什么、喜欢什么，所以能把实践与理论联系起来，把理论融入丰富的实战中，巧妙地处理好二者的关系，针对写作"痛点""难点""堵点"拿出靶向式解决方案，如积累素材的"六个要诀"、管理素材的"八个维度"、用好素材的"五道关口"，文件的"六种打开方式"、模仿的"五种策略"、跨界思考的"七个步骤"、写提纲的"八段锦"、使用数据的"六种方法"等，干货满满，很实用。

他在送我的书里写了 8 个字：用心成文，以文正心。这让我想到了《大学·中庸》里的几句话："古之欲明明德于天下者先治其国。欲治其国者先齐其家。欲齐其家者先修其身。欲修其身者先正其心。"在 20 年的写作中，作者原来是将其作为修身、正心的手段啊！用心成文体现的是钻研精神，这正是机关干部所必需的、应该提倡的。期待有更多人像作者一样在干中学、学中干，静下心来钻研业务、用心工作，让研究蔚然成风！

附录二

解渴的感觉
——《笔杆子修炼 36 堂课》读后感

彭富强[①]

一见钟情的爱情令人神往，一见如故的友情求之不得。我不相信一见钟情的爱情，但遇到贵辉后，却感受到了一见如故的友情，那心有灵犀的感觉特解渴，这种感觉源于我与"一纸文章为时著"每篇文章的对话，源于对他著作里每段文字的感悟，让来自北魏故里的我和彩云之南的他因笔墨结缘。

说来也巧，在市里一次"笔杆子训练营"课堂上，当我讲到仿写的时候，一位学员站起来讲出音仿、意仿、形仿……我深感惊讶，这正是我想讲又不知从何讲起的内容啊！一问才知道，这是"一纸文章为时著"微信公众号一篇文章中讲到的。从此，不管有多忙，只要这个公众号里一有新文章，我都迫不及待地一口气读完，每次阅读都令我兴奋不已，我对作者的了解也随之不断加深。贵辉文如其人，可谓侠气足、心法妙、武艺精。读了他的文章，一个手执长剑、武功高强、行侠仗义的侠客形象跃然纸上。

欣闻他的新书《笔杆子修炼 36 堂课》正式出版发行，这对于他来说是一大快事，对于我和广大读者来说更是一大幸事。本书通过洞见、学习、修改、修炼 4 个篇章 36 堂课，对公文写作精进之道进行了全面、立体、生动的讲解。读之有一种久违的亲切感拂面而来，正如习近平总书记指出，对教师来说，想把

---

① 本文作者为山西省大同市政府发展研究中心副主任。

学生培养成什么样的人，自己首先就应该成为什么样的人。作者就是这样的人，他在书中讲到很多独到的观点，有大道理，更有小切口，让读者大为解渴，这非有长期理论积淀和大量社会实践所不能为。他的笔下写的不光是他本人，但凡一个热爱文字工作的人，或多或少都会地从中找到自己的影子。

本书有 5 个方面值得品味。

1. 既重理论研究，又重具体实践，让读者站得高望得远

——理论研究深入。总体上看，本书理论性语言贯穿全篇。如在总结报告写法中讲到，党的十八大、十九大结束后，新华社发布了《夺取中国特色社会主义新胜利的政治宣言和行动纲领——党的十八大报告诞生记》《面向新时代的政治宣言和行动纲领——党的十九大报告诞生记》两篇纪实性报告，毫无疑问，这就是两次文稿起草的全面复盘，讲述了报告起草的曲折过程。在政策理论性素材的积累上讲到，党的十九大报告相对于十八大报告而言，有很多新提法。在"笔杆子的剑要亮出意志"中讲到，正是在无数次煎熬中，我们抱团取暖，形成一个"智慧共同体"。在"应景讲话的写作技巧"里也讲到了"学习共同体"的概念，这些都与"人类命运共同体"概念有着异曲同工之妙，有着鲜明的理论和时代特征。

——经典引用准确。通过大量引用名人名言，力求用最精炼的语言表达作者最想表达的意思。比如，茨威格在《人类群星闪耀时》里写道："一个人生命中最大的幸运，莫过于在他的人生中途，即在他年富力强的时候发现了自己的使命。"这就从理论的高度带给我们一个思考，即我们是否肩负起我们这个年龄段应当肩负的使命。

——联系实际紧密。从自己走上文字工作的心路历程讲起，提出写作不是简单的文字工作，笔下有财产万千，举出了"把全省农村居民人均可支配收入6132 元"写成了"全省农村居民人均可支配收入 6132 万元"的事例；笔下有人命关天，举出了"罪无可逭，情有可原"和"情有可原，罪无可逭"的故事。讲到写作格局，通过 3 个泥瓦匠的故事，让我们对文字工作的重要性有了更加深刻的认识。

2. 既重内功积淀，又重思路创新，让读者钻得进出得来

——治学态度严谨。为了写好本书，作者这 5 年多，近 2000 个日夜，翻阅了大量资料，一字一句地想，一篇一篇地啃，坚持以输出牵动输入，以输入保证输出，当好书写者、阅读者、学习者。2021 年，即便工作很忙，他还是坚持读了 58 本书。作者在笔杆子的"十大心法"一课中讲到考建造师、环评工程师、消防工程师的奋斗历程，正是凭借广博的学术滋养，他才萌生了跨界思维写作的灵感和创意。

——观察思考细致。写作与领军打仗何其相似，稿子如战场，主题如主帅，素材如兵马，谋篇布局如同排兵布阵；以建筑视角来思考写作，发现文稿与建筑也很相似……讲到语言风格，提出 1000 个领导就有 1000 种风格，有的喜欢讲道理，有的喜欢摆事实，有的喜欢讲通俗易懂的大白话，有的喜欢引经据典。

——跨界思维活跃。如在"笔杆子的读书时间从哪里来"一课讲的，人只要学会了利用暗时间，就相当于用一个单位的时间干了别人两个单位时间做的事情，他的时间就像被折叠了一般，无端比别人多出一倍。这里的"暗时间"，就是一种跨界思维的具体应用。如在"使寸劲，求寸进"中写到，有一次看电影《叶问》，看到咏春拳里的发力方式，很受启发，于是就以"寸劲"为题，写了这篇文章。如在思维的养成要遵循基本的思考和写作规律里讲到，5W2H 分析法就是一种复盘的基本规律，分别从"是什么""为什么""什么时间""什么地点""谁做""如何做""做得怎么样"这 7 个维度展开，故而又叫 7 问分析法。

3. 既重问题导向，又重结果导向，让读者知不足而后进

——提出问题有力。他在"文件的六种打开方式"里讲到，提问式阅读的方法包括文件在讲什么，如何用自己的话说出来，怎么评价这个文件。在文稿篇幅"控制论"里讲到，很多人一直在纠结稿子是短一点好还是长一点好，有人说越短越好，那样简洁效率高，有人说长一点才好，那样写得实，能把问题说细说透。

——研究问题有理。在"选好用好写作素材"一课中讲到，至于怎么选材、怎么用材，需要一种精益求精、精挑细选、精雕细刻、精打细算的精神，整个过程需要过好计划、挑选、加工、使用、统筹"五道关口"。

——解决问题有法。如何促成理论与实践的浪漫约会？方法无非两种，要么让理论走向实践，要么要实践走向理论。善于从正反两方面阐明观点，展现出作者以问题导向谋篇布局，靶向施策直指写作盲点和软肋的务实文风。

4. 既重总结提练，又重阐幽发微，让读者致广大尽精微

——段落层次分明。在"梳理标题逻辑"上讲到，阅读时有必要分析逻辑关系，搞清是总分关系，还是并列结构，抑或是递进关系、因果关系。在讲学习借鉴时，讲到偷意、偷势、借石等办法，对我们实操具有很强的指导作用。

——语言凝炼生动。叙述时往往直奔主题，如，我在机关工作近20年，发现一个令人困惑的现象，磨刀的通常不砍柴，砍柴的一般不磨刀。语句总结到位，常用需要什么样的维度来理解，具备几个方面的功夫的表述来总结概括。

——细节精辟入里。在"公文最怕有硬伤"一课中讲到，什么是公文的硬伤，硬伤的4种症状，硬伤的4种病因，硬伤的3种防治方法。在"公文也怕有软伤"一课中讲到，什么是公文的软伤，软伤的15种病症，软伤的4种防治方法，对所讲内容作了细致入微的探讨，可以说是阐幽发微，体现出作者极强的学术造诣。

5. 既重文章趣味，又重体例编排，让读者看得懂记得住

——立场观点新颖。如在积累素材中讲到：有的认为积累就是需要了再去想办法，没必要盲目地积累，如果没有针对性，就白忙活了；有的以为积累应集中在某一段时间内，狠劲地积累，一劳永逸，一次性多积累一些，省得成天忙活了，那样太麻烦了。谈到素材积累应未雨绸缪时讲到：钱可以买到药物，但买不到健康；可以买到床，但买不到睡眠；可以买到珠宝，但买不到美；可以买到书籍，但买不到智慧。在交流的好处中，讲到现成观点、有针对性、思想碰撞。发现"读一本好书，就是和许多高尚的人谈话"这句话倒过来也成立，这些表述发人之未发，见人之未见，让人耳目一新。

——引号使用巧妙。文章大量使用引号，不仅缩短了语句，还赋予文字新的内涵。如，在"审稿得有几下子"里面讲到，本课借用"资本论"这个说法，意在说明审稿应具备怎样的"资本"，这里的资本是带引号的，指的是方法、能力，并非经济学意义上的资本。在"看数据之间是否兼容"里讲到，同一场合不同文稿里的数据之间不能"打架""撞车"，产生"排异反应"。

——编排风格独特。文章编排按照名人名言、本课导读、核心观点和具体内容的顺序布局，充分展现出作者"立片言以居要，乃一篇之警策"的文风特点。文章段落起承转合都能以摘要性、提纲性语言悉数呈现，非文字之精练、语言之简约、思维之精到而莫能为之。这种言简意赅、条分缕析、深入浅出、直指问题核心的语句有助于读者阅读和理解。

"实践没有止境，理论创新也没有止境。"《笔杆子修炼 36 堂课》的出版，无疑是公文写作理论的一种创新，这种创新让人感觉很舒服，很过瘾，不管你是"老笔头"，还是"新手小白"，我相信，你一定会和我一样喜欢上这本书，也一定会和我一样有一种解渴的感觉。